让成长
带你
穿透迷茫
（修订版）

俞敏洪 ____ 著

他是大哥,向你娓娓道来半个世纪的精彩人生感悟;
他是好友,与你分享人生的梦想与激情。

2007年12月18日,俞敏洪获选2007品牌中国年度人物。

2009年12月23日晚，CCTV中国经济年度人物评选颁奖典礼在北京展览馆举行，俞敏洪获选2009CCTV中国经济年度人物。

2010年5月15日，大学生创业创新论坛暨浙江省第七届"挑战杯"赛博大学生创业计划竞赛决赛开幕式在杭州举行。俞敏洪发表了慷慨激昂的演讲，鼓励大学生创业、创新。

2014年11月23日,俞敏洪在优能VPS(进步可视教学体系)发布会上致辞。

2015年11月17日,新东方优能中学与罗纳尔多足球学院正式签约,双方将合作创建罗纳尔多-新东方足球学院(试点),图为足球巨星罗纳尔多与新东方董事长俞敏洪合影。

2016年,俞敏洪在"洪哥梦游记"活动中与四川雅安的孩子们在一起。

2017年3月,俞敏洪参加今日头条与新东方联合举办的"百日问答"活动,坚持100天,每天回答一名网友的提问,为年轻人解答困惑,促进年轻人成长。本书即来源于此。

目 录
Contents

自序 •001

Chapter 01 方向选择
决定你一生的，不是努力而是选择

跳出"穷人思维"的坑 •002
内心强大者的秘诀 •005
年龄成熟的人要帮助年轻人成长 •009
在工作、学习中让自己快速进步 •013
让目标为你的前行保驾护航 •017
出名不一定要趁早 •021
高考有压力，缓解有方法 •024
选择一所好大学，就开启了美好人生 •027
大学打工是自我发展的第一步 •031
名校能让一个人获得更好的成长 •034
让毕业后的异地恋恰当安放 •037
在高薪和兴趣之间做出最佳选择 •041
人生中最重要的事情只有两件 •044
留学对人生增值的意义 •047
年轻人的最佳创业时机 •050
人生的奋斗从不该被地点所限 •054
理性看待被反对的梦想 •058
慎重挑战自己不擅长的事 •061
放弃是一种智慧，坚持是一种勇气 •064

让 成 长 带 你 穿 透 迷 茫

Chapter 02 职场进阶
掌握方法才能让事业取得进步

大学毕业后，人与人拉开差距的根本原因 •068

摆脱学生思维，成为职场达人 •072

可以"慢就业"，但一定要成长 •075

相信领导看人的眼光，勇敢做出正确的决策 •078

不是所有的工作都值得熬下去 •081

成长就是让自己变得越来越有价值 •084

成功的人都拥有高效的工作方法 •088

学会与自己讨厌的上司相处 •091

突破工作瓶颈，你才能实现突飞猛进 •094

利用企业平台提升个人价值 •097

你的特质决定了你是否会被领导赏识 •101

Chapter 03 人际交往
良好的人际关系会帮助你一生

刀子嘴就是刀子心 •106
值得交往的朋友必备的品质 •109
学会积累人脉,你会变得更加强大 •111
内向的人更容易建立良好的人际关系 •114
说别人不靠谱时,先想想自己靠不靠谱 •116
知世故而不世故,才是最成熟的善良 •120
真正的"门当户对",是价值观念上的匹配 •123
没有所谓的"剩女",只有自己的人生选择 •127
不做精致的利己主义者 •130
选对了创业合伙人,创业就成功了一半 •133

Chapter 04 读书学习

让知识成为你人生的力量

善读图者有品位，爱读书者不浅薄 • 138
读无用之书，做有用之人 • 140
没有条件也能学好英语口语 • 143
判断一个老师是否是好老师的标准 • 147
做自己喜欢的事，生命才有意义 • 150
成绩差的人获得成功的原因 • 153
阅读让一个人更加完善 • 157

让成长带你穿透迷茫

Chapter 05 技能提升
才能是成就大事的必备条件

有效掌控社交和时间是一种能力 •162

从自卑走向自信,才会拥有真正的自信 •165

欲成大事者,必先拥有人格魅力 •169

决定一个人获得成功的七大要素 •173

好口才是练出来的 •178

让大学生活化繁为简,化重为轻 •181

人生路上,既要会快,也要会慢 •184

在信息爆炸的时代,要学会辨别正确信息 •187

所有专注力都源于自控力 •190

强大的毅力是支撑人生前行的动力 •194

勇于突破自我思维的局限 •199

人类无法被人工智能取代的核心能力 •203

领导者和管理者的根本区别 •207

让 成 长 带 你 穿 透 迷 茫

Chapter 06 **生活方式**
生活可以变得更美好

全球化时代，在任何地方都可以工作 •212
坚持是为了养成优秀的习惯 •215
你怎样过一天，就怎样过一生 •218
整容并不能带来持久的幸福感 •223
越"会玩"的人，越容易取得成功 •226
消除内心焦虑，最重要的是努力进取 •229
在孤独中学会自我成长 •233
少一点抱怨，生活会更好 •236
最大限度地利用业余时间 •239
当你开始爱自己，世界就会来爱你 •242
有条不紊地奋斗前行，舒展从容的恬静人生 •245
安全感来源于自身的强大与正义 •249
不要让坏习惯害了你的一生 •252
旅行对人生的意义 •255
键盘不可废，走进现实社会更可贵 •258

Chapter 07 人生价值
活出真正有意义的一生

人与人之间的差别，拉开了人与人之间的差距 •262
想成为亿万富翁，先获得学习能力 •266
让自己成为一个真正富有的人 •269
有钱不重要，重要的是过好自己的生活 •273
无论任何年龄，都能为自己而活 •276
人生就是用行动放飞内心 •279
坚持走在自己的人生道路上 •283
没有对父母的依靠，才是真正的岁月静好 •286
我人生中后悔没做的事情 •289
35岁前一定要实现自我增值 •292
气质好的人，命运都不会太坏 •297
颜值不足时，能力显得更加重要 •300

附录　俞敏洪经典励志语录 •303

自 序
Preface

近几年，每每开会或者出席活动，总会有很多年轻人问我各种问题，涉及创业、读书、爱情、人生……我总是尽我所能进行解答，希望自己的那些知识和经验能够帮助到大家。不过，这些问题背后反映出的焦虑极为相似，回答得多了，就想，与其一个个地回复，不如做个系统的解答。

从这个春天开始，我索性每天拿出一个固定的时间，无论多忙，专门回复年轻人的各类问题。就这样，100天时间里，每天回答一个问题，我从春天坚持到了夏天。这些对话和我对人生的很多感悟和看法，一天天积累，最终汇成了你手中的这本书。

这本书的成稿，靠的就是那一点点的坚持。100天，每天半个小时，刷一次朋友圈的时间，坚持下来，就是沉甸甸的一沓文字。我可以，你也可以。

梦想，靠的也是这样一点点的坚持。当别人聊天的时候，你可以阅读；当别人打游戏的时候，你可以创作；当别人抱怨的时候，你可以好好锻炼……我从来不是一个有一辈子规划的人，但是我会对自己人生每个阶段的小目标有明确的设定。当大的目标被分解，小的目标一一实现时，梦想就离你越来越近了。

我一直鼓励人们阅读，因为长期阅读会让一个人的思想变得广阔和深刻。当你专业受挫时，在书中你可向业界顶尖高手求教；当你时间受限时，在书中你可游览名山大川；当你人生陷入低潮时，在书中你可与李白、苏轼把酒言欢……春秋时期的孔子、19世纪的黑格尔，只要你想，开卷就可以从他们身上汲取智慧和力量，更何况读书本身就有乐趣与兴味。

拿破仑在已知自己将不久于人世时，留给远在奥地利的儿子"罗马王"弗朗索瓦的最重要的礼物，就是他的战剑和藏书——一个传承着他戎马一生的荣耀，一个传承着他智慧不竭的源泉！

在人生面临低潮、困惑时，请你重新审视自己对待困难的态度。人总是惧怕困难和挫折的，没有人喜欢焦虑与抑郁，但磨难真的是人生中一份很好的礼物。你在磨难中学到的，远比在快乐中学到的多。而且人生就像心电图，起落曲折是常态，要是一帆风顺，那不就是挂了吗？但是，吃过的苦不能白吃，一定要在其中总结经验和教训。很多人吃了亏、吃了苦头只会抱怨，那是对生命的巨大浪费。有些磨难一定要自我回顾并且避免再犯，同样的坑，最好不要重复跨入两次。千万不要惧怕你面临的问题，妥善地处理掉，好好地总结它，你就会变得更为强大。不要惧怕失败，再爬起时，只是又一次"出发"，抬脚时，路即在脚下。

梦想再卑微都没有关系，爱因斯坦在瑞士专利局做技术员时，说要改变世界，你可以想象有多少人会对他的梦想嗤之以鼻。但这又有什么关系，你的世界不用太受他人左右。林语堂先生在《生活的艺术》里说过一句话："你以为不要紧，便什么都不要紧了。"不用在乎别人的眼光，内心选择了远方，就只管风雨兼程！

近几年，我的人生重心开始有了一些变化，曾经新东方就是我的一切，现在我会拿出更多的时间去旅行、陪伴家人，拿出更多的精力用在洪泰基金上，扶持年轻的创业者。此生，我从未停止追逐梦想的脚步，这一路上，充满坎坷也充满欣喜，但时光砥砺着我，使我的人生变得更为宽阔。这些积累起来的经验，我都希望与年轻人分享。这些年积累的财富，我也越来越多地投资在创业基金里，希望搭建一个平台，为中国更多新生力量的创业、成长铺一段前进的路石。

　　100多年前，梁启超先生写道："故今日之责任，不在他人，而全在我少年。少年智则国智，少年富则国富，少年强则国强。"中国的富强是靠一代代中国人建设而来，我坚信，中国在新一代中国人手中会变得更为强大。所以，能帮助更多的年轻人起步、腾飞，我的生命才变得更有价值；随着一本本图书的出版，那些砥砺的时光得以分享，我的经验也才变得更有价值。这是一件比建设新东方更加深远、更加有意义的事情！

　　是为序。

2017年8月28日

方向选择

决定你一生的,不是努力而是选择

Chapter 01

/ 让 成 长 带 你 穿 透 迷 茫 /

跳出"穷人思维"的坑

如何才能摆脱"穷人思维"？

首先，我们要来界定两个概念：一个是"穷"，一个是"穷人思维"。什么是穷？我认为穷不仅仅指一个人没钱、没吃、没穿，还指一个人思想不丰富，只愿意待在同一种环境中或者同一种状态下，不思进取，不加努力。

穷，实际上可以分为物质财富上的穷和精神上的穷。我认为一个人在物质财富上的穷，其实是相对容易摆脱的，人总有机会找到走上致富道路的方法。但是，**如果一个人在精神上很穷，并且不对精神世界进行改造，不增加自己内在精神的丰富性，或者不培养对外拓展的勇气，就有可能真的一辈子穷下去。**

"穷人思维"通常表现为三种特征：

一是总用否定和消极的方式来思考任何问题。比如，前面有座高山，具有"穷人思维"的人首先想到的是这座山我爬不上去；前面有一道难题，第一个想法是这道难题凭我的能力肯定解决不了；前面有一群人需要去打交道，第一个想法是如果我和他们交流的话，他们绝对会看不起我，不接纳我，我是不可能对他们产生任何影响力的。

一旦这种否定性思维占据着一个人思维的主导地位，那么这个人就进入了彻底的"穷人思维"状态。穷人或"穷人思维"的人，不是说没有钱或者挣不到钱，而是从本质上否认自己挣钱的能力，否认自己成功的可能。

反观具有"富人思维"的人，他们在面对任何问题的时候，首先想的是"我一定能够做成这件事"，同时去思考解决问题的方法和途径，然后调动自己身边所有的资源去做这件事情。

二是安于现状，不敢冒险。找到了一份工作，具有这种"穷人思维"的人会想这份工作很安稳，尽管比上不足，但比下有余，所以就不会再思考其他机会。

从现实角度来看，如果在前进的路上遇到一条河，创业型思维的人是思考如何架桥、如何造船，而"穷人思维"的人则是在河边等别人来造船、架桥，或者在岸这边待着，尽管对岸风光无限，他们也只会自欺欺人地说"反正正好挡住我了，我也没办法"。这就是一种比较认命的"穷人思维"。

三是对世界，对社会，对周边朋友的不信任。他们认为社会很险恶，世界很复杂，周边的朋友都有私心，容易占自己的小便宜。于是，他们会得出结论：保护自己的最好方法是少跟社会接触，少跟朋友交往，或者不要发生任何利益关系。长期下去，他们的人脉资源、社会资源调动起来就非常困难，相当于中国古代的农民"鸡犬之声相闻，老死不相往来"的感觉。这样的人是做不大事情的。

所以，从以上三种特征来看，"穷人思维"的特征最主要的就是否认自己，不相信自己的能力，不相信这个世界的美好，不愿意冒险去突破现有的局限。

而成功人士或者说积极进取的人，他们总是往健康的、肯定的方向想。在遇到困难的时候，他们会想办法去解决困难；遇到别人的时候，他们会积极主动地去沟通、交流；遇到机会的时候，他们会愿意放弃自己现有的舒适，去抓住机会。**在某种意义上，成功人士的思维就是勇往直前、敢于突破自己的局限的思维。**

一个国家也是如此，如果愿意改革开放、突破局限，跟世界打交道，那么这个国家一定会繁荣富强。就像我们中国，经过改革开放后发展得飞快，在国际上有了很强的话语权。国家思维是这样，个人思维也是如此，我希望朋友们能多一些成功思维，少一些"穷人思维"。同时，也希望所有人都能够摆脱"穷人思维"，让自己能够健康、积极、阳光地去寻找生命的新机会。

内心强大者的秘诀

那些内心强大的人都有什么秘诀？为什么有些人百折不挠、屡败屡战，有些人却一击即溃、一蹶不振？

每个人都希望一生中能够做出伟大的、让自己骄傲的、有成就感的事情。在现实生活中，很多人胸怀梦想，但经不起现实的考验和折腾，最后被击溃，一蹶不振。我们都希望自己能够变成百折不挠、屡败屡战，勇敢向理想和目标迈进的英雄。这样的人是如何炼成的呢？我认为这样的人身上主要有五个共同的特征：坚定的信念、强大的意志力、乐观的人生态度、宽广的胸怀、充分的自信。

坚定的信念

信念就是内心对一项事业坚定不移地认可的状态。当你心中拥有信念后，你就能够坚定不移地相信你要做的事情，无论遇到什么困难，你都不会放弃。我们会发现，有宗教信仰的人心灵平静、态度坚定，会比一般人更加不怕失败。原因非常简单，他们相信他们的神给每一个人某种力量，并且这种力量会告诉和引导他们应该做什么事情，他们也就更加容易处于坚定不移的状态。

中国共产党成立后，共产党员都相信通过他们的努力，可以推翻旧社会，解放全中国，甚至解放全世界，让每一个人都过上幸福的生活。让人民过上幸福生活，创造一个平等的民主社会，就成了共产党员坚定的信念。国共内战时期，牺牲了很多人，小说《红岩》中的江姐，就是忠于信念的典型代表。南非的曼德拉，坚定不移地相信自己能够推翻南非的种族隔离制度，入狱27年，此心不改，这也是信念。

强大的意志力

意志力是一个人战胜艰难困苦的精神力量。众所周知，一个意志力强大的人通常不会轻易害怕失败。战场上，意志力特别强大的战士一般都会成为战斗英雄，因为他能够忍受战争的残酷和困苦，能在最艰苦的时候撑下去。运动员的意志力也比较强大，因为他们从小接受训练，都是为了让体能和耐力达到极限。

在某种意义上，在农村生活的人的意志力会比在城市生活的人更强大，因为他们从小到大的生活相对来说比较艰苦，这种环境有利于意志的磨炼。意志力在某种意义上是能够锻炼出来的。比如，现在很多EMBA（高级管理人员工商管理硕士）、MBA（工商管理硕士）的课程常常要求学生到戈壁去参加挑战项目，比如徒步100公里。对来自城市，平时不怎么走路的人来说，突然走100公里，确实很考验意志力。很多人走了不到20公里，脚底就长满血泡，但是因为离目标还很远，所以他们不得不继续前进。

这样一来，他们不得不靠意志力来支撑。未来再遇到艰难困苦，他们就会想起当初自己脚底满是血泡还坚持完成目标的情景，坚持下去的耐力和坚定不移的决心就会更加强大。所以，提升自己的意志力，也是让自己变得强大的一个重要方法。

乐观的人生态度

一种乐观的人生态度就是把生命中遇到的任何挫折和失败都看作对自己的考验。所谓"天将降大任于斯人也，必先苦其心志，劳其筋骨"，面对生命中的困顿，我们应用一种乐观的态度来对待，这样一来，一切就会更容易忍受。因为你期待，虽然成功现在还没有到来，但如果坚持下去，就会获得成功。**另外一种乐观的人生态度就是不要太在乎别人的眼光和评价**。实际上，我们常常活在别人的眼光中，在意别人的态度。比如，别人是否看得起我们，对我们做的事情是否有意见，我们做的事情是否丢脸或者没有尊严，等等。

如果你总是想得太多，以至于别人对你说任何一句话，你都会误解，进而内心产生自卑，这对你的人生发展是有很大负面影响的。有一种牙膏叫作脱敏牙膏，以前我们刷牙的时候遇到冷水、热水，牙齿都会疼，但使用脱敏牙膏后，我们对冷热就不会过于敏感。对别人的看法适当脱敏，也是我们人生中的一种态度，不要过于在意别人的想法和感受，要想办法把自己的事情做好。当然，前提条件是你不能去伤害和得罪别人。不论面对的是困难还是别人对自己的评价，态度上都要潇洒一点。

宽广的胸怀

如果能够做到前面三点，那么我们的胸怀就已经很宽广了。但是，**真正的胸怀宽广是胸怀大志、心向远方，因此对眼前的得失完全不会在意**。宽广的胸怀还意味着你能够包容别人对你的欺骗、不满、伤害，并且能够与各种拥有不同才能的人合作。不容人者也必然容不下天下。容天下，就意味着你还希望通过自己的努力让天下更好，范仲淹的"先天下之忧而忧，后天下之乐而乐"，苏东坡被贬以后写下的"大江东去，浪淘尽"都是一种胸怀宽广的表现。宽广的胸怀意味着能够原谅世界上一切伤害你的人和事，专注于自己的人生目标，努力前行。

充分的自信

我认为自信是经过历练的一种人生态度。当我们不仅能充分意识到自己的短板，也能充分意识到自己的强项；当我们不断努力前行，知道自己未来必然能取得某种成就时，我们内心就有了一种自信。就像毛泽东所写的"自信人生二百年，会当水击三千里"，我们不一定能活200年，但是一定要相信通过努力和专注，我们能够做出让自己和家人骄傲，让社会骄傲，甚至在局部意义上让世界变得更好的事情。有了这样的自信以后，我们在努力前行时，遇到任何艰难困苦，都会认为这只是暂时的，因此会用更加强大的精神力量去积极面对。

所以，当一个人拥有了坚定的信念、强大的意志力、乐观的人生态度、宽广的胸怀、充分的自信后，通过持续不断的进取和努力，一定能让自己的生命有不一样的光彩。

|年龄成熟的人要帮助年轻人成长|

60后、70后、80后是伴随中国社会从贫穷走向富有的几代人。但是，到了90后和00后，他们明显跟以前的几代人不太一样，生活过得更加轻松自如。我们应该如何看待90后、00后？

生命就是代代相传的过程。 我们永远阻挡不了时间的前行，我们也阻挡不了每一代人变得成熟和走向衰老。我是60后，已经60岁了，我的孩子是90后和00后。每一代人都有每一代人的生活方式，每一代人又都有每一代人的时代特征。

常常有人说90后、00后生活得真轻松，我们创造了社会财富，经历了很多动荡，但让后一代人享受了更加美好的生活。其实，我认为人类本来就应该这样，前一代人就是为了使后一代人更加幸福而努力的。否则，我们存在的目的是什么？父母都希望子女比自己更幸福。

上一代人都希望下一代人比自己做得更好，这才是社会不断向前的动力。 其实并没有哪一代人比另一代人过得更好这样一种说法。我们认为90后、00后比我们过得更好，可能只是从表面的物质生活、高科技的享受等方面来说的。

人生除了这些表面的东西以外，还有很多深刻的东西。例如，一个人的成熟程度、对社会的理解、人生经历等，加起来才构成一个完整的人生。

像我这样的60后，从小生活在很苦逼的环境中，青年和中年时期遇到中国的改革开放，不断有各种事情出现，也常常让我们无所适从。但在这样一种时代变革中，我们获得了很多的智慧和人生经验。我们可以用这些智慧和经验来帮助后几代人成长，并且我们也会觉得为这个社会做出了很大的贡献。

每一代人都有每一代人的时代使命。 60后、70后的时代使命明显与90后、00后是不一样的。60后、70后的时代使命可能是推动中国从一个旧时代走向一个新时代，而90后、00后则是在这一新时代将中国推向一个更加全球化、世界化的时代。

中国上一代人与下一代人之间的了解是远远不够的，代沟也非常严重。 60后理解90后、00后有一定的困难。原因非常简单，他们生长的环境、语言体系、交往规则、对文化传统的继承都与我们老一代是非常不一样的。这让我想起了鲁迅先生所写的"九斤老太"的故事，"九斤老太"会说"一代不如一代"。当然，大部分60后不会觉得90后、00后跟我们相比是一代不如一代，但依然有一些人觉得新生代远远不如我们那一代。

两代人好像来自两个星球，主要是由以下三个方面的原因造成：

第一个原因，传统的断裂。 中国的传统断裂分成两个阶段：第一个阶段是五四运动以后，中国跟过去旧的封建社会传统彻底告别。不过，从这时起一直到新中国成立前，老百姓还是保留了日常生活中旧的道德标准和行为特征。第二个阶段是新中国成立后，经过一系列冲击，中国人传统的行为特征、道德体系出现了崩盘。今天的社会，60后、70后由于跟过去老一代人一起生活在比较封闭的环境下，还是继承了一些中国传统的道德情操和行为体系。但新一代人，尤其是90后、00后，他们已经完全出生在新时代，对过去中国传统中应该维持的那种行为特征完全没有了解，而且他们的家庭也不会传递这样的特征。例如，吃饭的时候必须是老人先上桌，小孩原则上不能上桌吃饭，不能先动筷子；或者吃饭的时候，嘴巴绝对不能发出声响，不能抢桌上的好东西吃；等等。这样的规矩，在90后、00后看来，不用必须遵守。

第二个原因，文化冲击带来的代沟。我们老一代人实际上还在继承中国传统文化，而新一代人迅速被西方的文化冲击了。 他们出生在中国已经全面拥抱西方文化的环境下。现在的孩子们出去吃饭，大多数都会是AA制，而在60后、70后看来，这是对个人的一种侮辱。这就是文化冲击所带来的不同。文化冲击，带来了行为体系的不同、对事情理解的不同和立场的不同。

第三个原因，社会转型。我小的时候，中国还是个农业社会，后来逐渐转变成工业社会、商业社会。现在中国的城镇人口已经占到总人口的一半以上。大部分的90后、00后，尤其是有影响力的90后、00后，都从小生活在城镇中，所以对农业社会、对中国的封闭形态已经完全没有概念了。

尽管中国部分意义上还带有一定的封闭性，但整体上已经是开放型社会了。社会转型过程中所带来的混乱，在过去40多年中已经逐渐消除。这就意味着90后、00后出生的时候，他们实际上面对的是一个逐渐开始变得有秩序的新型社会。所以，让他们来理解老一代人对社会的看法是不容易的。

90后、00后是比较幸运的一代人，因为他们身上的负担很轻。**他们出生在新时代，既没有传统的负担，也没有中国社会转型中混乱的现实带来的迷茫，更没有思想上的限制。** 他们一出生，就生活在日新月异的高科技时代。高科技所带来的生活享受，使他们能够更加直接、更加无障碍地与时代对接。他们在使用电脑、手机方面，与我们相比，完全不在一个维度上。我们将电脑、手机当作一种外在的工具使用，而90后、00后却把它们当作生活方式的一部分在使用。

90后、00后出生的时候，中国相对比较繁荣。这也就意味着他们从小并没有吃过真正的物质的苦，通常又是独生子女，比较容易被父母呵护。因此，说是在糖水中泡大的一代人也不为过。但这样的成长也有很大的不足。我们都知道生活不可承受之轻，他们从小没有太多的生命负担，以至于生命有种轻飘飘的感觉。他们是比较晚熟的，甚至一辈子都不一定会成熟。我们常常看到有的90后、00后到了20岁左右，思想还比较幼稚，对社会的了解也非常有限，通常比较沉溺在个人主义中。这意味着他们实际上并没有利用中国当前大发展的机会来深刻地了解这个时代，而只是变成这个时代的浮萍，随波漂荡。

当然，不论90后、00后有什么样的问题，他们毕竟是新的一代。**一个国家、一个民族都是在新一代的成长中成长起来的。所以，我们希望后一代永远比前一代好，而且这也是不可阻挡的历史潮流。**毛泽东曾经说过：世界是你们的，也是我们的，但是归根结底是你们的。你们好像早晨八九点钟的太阳。年轻人是八九点钟的太阳，我觉得最重要的就是他们未来一定会创造世界和统治世界，因为这是不可改变的规律。对我们这样年龄比较大的人来说，一定要学会两点：

一是要学会真诚地支持和帮助年轻人成长。这种支持和帮助不是指手画脚，不是骂骂咧咧，不是表达对年轻人的负面看法，而是从本质上帮助年轻人更快成熟，更加深入社会，使年轻人能够更快地成长。我个人的使命就是通过自己的资源、学识，不断帮助年轻人成长。当然，年轻人接不接受是一回事，这涉及我帮助年轻人的方式、方法问题。

二是作为过来人，我觉得我们已经为世界创造了财富，并且自己也积累了一定的人生经验，我们就要学会享受这个世界，不要过多地关注年轻人的缺陷，要看到年轻人朝气蓬勃的一面。我们要学会用自己已经创造的东西来享受这个世界上的精彩。

年纪大的人，通常来说都会越来越走向封闭。**但我认为，一个年龄成熟的人，只有不断地走向开放，才能够过上一种自如的、不后悔的生活。**

在工作、学习中让自己快速进步

我在自己的学习和工作上都花了大量的时间，却感觉没有明显的进步。在这种情况下，怎样才能把学习搞好，并且把工作做好？

想要把一件事情做好，就必不可少要花时间，集中时间、精力做一件事，原则上就应该取得进步。大家都应该听说过"一万小时定律"，如果一个人在一件事情上花费一万个小时，原则上就能成为专家或者达到熟能生巧的状态。比如，你拉小提琴、弹钢琴或者研究《红楼梦》达到一万个小时，那么你一定会成为这些领域的专家和能手。

但我一直认为，我们只花一万个小时是不够的。农民一辈子做农活的时间远远多于一万个小时，但他们并没有任何突破性的进步。因为插秧、割稻、种庄稼这种简单的重复性工作，不需要花一万个小时就能达到纯熟的水平。有的农民一辈子都是农民，是因为他们没有层次上的提升，没有在做农活之外进行其他的研究（比如研究农业科技、农业机械化、农产品的商品化等等）。没有层次上的提高，实际上，时间花得越多越浪费。

因此，如果你在工作或学习上花一万个小时，但只是简单地重复，那么你是没有办法提升自己的。就像一个保安看大门，他每天要工作十个小时，累计下来很容易就能达到一万个小时，但他依然只是一个保安。如果要花时间取得进步，提升自己，除了一万小时定律外，下面三件事情也非常重要：

首先，任何花时间取得进步的事情一定要设定目标。设定目标会起到拉动作用，比如你无意识地走路，也许走两公里你就不想走了，但如果你设定的目标是20公里，那至少也能够走十几公里，目标是拉动我们进步的一种力量。同时，设定的目标一定不能是同一层次的平级目标，不能像农民一样，今年设定的粮食产量目标是500斤，明年还是500斤，而是要向更高的层次发展。

所谓向更高的层次发展，就是你的下一个目标需要比目前的状态有更大的进步。如果你练习钢琴，那么在现有难度上不断增加难度才能让你的技能更加熟练，对音乐的体会更加深刻。

毫无疑问，有很多事情是可以往更高层次去发展的。比如在学习中，你可以先学习《古文观止》，再学习《史记》和《左传》，随着难度的提高，你对古文和历史的理解就会越来越深刻。再比如在工作中，除了日常的重复性工作之外，你要设定有层次感、创造性和难度系数更大的工作目标，这样一来，你的工作能力才会不断提升。

其次，设定目标并不断努力的同时，要寻找方法和创意。我认为，人在生活、工作、学习能力上的变化，质的变化一定要大于量的变化。也就是说，如果只是积累了量，量变不一定会带来质变；只有在人有意识地寻找更好的方法使自己有所进步时，量变才能带来质变。我们常常说有些人是书呆子，一辈子读了无数书，却依然没有智慧，就是因为他们的读书过程只有量变而没有质变。

无数人的人生充满了无穷的劳累和辛苦，但一辈子也没有拥有太多的财富和太高的社会地位，其原因是他们在成长过程中只有量的发展而没有质的变化。**质的变化是人类的主观能动性参与其中所带来的结果，就是你要不断地从自己的学习和所从事的工作中寻找新的方法和创意。**

学习是有方法的，有的人学习英语几十年，水平还是很一般；有的人只要学两三年，就能够有所成就，这是因为他对学习方法掌握得当。我们在工作中也需要有方法，同样是八小时，有的人只做了一点工作，有的人却只花了两小时就把八小时的工作做完了，甚至做得更加出色，这也是因为他找到了正确的方法。

除了方法，就是创意。我们都知道创意改变世界，**寻找新的思想、新的突破极其重要，这是从量变达到质变的首要条件。**乔布斯的智能手机创意让世界的信息系统和信息传播方式发生了改变。美国独立战争时期，《独立宣言》和宪法所规定的美国民主体制使整个世界的政治体制发生了改变，这些都不是量的积累，而是新的创意和思想。

再次，我们在工作和生活中，光靠自己琢磨是不够的，需要多求教。有句话说得好，闭门思考一年不如出门一看。原因非常简单，你在自己的思想、能力、悟性范围内去思考问题，相当于闭门造车，只会百思不得其解，但如果你出去走一走、看一看，尤其是当你找到导师来引领你的工作和生活时，你就会进步得飞快。因为这样的导师，他的思想境界和能力远高于你，因此能够帮你找到非常具体的奋斗方向和方法。"听君一席话，胜读十年书"。为什么我们从小要有父母引导，中小学要有老师引导，大学也要有老师引导，工作中要有领导或者同事来引导，就是因为通过这样的引导，我们能够进步得更快。

人生最大的不幸是碰到两种情况：一种是婚姻生活的悲惨，即你的伴侣不能与你一同进步，甚至会拉慢你的步调；另一种是工作事业中没有人引领的悲惨，即你的家人、老师、同事都不如你，或是毫无思想，使你进步缓慢。人生是一个不断开悟的过程，这样才能使我们的能力更强，效率更高，思想更敏锐，行为更新锐。

以上就是我认为花时间取得进步，提升自己必须具备的条件。首先是要花时间；其次是要设定更高的目标来向高层次发展；再次是要寻找新的方法和创意，使自己能够以最快的速度达到质的变化；最后要找到合适的导师来引领我们的人生和工作。如此一来，工作、事业和生活的成功就会是一个必然的结果。

让目标为你的前行保驾护航

俞老师，在事业和人生奋斗中取得成功和成就的人（比如你），在现在的时间和高度上还会如何给自己设定奋斗的目标？未来几年里，你给自己设定了什么样的目标？

有一句俗话叫"成功是没有止境的"，这句话用在我身上还是比较正确的。因为我现在所做到的一切，包括新东方的成功、我个人在阅读写作上所取得的一点成功，都不算是真正的成功。

简单地说，在我心目中，一个人有钱、有车、有社会地位都不能算是真正的成功。真正的成功是人品和心境修炼到比较圆满的状态，能够做到"不以物喜，不以己悲"，"宠辱不惊，看庭前花开花落；去留无意，望天上云卷云舒"，这种状态我觉得才算是修炼到一种成功状态。

另外，获得世俗的成功，你每天所面对的可能是另外一个层面的挑战。因为做任何商业性的事情，成功背后必然隐含着失败，失败中也隐含着成功。它是商场上的充分竞争，可能会是充满活力的上升，也可能会是突然的倒闭。

面对新东方的成功，我每天都战战兢兢，如履薄冰。所以，我认为这不算是一种真正的成功状态，最多是一种阶段性成功。当然，我并不否认新东方对我本人的意义，也不否认新东方为中国很多学生和家庭带来了正向、积极的意义，只是这件事情不是我心目中的成功。但它也奠定了我未来人生进一步努力的基础。在目前的状态下，我未来想做些什么，自然还会有自己的人生目标和志向。一个人如果没有自己的人生目标和志向，就会陷入迷茫，心智会变得非常不成熟。对我来说，生命已过半，事业上也有了一定的成就，财富和社会地位也达到了一定高度。在这种情况下，未来我到底应该做什么呢？

人生的志向和目标是有区别的。志向就是你愿意一辈子为之付出的、不一定能做完的事情，你在做这件事情时会不断取得成就。 比如，你的志向是成为最伟大的科学家，这件事情其实是没有尽头的，你根本就搞不清楚自己什么时候能成为伟大的科学家，你能不能算是最伟大的科学家，但是你可以一直为这一志向不懈地奋斗。

对我来说，目前最大的志向就是帮助和服务年轻人，帮助更多年轻人成长，帮助更多年轻人成功。 不管我是50岁还是80岁，我都可以通过自己的努力去帮助和服务年轻人，这是一件没有尽头的事情。我说的帮助年轻人还涉及另外一个概念，就是希望自己能够更多地帮助机会较少的年轻人，比如贫困山区、偏远地区、农村地区的年轻人，帮助他们获得世界性的机会。

人的志向是可以分解成具体目标的，在帮助和服务年轻人这个大志向下，我会设定具体的目标，我认为我大概能做以下四件事：

一是通过把新东方做得越来越好，帮助和服务年轻人。

新东方是一个巨大的平台，如果把这个平台经营好，实际上能够帮到更多的人，因此这件事我会一直坚持。新东方未来会有专门的公益教育部门，每年全力以赴去帮助那些偏远地区的孩子。

二是通过投资并提供创业方面的指导，使年轻人取得更多的成功。

现在很多年轻人都通过创业来获得自身的发展和成功，我可以做的第二件事就是为未来培养出更多的企业家和创新人士，这件事情我通过自己的人脉、资金和资源是可以做的。

三是通过自身的影响力、写作的文字、讲课和演讲影响年轻人。

我每年都会深入偏远地区给当地的孩子进行演讲，鼓励他们走出大山，走向世界。同时，我的很多有关青春、励志的书籍也有很多年轻人在阅读，我希望通过这些图书更好地和年轻人对话。

四是通过我的身份（比如全国政协委员），参与国家政策的讨论。

这些言论部分影响国家政策的制定，帮助建立更加有利于国家教育公平和教育均衡、有利于年轻人发展的教育体制和制度。当然，我的影响力可能是有限的，但是我们不能因为影响力有限就不去做事，所以每年全国两会期间，我都是最活跃的政协委员之一。

以上就是我在帮助年轻人的志向下所设定的四个可以去努力的具体方向。除此以外，我还可以通过设定目标，更加具体化地来达成志向。我把志向的达成分解成三年的目标、一年的目标以及一个月的目标。比如，我可以通过演讲的方式来影响几百万年轻人，影响的方式可以是视频、直播、讲座；我可以出一本关于创业的书去影响年轻人；我也可以投资与高科技发展相关或者与教育文化相关的年轻人的创业项目。分解之后，你就可以设定每周、每天的目标，甚至在分解的过程中就把事情逐渐做完了。

除了事业目标外，我在个人生活上也会给自己制定一些目标。到了我这个年龄，我的个人生活主要有以下五大重心，我会尽可能地遵循这些原则，把自己的生命往前推动。

第一，希望自己有更多的时间可以安静地思考。到了我这个年龄，再风风火火地去做事情已经是一种不正常的状态，我应该更多地去思考重大的问题，做出重大的决策，并且更多地去安定自己的内心，让自己做到心无旁骛、干净明澈，为未来几十年生命的宽阔做好准备。

第二，读更多的书。思考要和读书结合在一起，读书包含两方面内容：一是读更多的新书，获取更多的新知识；二是精读一些优秀的经典作品，包括宗教、儒学、道家的经典，让自己的思考更加精妙和深邃也是非常重要的。

第三，在还有生命活力的时候去更多的地方行走，看更大的世界。今年（2017年）到目前为止，我已经去过一些地方了，从柬埔寨到印度南部、巴西，都是为了看更多的地方，更多地了解世界，让自己的生命能够留下更美好的回忆。这符合中国传统文人所说的"读万卷书，行万里路"的价值体系。

第四，投入更多的时间关注个人的健康，使自己能够健康地继续为他人、为自己做更多事情。对我这个年龄的人来说，现在已经到了"生死有命，富贵在天"的状态。曾经有朋友跟我聊天，说面对生命，我们应该怎么办？我回答说随意吧。所谓"随意"，就是你不知道什么时候生命会终止，你也不知道生命可以延续多久，在活着的时候把每一天过好，就是一种随意的状态。我们要做自己能够掌控的事情，要让身体健康和舒适，不要太劳累地工作，这是我们能够掌控的。

第五，尽可能多花时间陪最重要的人和最喜欢的人。我母亲已经86岁了，毫无疑问，我应该多花时间去陪她，跟她聊天说话。我们应该多陪伴自己的孩子和家人，多陪伴能够理解自己并且自己也非常喜欢的人，让自己不留下太多遗憾。

总而言之，一个人的生命不可能百分之百圆满和完善，但我们要尽可能地让自己的生命变得圆满和完善，也让自己感觉到安心和舒心。同时，不要忘了这个世界的美好，你应该付出一份努力，这份努力能够让你感到既有荣誉又有尊严。

|出名不一定要趁早|

人说出名要趁早，如今社会发展日新月异，古话里说的"大器晚成"，在现在是不是会遇到没等到你厚积薄发，就被拍在沙滩上的情况？面对这种情况，应该怎么办？"十年磨一剑"放到如今还好用吗？

首先，我们要明确，所谓"出名要趁早"，"趁早"并不算错。原因非常简单：如果能更早地抓住人生发展的机会，肯定是好事。但是，如果把趁早出名当作一种对自己的要求，想尽办法趁早出名，那么这件事情就是错误的。原因也非常简单：出名这件事本身不是能够轻易办到的。

现在有很多年轻人为了出名，小到在自己周围的朋友中出名，大到在一个地方甚至一个国家出名，无所不用其极。比如，某些"网红"不惜越过道德和法律的边界，散布自己的不雅视频，或者用非常古怪和粗鲁的语言博取眼球。

表面上，这种行为可能会带来一时的名声，但是实际上，当一个人没有真正的思想、才能和才华的时候，这样的出名是非常短暂的。就像有些电影明星，仅仅演过几部电影就销声匿迹了。原因是他们除了外表以外，没有其他东西可以展示，等到容颜老去，就没人欣赏了。所以，"出名"和"趁早"这两个观点都没错，错误的是故意要趁早出名，以至于不惜一切代价让自己变得古怪和疯狂，或者故意用大尺度行为博取眼球。

不管社会如何发展，人们真正欣赏的人都是那些有着卓越的才华和学识，并且能够用自己的才华和学识来帮助世界进步的人。所以，对于"出名要趁早"这件事，我们需要关注以下几个要点：

我们根本就不需要关心自己什么时候出名。因为一个人出名需要一个很自然的过程，只要你在公司里或者在社会上做出了贡献，或者你的才华通过某种渠道突显了，渐渐地，你的名气就会大起来。

姜太公的故事众所周知。"姜太公钓鱼——愿者上钩"，姜太公一直在渭河边钓鱼，等待着有人来欣赏他。直到他80岁的时候，周文王在河边遇到了他，发现这个老头非常有智慧，最后把他带回王宫做自己的军师。后来，姜太公帮助周文王打下天下，被分封到山东一带，还创立了中国历史上很有名的国家——齐国。

所以，对一个人来说，不论是20岁、30岁出名，还是40岁出名，都不晚，哪怕80岁出名都可以。人的才华是通过自己日积月累的努力展示出来的，不用在乎出名的早晚。

如果一个人想要获得真正的成功，成为世界上顶天立地的名人，毫无疑问，打磨自己的才华才是最核心的途径。

打磨自己的才华有两大要素，一是需要明确自己的才华到底是什么。是做科学研究，写小说，唱歌，搞体育，还是其他方面的才能？**二是必须坚持发展自己的才华、才能**。如果不坚持下去，就很难把一件事情做到让人关注的程度。比如，你做某件事情做了两年，发现自己还是没有出头之日，于是你又换另外一件事情去做，这样朝三暮四，肯定不会成功。

举个简单的例子。歌手赵雷在十几年前就当了民谣歌手，唱了很多的歌，但是直到2017年，他才凭借一首民谣歌曲《成都》真正赢得了大家的认可，奠定了自己作为优秀民谣歌手的地位。很多人都认为他是一夜成名，但实际上他已经付出了将近20年的努力。所以，没有哪一件事情是可以随便取得成功的，必须耐下心来去做，去坚持。

再来说"十年磨一剑"的问题。**我认为，即使在今天这个社会，"十年磨一剑"依然是一个颠扑不破的真理。**因为剑磨好后，不论社会发展到何种地步，我们都可以用自己的剑来获取自己想要的社会地位，奠定自己在某个领域的基础。

所以，千万不要被这个浮躁的社会牵着鼻子走。在一个浮躁的社会里，大家恨不得早上种的一棵树苗晚上就能成长为一棵参天大树，可以从这棵树身上得到木材；恨不得早上吃了一口饭，晚上就长成一个男子汉。但是实际上，**真正的成长和成功一定是循序渐进、潜移默化的，厚积薄发，最后获得成长和成功，这些真理在任何社会都是适用的。**

当狂风吹过，满地都是枯枝败叶的时候，真正挺立在那里的，一定是根深蒂固的大树！

高考有压力，缓解有方法

我是一名高三学生，我很佩服您高考的经历。您当年高考面对巨大压力时，是怎样坚持过来的？我快高考了，感觉压力非常大，对我来说数学很困难，我觉得自己没有希望了。该怎样克服学习动力不足的问题？

我相信，面对高考，所有学生都会有巨大压力。有自加的压力，也有来自外界的压力。自加压力通常是自己对自己的要求太高，比如定了非常高的大学目标，如北大、清华等。但是，你突然发现离高考越近，离那些目标的差距好像越大，内心会产生很多焦虑、不安和痛苦。来自外界的压力往往是父母和老师施加的，比如父母有意无意地跟你说能不能考一所更好的大学，或者老师在班里对学习成绩进行排名，让你感觉自己不排到班里或年级前几名就很丢面子。

既然高考的压力是一种不得不面对的压力，那么，如何减轻压力就变成一个关键问题。

如何减轻压力？我认为做到以下两点很重要：

一是要调整自己对高考的预期。你全力以赴备考，没有浪费时间，每天勤勤恳恳、踏踏实实，努力学好每一门课，成绩是一个自然的结果，并不会因为你设定一个更高的目标就会变得更好。至于减压的好办法，我建议你记住曾国藩的一句话："莫问收获，但问耕耘。"不要让过高的目标给你带来太大的压力和痛苦。

另外，即使考不上最好的大学也无所谓，因为人生不是由一所好大学决定的。马云只考上了杭州师范大学，现在做出了那么大的阿里巴巴。我是北大毕业的，最后也就做了一个小小的新东方。人生一辈子，大学四年只是个开端，你比别人跑得快了一点还是落后了一点，跟你一辈子的运势、运气没有必然联系。

二是培养承受能力和抗打击能力。人生总会面对各种外来压力，并不是只在高考时有压力，进了大学依然会有压力。有学习成绩上的压力，有找朋友的压力，有男女交往的压力，还有社会地位不平等的压力。你这一辈子可能会一直面对压力，既然外部压力不可避免，你就要尽可能地学会承受。比如，父母老是跟你说，你要考更好的大学，你就跟父母说，以后这样的话你们不要说，我已经全力以赴了，至于考上什么样的大学，那是努力的自然结果。你要学会跟父母对话、谈判。对于老师或同学带给你的压力，你要采取视而不见的态度，放松心情，做好自己的事情。

学习动力不足，主要有两个原因：

第一，你从未思考过自己的前途。你不知道上大学是为了什么，上大学的时候应该干什么，上了大学会不会更加幸福、快乐，人生会不会更加光明，反而感觉到压力无处不在。其实，人生一定要有一个辉煌的梦想，有一个你感兴趣的点来引导你往前走。我当初之所以有学习动力，就是因为我知道，我必须离开农村，我必须进城，我必须成为大学生，我不想一辈子当农民，这个动力已经足够大了。

第二，你遇到了很大的困难。比如，你觉得数学很难，觉得自己没有希望学好它了，这种比较消极气馁的心态会让你动力不足，甚至会让你放弃当下努力的事情。

面对数学学得困难这样的情况，该怎么办？数学在现在的高考中是一个不可回避的学科，你可以把难题集中起来，请老师或同学给你讲解透彻，每道题都做10~20遍，直到最后把难题变成你觉得最容易的题目。数学就是这样，你只要把难题弄懂了，解决了，进步就会比较快，数学成绩就会有所提高。你要学会克服困难，冲破阻力，激活动力。

不管你考上什么大学，那都是你生命的新起点。今后在任何一个生命的起点，你都可以再次扬帆起航，走向光辉灿烂的未来。

选择一所好大学，就开启了美好人生

填报高考志愿算是对人生未来四年，甚至更长时间的学业和生活的抉择，应该选择二、三线城市的一流大学，还是选择一线城市的二流大学？

选择大学对我们一辈子而言极其重要，尽管在中国选择大学，我们的自主空间非常有限，因为都是根据高考分数线来划分大学。但在一定的高考分数线上，我们依然可以自己选择想上的大学。

大学对我们的人生态度、人格和人性的教育非常重要。大学四年，在老师和同学的影响下，我们的道德意识、人格体系都会有很大的改变和提升，对我们良好习惯的养成也极为重要。

习惯的养成不仅体现在吃、穿、住、行上，而且体现在思维习惯上。比如，一所有创新意识并鼓励学生独立思考的大学，与一所按部就班、只让学生不断进行考试的大学，最后培养出来的学生其质量会有天壤之别。因此，就选择大学来说，去哪座城市是其次的，最重要的还是对大学本身的选择。选择大学，我们主要应该从以下三个方面来考虑：

专业角度

我们进入大学，最重要的是要学习专业知识（也就是专长），并通过所学专业让自己的生命更有价值，这也就意味着你选择的专业在这所大学里是否一流非常重要。专业的选择，最重要的是根据自己真正的兴趣和爱好来选择，而不是根据能否让自己挣更多的钱来选择。在这个前提下，专业选择主要基于两个方面：一是该大学在该专业方面是否处于一流水平，尤其是这所大学里有没有一流的专家和教授；二是所选专业在该大学中是否处于一流水平，而不是这所大学是否为一流水平。也就是说，即使是二流大学，如果该专业在这所大学处于一流水平，那么我认为也是可以的，即选择二流大学的一流专业，当然一流大学的一流专业就再好不过了。

学校的氛围

我认为仅从专业角度来选择大学太局限了，所以我们还要考虑学校的氛围。大学的文化氛围对学生人格、人品的养成会起到重大作用。比如，北大的氛围比较自由散漫，但又鼓励创新和独立思考；清华的氛围则比较严谨。对学校氛围的选择，主要应该注重的就是学校的氛围是否与你的个性相符合，或者是否可以中和你的个性。比如，一个过分严谨、按部就班的人，其实选择北大会更好，北大自由的学习氛围和状态能够与他原来过分严谨的性格互补。所以，选大学之前一定要了解大学的氛围和大学的文化特点，确定学校的氛围是否适合自己，是否能够让自己学到东西。

好学校的氛围主要有这样一些特点：气氛比较自由，管理比较民主，学生之间的关系比较融洽，一些比较知名的、有独立思考能力的教授在这个学校里有一席之地。上课时，学生的选择余地比较大，而不是只能按部就班地进行考试。也就是说，这所学校的研究和讨论氛围应该是浓厚的，而不是命令性的、管中学生一样的管理方式占主导地位。

城市环境

一个城市的环境对学习也是非常重要的。在大学里，我们一方面是在校园里学习，另一方面，整个城市的氛围对我们的性格和价值观的形成也是有重大影响的。对一个城市的选择，主要应该基于以下两点：

一是城市是否有创新能力。一个闭塞、传统、落后的城市很难培养出有创新意识、大胆的学生。有些城市的创新是近几年才体现出来的，比如安徽合肥原来是一个相对比较封闭的城市，但近几年，合肥的创新意识和城市发展越来越好。要根据近五年城市的反馈信息来综合考虑。

二是城市本身是否是开放、包容以及面向世界、气度恢宏的。比如，北京、上海、广州、深圳之所以让人喜欢，不仅仅因为经济发展好，还因为这几个城市的心态比较开放。尽管北京作为首都是一个政治色彩浓厚的城市，但实际上，北京又是一个非常包容的城市，所以才有很多年轻人喜欢北漂的状态。

当然，除了北、上、广、深这样的大城市外，一些内地城市的开放性也很强，包括武汉、西安、长沙、郑州等，都在不断地走向开放。

我们再来讨论一下中国大学的问题。

我认为中国的大学现在存在两个重要的问题，一是同质化的大学经营。中国的大学大部分是统一管理的，所以管理方式和理念基本一致，这实际上极大地限制了大学的创新能力和独立能力。二是大学的环境问题。中国的很多大学，即使是一流大学，也不在大城市的中心地带。所有的大城市都在离城市中心四五十公里的地方建大学城，大学城里的树木、道路、建筑模式都是一个样子的，大学的独特性就很难体现出来。现在坚持在老校园办学的大学已经不多了，比较著名的有北大、清华、武大、南开、天津大学，这些大学的一部分校园是在老校区。其实，这种老校园的环境特别重要，它既有浓厚的学术氛围，又有历史感，同时由于有上百年的古树围绕，环境更加优美。现在大学城的环境对大学生的成长来说是糟糕的，但也很无奈，因为中国的大学城已经形成了。

总而言之，**假如我们能选择一个一流的专业，并且能选择一所学校氛围非常好的大学，同时城市的环境本身是创新开放式的，那就是一种相对完美的选择。**

大学打工是自我发展的第一步

大学打工到底对我们有多大的帮助？

首先，作为大学生，我们需要思考的是在大学里到底要做什么。

大学四年是我们一生中最宝贵的时光，**我认为大学期间最重要的事情并不是去打工，而是去锻炼自己独立生活、独立思考、独立发展的能力，为自己的终身发展奠定基础**。

基础如何奠定？

一是要确定自己喜欢的学习方向，也就是专业的选择。这个专业不一定是你考大学时填报的专业，而是经过仔细思考和评估后确定的，将要努力奋斗一生的方向。

二是大量地阅读各种书籍，增加自己的知识功底和知识厚度。知识功底和知识厚度就像我们脚下的土壤，土壤肥沃了，植物自然就会蓬勃生长。

三是大学时期一定要尽可能与志同道合的人交往。在大学里，你需要去交往一批能够一辈子依赖的、能够互相帮助的、在志向和专业上与你有契合度的朋友。

四是大学时期要建立自己明确的价值观体系，并且要不断去思考，使它变得更加稳定和完善。价值观是人生的导航仪，没有价值观的人生，就如浮萍一般随风漂移，很容易使自己的生命陷入迷茫。

打好基础后，我们再来谈谈打工这件事。作为深刻了解社会的途径之一，我们可以将打工作为大学生活的一部分。

在大学，你与同学、老师之间都是比较单纯的关系，和真正的社会有一定的距离。但是，当你进入打工的状态，实际上你就开始和社会有接触了，尽管这个接触不算深，但也算摸到了社会的边缘。通过打工，我们可以学到很多东西。

你会对中国社会的现状有一定了解。在读大学期间打工，你就一定会进入公司、工厂或者社会，你会对现实世界所发生的事情有所了解，有切身体会，这也是为你未来的工作奠定基础的一种途径。

打工能打磨掉你大学时期的部分浪漫主义和理想主义色彩。尽管我认为浪漫主义和理想主义对一个人来说很重要，甚至应该终身保有某种浪漫主义和理想主义色彩，但是，**不曾被社会现实打磨过的浪漫主义和理想主义，只是一种虚幻的浪漫主义和理想主义**。因此，你需要通过打工走向现实，去感受一些艰辛，对自己的理想主义进行现实的打磨。如果打磨之后你还能保有理想和浪漫，那份理想和浪漫才更为长久。

打工能锻炼自己的独立性。

一是精神上的独立性。因为打工的时候，人与人是一种平等关系，人们没有必要过分关注你，也没有必要照顾你的情绪。虽然大学时期我们也是平等的，但实际上同学和老师一般都会照顾彼此的情绪。在社会上却不一样，你需要进一步锻炼自己精神上和身份上的独立性。

二是经济上的独立性。通过打工，你会获得收入，这样你就可以减轻父母的负担。在这个过程中，你会发现财富来之不易，你赚取的每一分钱都是汗水和辛劳换来的。我大学毕业后第一份工作的工资只有60元，但我心里充满了欢乐，因为这是我通过自己的付出得到的人生第一笔财富。所以，经济的独立性非常重要，这与你的家庭有没有钱没有关系。

你可以在工作中践行你的理论知识，知行合一、相互融合。这个能力对你的未来非常重要，通过打工，你能验证你所学的东西是否是过时的、无用的，你还能学会如何将所学的知识运用到实践中去。

通过打工，你可以观察别人的工作状态，为自己未来创业储备经验。比如，你可以观察和学习别人是如何创业和管理的，别人是如何与人相处的，等等，这对你更加快速地成长大有裨益。

总而言之，打工的优点很多，我也鼓励大学生在适当的时间出去打一些工，并且最好是与专业相关的工作，**但最重要的还是要把时间用在知识的学习和友情的积累上**。大学时光短暂，希望大家在打工的同时不要忘记学习，或者在学习的过程中适当地打工，使大学生活变得更加丰富。

名校能让一个人获得更好的成长

除了学历以外，读名校的经历还会给人的成长带来什么样的影响？

对上大学的学生来说，每个人心里都有一个清晰的梦想——进入更好的大学。我们之所以都想上名校，不仅是因为名校的名气大，更是因为在名校本科四年（或者研究生三年）的学习确实能给我们带来一些非常优质的人生经验，奠定人生的发展基础。

近朱者赤，身边人对我们的影响是巨大的。走进名校，无论我们自身是否聪明，从概率上说，我们一定会和一大批聪慧人士交往。这样的人主要分成两种：

一是老师。在名校教学的老师，通常教学水平和经历都会更加丰富。很多名牌学校常常不乏诺贝尔奖获得者，或者世界上著名的科学家、企业家、思想家。正所谓"名师出高徒"，如果跟随这样的老师学习，学生就会获得普通高校学生难以学到的知识。

二是同学。比如，进入北大、清华的学生，大部分都是极其聪明、反应速度极快、知识极为丰富的。和这些聪明的人处于同一环境，不那么聪明的人慢慢也会变得聪明。就好比"宁为牛后，不为鸡头"，你在聪明的人背后，即使当牛屁股，你也是很牛的；但如果你在普通高校，即使你是老大，当"鸡头"，久而久之也会难改"鸡"的本质。

所以，跟聪明的人交往非常重要。当然，和他们交往也会给你带来一种压力，会让你感觉到自卑或者自己不如别人。我在北大的时候就有这种感觉，但即使是这样，也依然值得。因为你与聪明的人交往，学到的东西会更多。

名校还有更好的校园氛围，这对一个人的性格和品格会有重大的影响。我们知道很多名校都拥有悠久的历史，比如牛津、剑桥都有800年以上的历史，哈佛、耶鲁也有三四百年的历史，北大、清华也有100多年的历史，这种校园有着非常深厚的传统和文化基因，并且渗透到了每一个人、每一栋建筑、每一条路甚至每一棵树中，你进入这种校园，就会受到潜移默化的影响。

如果我不是在北大泡了十年，无形之中，北大的精神气质在一定程度上渗透到了我身上，我绝对做不了这么多事情。清华更加务实，北大更加务虚，也正是受校园氛围的影响，你会看到北大人和清华人的个性不太一样。我们向往优秀的学校，实际上就是因为优秀的学校从人到环境，包括学校的图书馆、建筑物、走廊里所挂的画、校园里的植物，都会对我们的性格、品格带来某种影响，使我们成为更加厚重、有学术气，或者说拥有综合气质的人。

名校里更加容易建立更好的人脉关系，便于为未来搭建更好的平台。大家都知道，原则上，名校毕业生的发展空间会更大。从学术界来讲，全国著名的科学家、思想家、作家，不少出自各大名校。这也就意味着，如果一个人是名校毕业的，那么他走到全国各地，不管别人认识他与否，只要对方也是同一所学校的毕业生，自然就会生出一份亲近感，因而可能更加愿意帮助他。当然，这并不意味着在普通高校就不能建立人脉关系，但人脉关系是有层次的，高层次的人脉关系比相对来说一般的人脉关系，对我们未来事业的发展帮助更大。

由于身处名校，你搭建未来的发展平台会更加容易。比如，别人听说你是哈佛、耶鲁、牛津、剑桥等名校的毕业生，会非常自然地愿意把机会给你，如果你在创业，他们也会很愿意做你的合伙人。**当然，最终你还是要靠自己的真实本领来确定自己的地位，但有了敲门砖，就变得相对容易。**

名校毕业生个人的职业发展通道和机会更多、更畅通。华为这样的中国顶尖公司，一般都是去北大、清华等著名学府招聘员工，而不会去二本、三本的学校。显而易见，当你进入名牌大学时，即使你在学校里成绩差，你依然会有更好的职业发展通道，因为大量的公司更愿意到名校去寻找人才。

有名校的背景，即使听起来比较世俗，也能够给你个人带来做事情的自信和勇气。例如，我在上大学的时候，因为成绩差，在同学面前是比较自卑的，但当我走到校园外，有人问我在哪所大学读书时，我会自豪地说我是北大的，而对方也并不会在意你在学校里的成绩如何。所以，北大的光环对我在校外做事情以及后来创立新东方还是起到了较大作用的。

当然，最终还是要靠自己的能力。比如马云，他毕业于杭州师范大学，杭州师范大学不能算是一所顶级的学校，但是马云用他的能力向全世界证明了自己。所以，我认为，有一个很好的名校背景，你做事情的时候会增加一份从容、一份自信，甚至多了一份向别人请求资源的勇气。但名校的资历并不能够使你必然成功，能让你成功的，是你身上的能力、智慧和精神。

尽管我们讲上名校的好处似乎很俗气，却又不可否认名校的毕业生好像确实更容易取得成功。总之，人生中拥有上名校的经历是不坏的。这也就意味着，中学生在高考之前，应该竭尽全力努力学习，使自己得到更高的分数以进入名校。尽管我们不否认普通高校的价值，但名校给我们带来的收获，原则上会更多。

让毕业后的异地恋恰当安放

很多大学生情侣毕业后即将分开，变成异地恋。该如何面对和维持这段恋情？

一般来讲，在大学能够跟自己喜欢的人恋爱比较长的时间，本身就已经是一件十分幸福的事情了。有很多的大学生在大学四年里其实都是没有恋爱机会的，更不用说跟自己喜欢的人在一起。比如我，我在大学时期属于那种不太受欢迎的男生，整整四年没有被一个女生爱过，非常悲催。

如果想把大学时的恋爱升华成一生的感情或者最终步入婚姻殿堂，其实是有一定难度的，原因是大学情侣在读大学期间和毕业后这两个阶段，很容易出现大大小小的变故。

在大学期间，同学们的身边有各种不同背景的、形形色色的人，他们都有着各自的才华、特长和爱好，大学生很容易在喜欢一个人的同时，飞快地被另外一个人吸引。

大学时期能够保持一心一意、相亲相爱并持续到底的，本身就不是很多。

所以，在大学期间能将恋爱持续较长的时间，本身就值得赞赏，这足以说明这两人是真心相爱的。

但对恋爱来说，更大的变故发生在大学毕业后，同学们需要面对的困难更多地来自现实。

第一个原因就是异地相隔。很多大学生情侣毕业后会因为家庭需要或者工作要求去不同的城市，在不同的城市生活，而两人分开久了，就很容易让感情变得疏远。**感情需要经常交流互动，就像一锅水需要有火在下面持续燃烧才能保持温度，不论这个火势是大还是小**。感情也是一样，需要有火在下面把感情的水持续加温，才能保持感情的热度。而情侣两地分开以后，感情热度是很容易下降的。

第二个原因则是周围亲友的催促和新的相识机会。例如，要求你尽快成家，找新的对象，等等。当两人分隔两地以后，被身边的人不断催促，就很容易使原来的感情由浓转淡，转而去寻求新的感情。另外，因为是一个人，很容易在参加各种活动的时候遇到新的、可能看上眼的人。

第三个原因是两人毕业分开工作后，由于工作能力和工作类型不同，两人发展的速度会产生错位，久而久之就会导致两人的世界观、价值观产生分歧。由于两人接触的事情和人群不同，彼此的眼界和胸怀也不尽相同，最后两人的共同话题很可能变得越来越少，这种情况很容易使情侣之间出现差异和不和。

因为以上几个原因，情侣异地相隔以后，感情很容易慢慢变得淡漠，最后通常都会以分手告终。回想一下，在20世纪七八十年代，最容易分手的情况可能就是异国恋。情侣一个在国内，一个在国外，国内的一方无法去国外，国外的一方在异国他乡会感觉很孤单寂寞，这样的情况就比较容易分手。

明白了导致异地恋爱失败的原因，那么，到底应该用什么心态来对待异地恋呢？

一是要顺其自然。我建议情侣最好不要分开，尽量在同一个城市工作，这样感情比较容易保持下去。但是，如果因为客观原因，异地恋不可避免，那么顺其自然就变得尤为重要。

首先，不必太过强求，两人分开以后，不需要刻意去保持感情上的亲密度。我认为如果两人真心相爱、深深相恋，那么即使是异地恋，也不会把两人拆开。但如果两人异地后恋爱的温度迅速冷却下来，就意味着你们原来的相爱只是天天待在一起造成的假象，并不是真正"两情若是久长时，又岂在朝朝暮暮"的情感。如果是这样，我觉得这段感情结束了，其实对两人并没有太大的伤害。

其次，一定要让感情能够细水长流、逐步发展，没有必要在异地之后就变得更加狂热，也没有必要在分开之后变得更加焦虑。相反，两人应该享受一段各自独处的时光，加深对对方的思念，更多地挖掘对方的优点，这样的经历实际上对未来两人更好地相处是有很大好处的。如果经受了异地恋的考验，两人依然能愉快相处，这种感情就会比较长久和牢固。

二是要做好感情的交流和沟通工作。现在的通信工具非常发达，我们可以每天通过微信、视频和语音进行交流，更可以互相赠送鲜花，这些都是比较好的维持感情的方式。另外就是一定要常见面，最长一两个月就要聚一下，见面的时间可长可短，两人面对面地接触，对双方维持感情是特别重要的。现在交通工具也很发达，我认为在国内范围内，两人经常见面这件事情原则上应该不成问题。

三是两人都必须保持共同且持续进步的心态。如果一方在外努力工作、学习和进取，而另外一方却悠闲潇洒，不学习、不进取，只是等待着双方见面重聚，这种情况的后果往往比较严重。因为随着时间推移，其中一方的眼界会明显高过另外一方，到时候两人相聚在一起，很容易产生无法沟通交流的情况。

所以，我建议情侣双方一定要保持同步且持续的进步状态，多进行心灵上的交流，这样两人最后走到一起的可能性才会更大。

总而言之，异地恋其实是对情侣双方感情的一种考验，如果最后仍然在一起，相信你们两人会对彼此产生终身的、深刻的依恋，任何困难也不能把你们分开。从这个意义上来说，异地恋也有着很积极的一面。

在高薪和兴趣之间做出最佳选择

初入社会的我们面临一份高薪却不喜欢的工作和一份喜欢但薪水并不高的工作时,应该如何选择?

这个问题,是中国大学毕业生普遍存在的困惑。对我来说,这个问题并不难回答。

面对这种情况,我认为首先要看你的家庭背景。假如你的家庭条件不错,父母不需要你赚钱维持生计,也没有兄弟姐妹需要你扶持,有了这个前提,一份你喜欢但薪资不高的工作会是你最好的选择。

因为对每个人来说,**生命是有限的,能做自己喜欢的事情的时间其实并不多,做自己喜欢的事情可以让我们全身心地投入其中**。在做喜欢的事情时,你会有产出,而产出的过程中就会有创新。每个人的创造力是截然不同的,所以,在你没有太多负担的情况下,我认为你应该选一份工资不高却很合你心意的工作。

当然,每个人的生活是不一样的。据我所知,有不少大学生在毕业的时候，身上背负着很多事情，比如学校的贷款要还，年迈的父母要赡养，寒窗苦读的兄弟姐妹要扶持，这就意味着你有责任要去承担。

我认为一个人去选择自己喜好的前提是必须承担起所肩负的责任，这样的人也是我比较佩服和欣赏的。如果你恰好是这样一种人，那么毫无疑问，你应该选择高薪却不那么喜欢的工作。原因也很简单，因为高薪对你来说有着现实的意义，它能够使你周围的人生活得更好。**责任大于喜欢，这是一个有勇气、有担当的选择！**

同时，我认为高薪却不喜欢这件事情，要看不喜欢的程度。丘吉尔说过一句话："It is no use doing what you like; you have got to like what you do."意思是你不能爱哪行才干哪行，应该干哪行爱哪行。根据心理学家的统计，世界上有60%～70%的人刚开始都是稀里糊涂就选择了一份工作，而自己内心是不怎么喜欢这份工作的。

因为要承担责任，要养活自己，所以你不得不去做这份工作，怎么办？

很简单，首先你要做好手头上的工作，除非是枯燥透顶、机械重复的工作，否则你多半还是可以找到你对这份工作的喜爱之情，以及这份工作对你的意义。

希腊神话故事中，西西弗斯被宙斯惩罚，每天要把一块石头从山脚推到山顶，而推到山顶之后，石头又会滚到山下，于是西西弗斯必须每天周而复始地推石头。刚开始，他无比痛苦，但是后来在推石头的过程中，他找到了做这件事情的意义。他在把石头不断往上推的过程中提升了自己的视野高度，经历了四季的变化，看过了漫山遍野的山花烂漫、万木葱茏。在这个过程中，西西弗斯有收获、有提升，那么对他来说，推石头就是有意义的。

所以，我认为，**一份工作在刚开始时你可能并不清楚自己是否真正喜欢，这时候你就需要深入下去，去探索、发现你自己真正的想法。**如果到最后你既得到了高薪，又能够喜欢上自己正在做的这份工作，这就是一件两全其美的事情。

当然，世界上这样两全其美的事情存在的概率很小，但是我们应该心存希望并不断去发现。就像我刚开始其实是不太喜欢做老师的，但是后来在这个过程中，我发现了做老师的乐趣和意义，所以到现在为止，我都认为自己一辈子不应该离开讲台。**只要你勇敢地去坚持做自己当下应该做的事情，关于薪水和喜好的问题自然而然就会得到解决了。**

|人生中最重要的事情只有两件|

我现在是一名教师，不知如何才能把教师当作一辈子的事业，而不是一份简单的工作。如何才能喜欢上自己的工作？

人生有两件事情最重要：一是做一份自己一辈子都喜欢的工作，二是组成一个自己一辈子都喜欢的家庭。这两件事情听起来容易，做到难。

一辈子要做的事情不是一次寻找就能找到的。就像你交朋友，不可能看上的第一个人就能变成你终身的朋友。你要在交了很多朋友之后，才能从中筛选出你一辈子的知心朋友。所以，通常情况下，也很难做到一辈子就喜欢第一份工作或只喜欢一份工作。

那么，怎样才能让自己喜欢自己的工作？

前提是要不断开发自己各方面的爱好。有的爱好是显性的，有的爱好是隐性的。比如，你喜欢打篮球、下围棋、读小说，这些爱好比较容易看出来，是显性爱好。也许其中有的爱好能成为你一辈子的事业，但有的爱好只是一个业余爱好而已。

能够成为你一辈子喜欢的事业，还要有另外一个条件，就是能给你带来经济收入。没有经济收入，你的爱好连自己都养不活，必然持续不下去。所以，有了这样一个附加条件，你的显性爱好大多就无法变成你真正的事业。

那么，如何找到能成为自己事业的爱好呢？

你要考虑你所学、所做的事情是不是你真正喜欢的，这是需要花时间调整的。比如，很多同学在上大学时选了一个自己认为喜欢的专业，但是，学了一两年以后，发现这个专业并不是自己喜欢的。所以，中国的大学现在也有这样的调整机制，入学后可以申请转到自己喜欢的专业。

当你换了专业后，新专业也不一定就是你喜欢的。我们做过一个数据调查，换了专业的大学生中，仍然有40%的人还是不喜欢自己的专业。这可能不是你的爱好问题，而是你的个性和学习能力问题了。

因为任何一个表面上你喜欢的专业，你如果钻研进去以后，会发现学习过程都是相对枯燥而艰辛的。比如，一个实验可能要做千百遍，才能够成功；一个程序设计可能要修改千百次，才能够完美。又比如，研究《红楼梦》，你不读个五六十遍，可能根本就不知道如何研究。所以，比较浮躁，不愿意钻研，就得不到乐趣。就像挖一口井，挖得越深水越甜。因此，我希望，你在寻找自己喜爱的事业时，要静下心来，认真思考。

喜欢的事情有三个特征：一是做这些事情本身会给你带来成就感，二是会给你带来精神上的丰富享受，三是会给你带来经济上的收入。 比如，刚开始我不认为我自己能够当老师，我留在北大是觉得上课时间少，将来会有大量的时间留给自己。我喜欢自由自在地读书和行走，教课之余，大量的时间可以用在行走和读书上。

但是，等到我走进教室，面对学生的眼神、欢呼、赞扬和掌声时，我发现我越来越有成就感。小的成就感，是每次走进教室讲完一堂课，学生觉得老师讲得不错；大的成就感，是慢慢形成自己的教学系统，慢慢把自己变成一个深受学生欢迎的老师。最后，通过当老师，我还创造了自己的事业，那就是新东方和新东方的教学系统。所以，我喜欢当老师，也是一个循序渐进的过程。

我发现当老师可以让我跟学生充分交流，可以让我得到情感上的满足，得到别人的认可，这对大学时期自卑了五年的我来说是非常重要的。我发现自己的业务能力在不断长进，因为教北大的学生，备课要非常充分。我还发现自己的口才、逻辑思维能力和想象力也在不断提升。而我看到学生成长和水平提升，内心也充满了欢欣。于是，我决定一辈子不走下讲台，这样一来，把当老师或者做教育作为我一辈子的事业也就顺理成章了。

很多人一辈子，工作是工作，爱好是爱好，两者截然分开，构成不那么完美甚至有点四分五裂的人生。我觉得，**一个人一辈子最重要的是不能把一份工作只看作一份简单的工作，因为你要把一半生命、一半人生的时间花在工作上**。如果你不喜欢这份工作，只是因为它能给你带来一点经济收入，你才去做它，那么，我觉得这对人生来说是一件比较悲哀的事情，甚至是一种人生悲剧。

所以，我觉得人只能这样选择：要不就学会喜欢自己现在这份工作，就像我在北大学会喜欢当老师一样，并且最终把它转化为自己喜欢的事业；要不就放弃这份工作，认真思考自己到底喜欢做什么，并且一头扎进去把它做好。

我身边也有很多朋友，自己做企业，赚了钱，但是后来发现自己其实不喜欢做企业。最后，有入佛门的，有做收藏的，有行走世界的，他们最后都从内心发现了自己真正喜欢做的事情。

从这个意义上来说，**我觉得人生最重要的选择，除了选择自己可以一辈子和谐相处的家庭成员外，毫无疑问就是选择自己喜欢的事业了**。

|留学对人生增值的意义|

当下去国外留学,对人生增值的意义大吗?

随着中国在改革开放之后的快速发展,越来越多的年轻人选择到国外去留学。随着世界的全球化、国际化,向中国学生开放的国外大学也越来越多。到现在,几乎所有国家的大学都已经向中国学生开放了。在20年前,中国学生到海外去留学,自己是支付不起学费的,只能等待国外的大学提供奖学金。我就是因为没有拿到国外大学的奖学金,最后没有留学成功。当时,世界上能提供奖学金的大学几乎都在美国,因此留学就受到了限制,每年只有两万人能够拿到奖学金出去留学,所以在那个时候,留学生非常稀少和珍贵。

我们当初想出去留学,一是自己不出钱就能够读美国的大学,不管是读硕士还是博士,都需要拿到全额奖学金;二是能够让自己的生活变得更好,因为当时在中国一年只能有几百美元的收入,但是到国外去打黑工,一天就能赚到几十美元。

从经济上到学习上,留学都有着巨大的吸引力,并且那个时候的留学生比现在的留学生更加值钱。当时到国外去留学的中国学生非常少,大家都知道一个道理——物以稀为贵。当年，中国留学生回国工作都会受到优待，当然经济上的收入并不是多么诱人。可惜当年中国大量的留学生毕业以后都留在国外，因为那个时候，中国的经济不是很发达，国内的机会也不是很多。

而现在的留学状况与当年相比，已经有了很大的不同。今天的留学体制已经变成世界对中国全面开放、敞开大门，而且中国的很多家庭都有经济基础自费让孩子去留学了。现在每年出去留学的学生已经达到几十万人，大部分人都是自费去的。同时，美国、英国等国家的奖学金制度依然存在，每年仍然有几万人可以拿到奖学金到国外去读书。

现在留学生多了，很多人就会思考"我花这么多钱去留学到底合不合算呢"。到底能不能增值，这个问题要从几个方面去衡量。

一是明确自己留学的目的是什么。现在我们留学已经不再是为了拿到奖学金了。我们处于能够自己支付学费去学习的状态，在这种状态下就要计算花了这么多钱，未来到底能不能挣回来。因此，**我们在选择留学的学校时就要追求档次，要尽可能考入世界上优秀的大学，不管是哪个国家的。**得到真才实学，同时得到一张名牌大学的毕业证书，从这个意义上来说，自费也是合算的。统计数据表明，在世界级名牌大学读过书的人，未来的工资薪酬以及回报和收益都是非常可观的。举个例子，你自费去哈佛大学留学，四年下来大概要花费20万美元，而哈佛大学的毕业生年薪平均也有10万美元，那么用两年时间就能把四年的学费挣回来。当然，如果你更加优秀，就能更快地挣回来。从经济投入上来说，去优秀的大学读书是一件很合算的事情。

二是就中国的现状来说，社会对优秀大学留学归来的学生依然是比较看重的。以新东方的招聘为例，新东方非常愿意招聘中国排名前20位、前30位大学毕业的学生。但是，我们更加愿意招聘全世界排名前30位、前40位大学毕业的学生，不管是本科生还是研究生，而且给出的工资待遇也会更高一些。从这个意义上说，留学生在国内依然是受到重视的。相对来说，留学生的眼界会比国内大学毕业的学生要开阔一些。他们毕竟受到过国外教育或社会的熏陶，了解不同的文化。众所周知，一个人能够掌握两种语言，同时对两种文化都有比较深入的了解，那么他就是一个偏向国际型的人才。偏向国际型的人才是企业更愿意录用的，因为如今全球化合作越来越密切。

三是你要选择你喜欢的学科。尽管中国也有非常现代和先进的学科，但是大量的学科在国外的大学才能进行更加深入的研究，得到更多的重视；而且世界一流的研究成果和研究专家多数还是在国外的大学里，尤其是在美国、英国等国家的大学里。**如果你真的喜欢自己的学科，那么你就应该去全世界最先进的地方学习，不管它是在中国还是在他国**。当然，如果你要研究甲骨文，肯定是中国的大学比较好；如果你要研究现代智能科技，美国就是一个比较好的地方。所以，你要根据自己的爱好来选择。人一辈子追随自己的爱好去学习，永远是一件比较正确的事情。如果国外的研究比中国的更加先进，那么毫无疑问，你应该去先进的地方学习。如此一来，你可能会成为这个领域最前沿的人物之一，创造属于自己的事业或者为自己在这个领域的发展奠定基础。

四是从人本身的发展来说，去留学这件事情是值得的。虽然国内也能培养出优秀人才，比如我就没有留过学。当然后来我去很多国家考察过，但是，年轻人扩大自己的眼界，丰富自己的知识，增强自己的判断，这些事情非常重要。如果你永远生活在一个很小的区域内，从来不走出去，就很难让自己的眼界开阔起来。所谓看到了才能相信，我们去看、去学习、去研究、去交往的过程，实际上就是不断地丰富自己、完善自己的过程。

未来不论留学与否，工资可能不会有太大差距。但是，我觉得留学这件事情是合算的，**所谓"读万卷书，行万里路，交天下友"，这是人生的一大乐事，也是获得成就感和幸福感的必经之路**。

|年轻人的最佳创业时机|

现在很多创业者都讲究创业的最佳时机，那么，年轻人的最佳创业时机是什么时候？假如毕业三年后有50万元钱和一个自认为靠谱的创业项目，是应该用这笔钱买房还是创业？

现在创业已经变成一个热门话题，如果中国的大形势不变，那么在以后的二三十年里，创业依然会是一个热门话题。原因非常简单：移动互联网和智能时代的到来，带来了更多的创新、创业的机会。

什么时候是创业的最佳时机？我认为创业并没有最佳时机，所有的日子都是创业的最佳时机。年轻人应该什么时候开始创业，我觉得这件事情值得商榷。

创业不能是一时的冲动，不能是因为看到别人创业，所以自己也要去创业。**众所周知，创业需要很多投入，需要投入大量的时间和金钱，牺牲别的机会。所以，创业需要非常谨慎。**

决定去创业的难度一点都不亚于人生中其他的重大决定，例如是否要结婚的决定，在哪个城市落户的决定，等等。所以，在投入创业之前，尤其是你作为创始人带领其他人做某件事之前，需要经过比较周全的思考。

如果你是作为配合的合伙人，作为配角去创业，这种决定相对来说比较容易。为什么？因为你跟随别人创业，主要的资源不是由你来提供，不需要你投入大量的金钱和其他资源，你需要付出的是时间和精力。如果失败，对你来说伤害会小一些，这个时候，你就会比较容易做出决定。

创业的时候需要注意的问题有哪些？

第一，你需要有一个真正的好项目。你必须想清楚这件事到底应该怎么做，而且这件事应该是会让你兴奋的事。你不需要去考虑同样的事情别人有没有做过，而是要考虑你能否把它做成功。就拿我自己来说，我当时做新东方时，中国已经有几万家培训机构了，我之所以还愿意去做培训，最主要的原因有三个：第一，我喜欢学生；第二，我教课还不错，学生们很喜欢；第三，我出来做培训，收入能比在北大工作高一些。总而言之，我自己有一定的把握，我当时并没有想着要把新东方做多大，只是认为自己能够成功，所以就创立了新东方。

现在创业，一定是站在高科技前沿的、别人没有做过的商业模式更有机会，但这样的项目并不是太多。**所以，最重要的还是你能把一个项目做到靠谱，能慢慢地把商业逻辑和商业模式打通，能拿出非常好的商业计划**。

第二，你需要有金钱的支持。有了50万元钱，是去创业还是去买房子？我认为一个人之所以存在这样的困惑，首先是因为他有两件事情没有做到位：一是他实际上并不知道自己为什么要创业，二是他也没有找到让自己特别兴奋的创业项目。如果是让你特别兴奋的创业项目，你觉得自己去创业本身就意义重大，肯定会不惜代价去创业。

另外，真正好的创业项目，原则上不需要自己在上面投入太多的金钱。现在的创业环境和我创业时不一样。我那时候既没有风险投资，也没有天使投资，创业的每一分钱都要自己掏。而现在只要是靠谱的、好的项目，天使投资、孵化器种子基金都愿意帮助你，你或多或少都能拿到一些投资基金，不再需要自己掏大量的钱来创业了。你可以先投入几万元做一个模型出来，完全没有必要投入50万元。相对地，如果你的项目不靠谱，就算你投入了50万元，也很容易一下就花光。这时候，如果没有天使投资来接盘，你的创业最后就会走向死胡同。**现在再用自己的钱来创业是比较笨的行为，尽量不要用自己的钱来创业，免得钱打了水漂，自己辛苦积攒下来的积蓄白白浪费。**

第三，**创业要有一个非常好的团队**。除了你自己以外，必须有几个靠谱的人和你一起创业。因为在飞速发展的时代，技术日新月异、千变万化，靠一个人的力量很难把事情思考完整。你需要一个团队，而这个团队如何组建尤为重要。很多人创业，往往是几个好哥们凑在一起就开始了，结果发展到一定程度时矛盾重重，最后因为团队的矛盾把好项目搞砸，这样的情况在中国非常多。投资人在考虑要不要投资一个项目的时候，不仅会考虑创始人和项目的情况，还会对团队进行较为完整的考察。

所以，组建创业团队的时候，首先必须有一个真正的领导，能够说话算数；其次，团队成员之间的利益分配必须公正，分工必须明确，同时大家要对创业项目的前景有比较一致的预期，还要做好长期艰苦奋斗的心理准备，这样建立起来的团队才能够把项目做得更长久、更好。

第四，**创始人本身必须是一个真正的领袖型人物**。领袖型人物是慢慢锻炼出来的，创业伊始，你的公司可能只有几个人，像新东方起步时就只有两三个人，经过逐步的磨炼，才慢慢发展到现在的四五万人。但创业初期，创始人就必须具备领袖特质，包括强大的决断能力、团队合作能力、调动社会资源的能力，以及对项目和商业模式的透彻研究。在创业过程中，与投资人谈判、与政府交涉等事情都需要有人去做。所以，创业成功的人通常不是某个领域的专家，而是综合能力比较强的人，能够整合各个领域的专家为自己所用。

这一点中国与国外还有些区别。大家可以看到，不管是比尔·盖茨、乔布斯还是马克·扎克伯格，他们都是某个领域的专家，自己本身就是科学家。另外，国外的人事关系、社会关系相对来说是比较简单的。在中国，通常只有会用人并能够将社会资源整合起来的人才能把创业这件事做好。比如马云，他不是互联网行业出身，但是做了很成功的互联网公司。

中国的企业现在也正在逐渐往专家型企业发展，中国已经有很多创业成功的专家，比如马化腾和李彦宏，他们都是技术人才出身。也就是说，这些专家本身也具备非常好的综合基础，以及设计商业模式的能力，这是我们未来创业需要关注的。

人生总要有几次全身心投入的机会，这样才能淋漓尽致地体会人生。我鼓励大家去创业，但是不鼓励大家盲目创业。我比较主张大家积累一定的经验以后再去创业。大学还没毕业或者刚毕业就去创业，失败的概率会高很多。工作几年之后，有了一定的经验和成熟的个性，与人相处比较圆融，对社会和想要创业的项目有相对透彻的了解后，会更容易成功一些。

总而言之，创业是一件让人兴奋的事情，但也是一件极具挑战的事情，希望大家投入之前做好充分准备。

人生的奋斗从不该被地点所限

逃离北、上、广一直被热议，很多年轻人既逃不出北、上、广，也回不去封闭的家乡，到底该何去何从？

一个社会、一个国家在走向现代化的进程中，首先表现出来的是人口逐渐向大城市集中的现象。这种人口向大城市集中的现象，在世界上任何国家都存在。例如，英国的人口向伦敦、曼彻斯特集中，美国的人口向纽约、芝加哥、旧金山（圣弗朗西斯科）、洛杉矶集中，中国的人口现在就正向北、上、广集中。由于中国人口众多，比这些国家的人口多好几倍，所以这种集中的现象就更加明显。

出现这种情况的主要原因是就业机会和其他发展机会的不平衡。当一个城市变得越来越大时，它的经济、政治、文化、科技的创业机会都会越来越多，这些大城市会像吸铁石一样把大家吸引过去。但是，随着人口的增加，这些地区的生活成本会不断增加，导致很多年轻人进入大城市之后发现自己有入不敷出的感觉，尤其是高房价和不断上升的日常生活花费，生活环境也变得很差。

尽管在这些大城市工作薪酬会相对高一些，但是确实抵挡不住生活成本上升所带来的压力。随着人口的增加，平均到每个人身上的机会相对来说也会变得更少，以至于有些年轻人留在北、上、广等大城市，却无法获得良好的工作机会，逐渐被边缘化。这些压力给年轻人带来精神上的苦闷，甚至有不少人最后会精神失控。

面对逃不出北、上、广，也回不去封闭家乡的情况，该怎么办？

从整个社会发展趋势来说，未来会出现人口和资源逐渐从大城市向次中心城市扩散的情况。 现在杭州、成都、重庆和武汉等城市，实际上已经逐步成了中心城市，开始分担原来全部集中在北、上、广的一些城市职能。不少年轻人也开始向北、上、广之外的次中心城市转移。近几年，中国还出现了另外一批蓬勃发展的城市，比如合肥、青岛和老牌城市苏州等。另外，现在四通八达的互联网和交通网络加快了城市扩散的进程，使这些次中心城市也逐步开始出现大城市拥有的机会。由于生活成本相对来说比较低廉，所以很多创业中心、科技中心也逐步开始向次中心城市发展和布局。

在未来，还会出现大城市的产业向更加中型的城市甚至远郊地区发展的趋势。 例如，现在的雄安地区未来有可能会变成一个分担北京、天津城市功能的地区。我们知道很多核心城市也纷纷在郊区建造生活成本相对低廉的产业园区，为年轻人提供更多的发展机会。所以，我觉得未来北、上、广、深拥挤的局面会逐渐得到缓解。

要考虑你的能力和专业是否能够发挥出来。 年轻人不应该考虑要不要待在北、上、广、深，要不要去某个城市，而要根据自己的能力、专业、创业前景来决定到底应该在哪个城市发展，怎样才能使自己更加成功。

比如，很多人都说不能去东北创业，但是我投资过的两个项目恰巧都在东北，一个是做飞行模拟器，一个与农业相关。东北是中国的农业大省集中地，也是中国的飞机制造基地，所以在哈尔滨这样的地方，创业环境反而得天独厚。这些创业公司实际上也吸引了大量人才，他们从中国各地赶到表面上冰天雪地，实际上创业氛围火热、创业项目活跃的哈尔滨。所以，我认为，随着未来中国继续发展，交通、信息网络更加发达，人们可选择的创业、工作地点会越来越多。

因此，对我们来说，选择城市的问题实际上变成我们的才能在什么地方能够得到最大限度的发挥，而不应该拘泥于在北、上、广、深发展。大家应该把工作的前景和生活的舒适性紧密结合起来，因为这两者对生命质量的提高都是必不可少的。

要根据你自己的志向来决定。有些人希望追求更多的机会、更大的事业挑战，他们有竞争能力，能够找到志同道合的伙伴，能够投入火热的生活和工作中，在大城市生活的临时的艰苦对他们来说不算什么。拥有这样喜欢挑战的个性的人就比较适合在北、上、广、深发展，他们根本不会有要不要逃离北、上、广、深的烦恼。即使住在地下室，他们也会乐此不疲，因为他们发现自己的才华得到了发挥，在这里还可以广交天下之友，就像我当时在北京住了五年地下室一样。

而另外一些人喜欢舒适的生活，他们给自己定的目标是永远做个舒适的打工者，他们对生活中悠闲情怀的追求远远超过了对紧张工作的热衷。如果是这种情况，我认为你就应该离开北、上、广、深，不一定非要回到封闭的家乡，可以去一个中型的、环境优美舒适的、能找到工作的城市。

当然，这也是一种人生选择，每个人的人生选择都有着不同的方向，并没有高低之分。我从来不认为刘邦就比汉朝的一个平民百姓过得更幸福，也不认为今天中国的亿万富翁会比一个打工者显得更高大上。**所以，关键在于自己内心的满足和充盈，这对我们来说更加重要。**

因此，逃离北、上、广、深其实是一个伪命题。人生的道路都是自己选择的，而不应被地点限制。现在即使你是农村户口，办出国的护照也极为容易，只需要几天就办下来了（加急护照）。所以，在北、上、广、深打拼并不意味着比在其他地区生活更有绝对优势。重要的是我们要明确自己的追求，是想追求充满挑战和活力的生活，还是想追求平静安逸并且相对有保障的悠闲生活，以此来决定自己是在北、上、广、深这样的大城市发展，还是在相对来说更加舒适悠闲的城市生活。

理性看待被反对的梦想

如果自己喜欢做的事情不被别人看好,是否还应该坚持自己的梦想呢?

对于这个问题,你是否问过自己这样几个问题:你想做的事情是否合适?你的梦想是否合理?反对你的人,他们的理由是否有道理?

你想做的事情是否合适

首先,你需要有一个基本判断,就是你想做的、喜欢做的事情到底是什么,这件事情会对你的人生产生什么样的意义。如果一件事情,你喜欢做并且能够从中学到东西,赚取一定的金钱,同时也不会给社会带来危害,那么这就是一件可以做的事情。如果你通过自己的独立判断,认为这件事情对自己、他人和社会都不是特别有利,那么坚持做这样的事情就是没有意义的,比如打游戏和抽烟。如果你做的事情只对自己有利,对他人和社会都会带来某种意义上的危害,那也不是可以去做的事情。我们需要冷静地判断自己坚持的事情是否合适。除了自己的判断外,你还可以和周围的朋友、同学一起讨论你做的事情的合理性，这一点非常重要。

你的梦想是否合理

确定你想做的事情之后，就涉及一个梦想的问题。**梦想实际上就是你内心产生的拉动你不断前行，去寻找诗和远方的志向**。我认为梦想本身大于人生目标，因为人的目标是阶段性的。比如18岁以前的目标是考上大学，考上大学之后的目标是在某一个专业领域取得成就，或者在大学毕业后出国读书。这些都是阶段性目标，也是梦想的组成部分，但是不等于梦想的全部。一个人的梦想，需要符合以下几方面的标准：

首先，梦想需要与你内心的信念和信仰吻合。一个没有信念和信仰的人，是不太容易坚持实现梦想的。因为在追求梦想的道路上会遇到很多艰难困苦，这时前行的勇气主要来自我们内心的信念和信仰。解放战争时期，多少共产党员前仆后继，最后解放全中国，这是因为他们信仰共产主义能够解放全人类，并且能够让全人类获得幸福。

其次，实现梦想的行为需要与你要做的事情相吻合，还要与你的兴趣爱好相吻合。如果你做的这件事情，你不是从内心喜欢它，那么这件事情也很难坚持下去。

再次，梦想需要意义。一方面，你做的事情对个人利益、个人成长和个人发展有意义；另一方面，它要对社会有意义，也就是能带来某种社会的进步和变革，或者至少能够为社会做出贡献。我并不是说当政治家、企业家才算得上高尚的梦想，我认为徐悲鸿的绘画对中国的意义就完全不亚于一个政治领袖为中国做出的贡献。其实，你喜欢的事情也可以发展成一件有意义的事情。比如，你喜欢绘画，你可以为世界创作优秀的艺术作品；你喜欢音乐，你可以为世界创造优秀的音乐作品；你喜欢文学，你可以为世界写出优秀的小说、散文、诗歌等。

反对你的人的理由是否有道理

如果反对你的人是你的父母,我认为你的父母很可能是从理性角度来考虑的,比如经济实力、发展前景等,这就需要你与父母进行良好的沟通。其实,你可以表面上听父母的意见,让他们感到安心,但你依然可以去做有突破性的事情。就像我当初从北大辞职,我母亲完全反对,甚至用上吊来威胁我,但我还是坚持从北大辞职了,最后我母亲也谅解了我。如果反对你的人是周围的同学或者朋友,他们的反对可能也是有一定道理的。那么,你需要检查一下你的计划是否周全,梦想是否靠谱。

我们要主动去聆听和分析他人反对的理由,看看他们的反对意见是否正确,弄清楚他们反对的理由到底是什么,并理性对待。因为如果他们的反对有道理,那么你喜欢做的事情本身可能是有问题的。

当然,对于你认为是真理和必须坚持的事情,有时候你需要付出一些代价。历史上有很多人为了坚持自己的理想和真理,失去了生命。哥白尼曾经提出了日心说,遭到教会的反对,于是他稍微妥协让步,在坚持日心说的同时保全了自己的性命。但是,在哥白尼之后,布鲁诺却因为坚持日心说理论并到处宣扬而被烧死。在被烧死的那一刻,布鲁诺依然坚持认为日心说是正确的。

最后,我们回到问题的本源,你坚持的事情到底是什么?**如果你认为你坚持的事情是真理,是信仰,那么你的坚持和付出就是必要的。如果你并不知道事情的对错,那么就一定要尽可能听取他人的意见,并在此基础上去验证自己的坚持是否正确。如果正确,那么不管有多少人反对和阻止,你都应该坚持下去;如果错误,那么你就需要更大的勇气去放弃。**

慎重挑战自己不擅长的事

有人认为年轻人不要去做那些自己擅长的事，那样太顺手、太轻巧，要敢于去挑战自己不擅长的事，那样才会收获真正的成长。到底是该去做自己擅长的事，还是不擅长的事？

首先，我们需要对"自己擅长的事"进行界定。自己擅长的事，是指你擅长做，并且能够把它做到极致，有突破、创新的事情，还是你不用动脑，只是反复不断去做的事情？如果是后者，那么我不建议年轻人去做。因为这样会消磨人的斗志，会让人慢慢变得不敢迎接挑战，也不敢接受风险。

如果擅长的事情是指可以不断做得更加深入、长远，并且做出业绩的事情，我是鼓励年轻人去做的。年轻人如果有自己的爱好和擅长的事情，原则上只要能把它做成一项事业，就应该坚持下去。

道理非常简单，你擅长或者喜欢的事情一定跟你的天性、爱好以及本身的能力、智商、情商相一致。做这样的事情是最能发挥特长的，也是最容易专注去做的。所以，这件事情会使你更加自得其乐、有所成就，并且能坚持做到长远。在这种情况下，我认为年轻人应该去做擅长的事情。

其次，所谓不擅长的事情，我们要辨别是否要去做。如果这件事让你很厌倦，并且你怎么做都是不擅长的，我认为就没有必要去做。比如，你明明用右手写字写得很好，你偏偏要去练习用左手写字，这就是在浪费时间。但有时候，即使是不擅长的事情，也不得不去做。比如，有的人失去了双手，为了书写，后来学会了用脚非常流畅地写字，这是为了生存必须做到的事情。

在何种情况下，我们要去尝试做自己不擅长的事？以我为例，在北大教书的时候，我认为自己慢慢变成了一个相对不错的老师。但是，做新东方这件事情是我完全不擅长的。让我做管理，跟公安局、居委会打交道，这种事情我一辈子都没有做过，我看见他们就怵头。当初之所以做这个决定，是因为我在北大的生活非常枯燥，进入了所谓的"舒适圈"。我认为如果这样待下去，结果可能不会太好。所以，我决定辞职去做培训机构。如此，我就进入了一个完全陌生、具有挑战性的领域。最开始我确实不擅长，但是我一点点去学习、琢磨，逐步扩大自己的眼界、胸怀，去面对自己本来不用面对的东西。尽管我经历了很多艰难困苦，但是确实锻炼出了很多我自己原来并没有发现的才能，比如管理、拓展市场、演讲、领导等等。

所以，你是否擅长去做某件事情，在你做之前是不知道的。人对陌生的事情总是会感到害怕和胆怯。看到一条陌生的狗，你一般不太敢靠近，而如果是自己家里养的狗，你就敢随便靠近。我们面对自己不擅长的陌生领域，就像遇到一条陌生的狗。只要我们勇敢地迎着这条狗走过去，我们就会发现，实际上大部分狗是不敢咬我们的。很多领域，只要我们敢于去尝试，我们本来认为自己不擅长的事情，实际上是可以胜任的。比如，我现在做新东方管理培训，与老师和政府打交道，已经是我比较擅长的事情了，而在此之前，我完全不知道我在这方面能做到现在这样。

最后，总结一下：**当我们做自己擅长的事情（从心底来说，你确实喜欢它），并且把它做到了其他人无法企及的高度时，这种擅长就变成一种创新和创造。** 而当你发现自己面对不擅长的领域，心里还想去尝试的时候，我鼓励你去勇敢尝试，也许尝试以后，你会发现自己在害怕的那些新领域里确实可以做得虎虎生风，而且在其中的翻转腾挪都会让你有"这是我的主场、我的战场"的感觉。

从这个意义上来说，**我认为，一方面大家应该坚持自己擅长的事情，这样能有一定的把握把事情做成功；另一方面，如果有机会，应该探索自己不擅长的领域，对自己提出挑战，最后也许能获得新的成就和惊喜。**

|放弃是一种智慧，坚持是一种勇气|

有人说，一旦自己下定决心选择了一条道路，即使跪着也要走完，这既是对自己也是对外界的一种担当。但假如走在半路上发现自己这条路走错了，也要为了面子继续走完吗？

人生就是在不断选择、坚持、放弃、再选择中前行的过程。人生无法避免选择，每天穿什么衣服、吃什么饭，和朋友去哪里聚会，都是一种选择。很多人选择了正确、有用、让自己不断长进的事情，使人生道路走得更长远。但也有人在选择中出现状况，选择了没有任何进步可言的道路，总是在原地打转、循环；或者由于缺乏判断力，选择总是出现错误，进而让人生进入没有回旋余地的死胡同。

面对人生的选择，我们到底应该采取什么样的态度呢？

一是选择之前要尽可能小心谨慎，宁可慢些做决定，也不要盲目选择。所谓选择要尽可能小心，是为了保证选择的方向和事情是正确的。人生中有几个选择是特别重要的。一是学什么专业，这件事情必须认真思考，要选择与兴趣爱好相关、与未来前途挂钩的专业。二是婚姻，谈恋爱本身不是那么重要，因为谈恋爱谈不好可以分手（当然，谈恋爱的时候也要认真选择对象），更重要的是对婚姻的选择。结婚意味着你余生的几十年都要与对方一起度过。如果仅仅因为对方的社会地位或者颜值就盲目选择，婚姻就有可能会出现问题。三是人生事业，就是这辈子到底做什么。是在政府机关做公务员、下海创业，还是在更大的公司寻求发展，都要根据自己的个性特征来进行选择。做这些选择时要尽可能谨慎，反复进行分析，与好友一起探讨，听从有经验人士的建议，尽可能不要出错。

二是一旦下定决心选择了，就要坚持下去。 比如，你选择了一个专业，本来觉得喜欢，学到一半，发现虽然喜欢，但觉得有点难，或者听说另外一个专业更能赚钱，所以就不学了。这样随便放弃，不是一件好事，半途而废的人很难成事。再比如，你选择与某一个人结婚，并且生了孩子，最后因为生活中出现各种磕磕绊绊，就放弃这段婚姻了，这样很容易给家庭和孩子造成巨大伤害。

事业的选择也一样，中国有句话叫"一条道走到黑"，其实有时候可以反过来说，只要是你觉得值得为之奋斗的事情，你坚持下去往往会一条道走到亮。我碰到过很多创业人士，坚持、失败、再坚持、再失败，再坚持，最后终于把某件事情做成功了。这也就意味着坚持下去，事业成功的可能性往往比放弃之后重新选择要更大一些。当然，我所说的坚持并不是要你不管对错，坚持到底。我只是说有些事情既然你已经选择了，并且没有发现明显的错误，那么坚持下去会更好。

三是如果经过了反复的理性思考，你发现你的选择是一个绝对错误，那么放弃就是最佳的选择。 放弃本身其实也需要有所计算，我最害怕的人是情绪化、冲动的人，他们会因为情绪和冲动而做出选择。我认识的人中也有一些这样的人，一般来说，他们最后很难做成大事，很难交往一批有长久情谊的朋友，因为他们的情绪和冲动往往让其他人没有安全感。另外，由于他们反复无常，他们也是在坚持和选择中来回折腾得最多的人。

在选择放弃某件事情的时候，一定要理性地去计算需要花费的成本。到底是放弃的成本大，还是坚持的成本大，大部分情况下是能够计算出来的。如果放弃的成本大，那么坚持下去就是好事；如果坚持的成本大，那么放弃就是好事。

除了计算成本，还需要去思考自己的责任。比如，你创业遇到困难，如果是你一个人，就比较容易选择放弃；如果公司有上百人，那么你就要考虑你的放弃对他们是否有影响。家庭也是如此，如果结婚后想要离婚（尤其是在有孩子的情况下），那么你要考虑离婚所带来的后果。成为一个有责任心的人非常重要，在想清楚这些问题后，你就不会为自己做出的决定后悔。

四是放弃一件事情和面子没有关系，也就是说，不管你是坚持还是放弃，千万不要考虑面子问题，也不要太考虑别人会对你产生什么想法。比如，某明星离婚的事情被炒得沸沸扬扬，对他来说，离婚确实有很多面子上的损失。但是，如果他因为面子问题选择不离婚而忍气吞声，那他就失去了生命的幸福和尊严。从这个意义上说，我们要根据自己的人生发展道路、前途以及幸福来考虑是选择放弃还是坚持。不要因为别人有看法，觉得丢面子，就放弃自己内心觉得正确的选择，或者坚持错误的选择。

任何根据别人的看法做出的决定都是愚蠢的，并且都是对自己的生命和幸福不负责任的表现。如果能够按照以上四点做出自己的选择，一般来说，我们的人生会走上相对正确的道路。

在做人生选择的过程中，一旦下定决心，就要放下纠结，努力前行。放弃是一种智慧，坚持是一种勇气。

职场进阶

掌握方法才能让事业取得进步

Chapter 02

/ 让成长带你穿透迷茫 /

大学毕业后，人与人拉开差距的根本原因

大学毕业后，同学之间的差距是怎么拉开的？根本原因是什么？

我认为，人的一生能否成功一定不是大学四年的学习能够决定的。大学里评判我们的标准是成绩好坏、参加活动积极与否，但这些并不能决定我们未来能取得什么样的成就。大学毕业时，我们都只有二十几岁，如果人类的平均寿命是80岁，那么我们还有将近60年的时间去改变、奋斗，证明自己，**大学毕业其实只是我们证明自己的开始。**

有些同学在大学里学习成绩很好，毕业后却慢慢变得平庸；有些同学在大学里成绩一般，毕业后却勇往直前，不断取得新的成就。

那么，毕业以后，同学之间为什么会慢慢拉开差距呢？

一是工作岗位的不同。我们每个人从事的工作是不同的，有的同学在私营企业就职，有的同学在国有企业就职，有的同学在研究机构就职，有的同学留在大学里成为老师。每个工作岗位的要求都是不一样的，**如果一个工作岗位不断对我们的能力提出挑战，那么我们的提升速度就会比别的同学更快。**

比如，我在北大任职期间，主要提升的是表达能力、和学生打交道的能力以及教课方面的能力。我上大学的时候不怎么爱说话，但在北大当了老师后，就不得不开始锻炼自己的表达能力。相应地，我在外交部工作的同学，言辞表达能力、融会贯通的能力和外交辞令的运用能力就成为他们的强项。

再比如，我另一个同学在美国大学当教授，他的英语表达和英语研究能力就要远超于我。所以，根据工作内容的不同，我们会锻炼出自己独有的能力。我认为我们在找工作的时候应该考虑两个前提条件：一是这份工作对我们来说具有一定的挑战性；二是我们必须付出更多的努力才能做得更完美。

另外，在工作中，我们应该一直带着自己的思考，不断给自己提出新的挑战。比如，我做新东方，由于新东方不断壮大，各种突发的事件变得越来越多，这就锻炼了我处理各种事情和带动新东方团队发展的能力。

二是交往朋友的不同。我们在大学毕业后会交往不同的人，这也会给我们带来不同的发展。所谓"读万卷书，行万里路，交天下友"，"交天下友"可以让你通过朋友水平的高低来判断自己水平的高低。有人说，你最亲密的五个朋友的平均能力就是你的能力，所以当我们与更有能力的人交往时，我们的能力自然就会比其他同学提升得更快。尤其是当你的朋友中有社会资源、人脉资源以及创业资源比较丰富的人时，你跟着他们一起做事，你提升的速度就会更快。**所以，交往朋友的不同也会成为我们大学毕业后与其他同学拉开差距的直接原因。**

三是个人学习能力的不同。有很多大学生毕业后投入工作，对自己的工作熟练后，就每天做重复性的工作，这样进步就会变得越来越慢。很多人说工作已经很累了，下班后应该好好休息或者去做运动、参加活动，因此他们放弃了读书，而人不读书，进步就会变慢。有的人工作之后就不再去钻研所学的专业知识，去汲取新的知识和能量，久而久之，他们就变得目光狭窄、思维陈旧。

和那些还在坚持每天学习、提升自己的专业知识、拓宽自己的眼界的人相比，他们就会不断掉队，短时间内可能看不出来，但长期来看，差距就会越来越大。所以，大学毕业以后的自觉学习能力（包括读书、研究、游走，让自己的眼光开阔、心胸博大等）对我们的成长是至关重要的。

四是个人机遇的不同。人有时候是需要贵人相助的，如果张良没有遇到刘邦，那么他在历史上就不一定会有如此高的地位。个人才能的发挥是需要伯乐的。本来大家都在同一水平线上，但某个人如果遇到了一个可以提携他、有资源、有权势的领导，他就会获得迅速提升，把其他人远远甩在身后。还有一种机遇，就是通过自己的努力、学习、交往创造的新机遇。比如，你的同学通过自己的努力考出了很好的托福和GRE（研究生入学资格考试）成绩，最后被国外知名大学录取，而你由于不求上进，最后只能原地踏步。久而久之，上进的同学机遇会越来越多。这就是保持学习能力的重要性，因为机会是留给有准备的人的。

五是个性和性格的差异。我们常常发现这样一种现象，在学校成绩优异的乖乖女、潇洒男，由于学习成绩好，在学校的时候被老师和同学欣赏，很引人注目，像明星一样耀眼，进入社会后却无法很好地适应社会，这是因为他们的个性只适合于在学校学习。在社会上，我们也会发现那些学习成绩不怎么好的同学，进入社会后却很吃得开，因为他们个性奔放，无所畏惧，敢于尝试，富有冒险精神。这样的同学在学习时不一定能体现出高智商，但在社会中体现出了极高的情商，所以他们毕业后取得成功的速度往往也会比较快，这就是个性或者性格在背后起到的重大作用。有一句话叫作"性格决定命运"，说的正是这个道理。

大学时期，大家的差距其实并不是那么大，无非就是你考80分我考60分的差距，但是，因为以上种种原因，进入社会后，人和人之间的差距会被拉得越来越大。因此，我们要避免变成落后分子，要尽可能保持先进。

总结一下，就是要对自己提出挑战，尽可能去结交对自己来说有用、能让自己学到东西的朋友，平时要不断努力学习，努力进取，多多阅读，要尽可能寻找不同的机遇和能带给自己机遇的人，在社会上要果断勇猛，富有冒险精神，这样成功的可能性才会更大。

摆脱学生思维，成为职场达人

对刚刚走出校园的职场新人来说，如何以最快的速度摆脱学生思维，拥有成熟的社会人的心智？

对一个刚刚走出校园，进入工作岗位的人来说，职场本身带有一定的新奇性，也是人生一段新的开始。从此以后，我们告别了单纯、悠闲的学生生活，走进了需要认真对待，需要有职业精神，并且需要规矩的职场。

初入职场，很多人会非常不适应。所以，一些同学一年会换五六份工作，并且在换了工作之后依然不适应，我认为这是一种角色转换的失败。

初入职场的新人，有以下几点值得关注：

一是要接受角色的转换。很多人进入职场后，依然抱着学生的心态，用自由散漫的态度对待工作，以至于感觉领导对自己特别苛刻，不讲情面、不近人情。比如，迟到几分钟就要被扣工资，加班却不给发奖金。很多刚工作的人对自己把懒散、散漫的学校生活习惯带到工作中不以为意，而对领导严格要求自己却充满怨恨，这直接导致了他们与领导的矛盾。因此，就算工作做得还不错,领导内心对他们也会带有某种偏见,慢慢就会导致他们在公司前景暗淡。

当然,领导有责任帮助新人转换心态,但我认为这件事情主要还得靠个人。你既然已经开始工作了,已经告别学生时代了,那么在工作的时候,就应该遵守公司的规定,勤勤恳恳地工作,甚至有时候不失时机地和领导沟通,也是在职场中生存的重要能力。

二是你要对自己的工作和爱好有正确的定位,我认为这一点最重要。刚刚从学校走进职场,我们实际上做不了太多的事情,一方面,我们没有工作经验和与人打交道的经验;另一方面,我们还不知道所学的知识在现实工作中应该如何应用。

从这个意义上说,你刚开始选的这份工作,一定是根据自己所学的专业知识,能比较专、比较精地做好的工作。因为对一个大学毕业生来说,走上工作岗位后,能把第一份工作做好,做到完美,让大家赞叹和重视,是非常重要的。

如果你三心二意,觉得这份工作没意思,那份工作也没意思,而且不断地抱怨、指责别人,那么你不仅做不好工作,而且不可能有涨工资和升迁的机会,甚至可能会被公司解雇。因此,抓住一份你能够做好的工作很重要,千万不要贪多,切忌眼高手低,不要觉得自己学历高,一开始就应该当高级主管。

初入职场,不论你的能力如何,最重要的是发挥自己的能力并且不断努力,把工作做出色,让周围的同事赞叹,让领导认可。如果能做到这一点,我认为你不仅不会失业,反而会在别人心目中赢得地位,因此你也就拥有了在公司生存并且发展的机会。

三是需要谦虚、认真地向别人学习。一个职场新人,缺乏工作经验,尽管有时候你的知识可能比职场老人更加丰富,想法更加活跃、有创意,但是,如果你一上来就冒冒失失地提出各种创意和想法,那么比你资格老的员工甚至领导就会对你产生反感。一个孩子刚从大学出来就毛手毛脚，并且态度傲慢地指出其他人的缺点，这件事情是大家都不能接受的。所以，就算你有好的想法和创新性、建设性的意见，也要注意表达的方式。

你应该在适当的时候，非常谦虚地给领导提一些意见和建议。如果领导采纳了你的意见和建议，你不能到处炫耀："这个想法是我提出来的，要不是我提出来，领导根本就想不出来。"这种话一旦被领导知道，你就会处于一种很被动的局面。面对这种情况，你应该表达的是领导很有智慧，而不是把功劳都归于自己，谦虚才会使领导赞赏你。

另外，跟任何同事打交道都要用谦虚的姿态和语气，哪怕你感觉对方并不怎么样。谦虚、认真的态度有助于让其他同事接纳你，让你融入团队。这里的谦虚还包括不失时机地给人端茶倒水、递烟敬酒。我不是在教大家变得世俗，而是如果你想让自己顺利进入工作状态，那么这些事情有时候也是很必要的。

四是依然要认真地学习，延续在学校的学习状态。不要说工作忙，没时间提升自己。你可以去阅读各种书籍，尤其是跟专业和工作相关的书籍，还可以将阅读的范围扩展至更深层次的社会科学类书籍。这是一种积累，把这个功底打好，就为自己扩展了未来发展的空间。

如果能把握住以上几点，再加上不断增加对现实世界的了解，在工作以及人际关系上积累各种经验和教训，我相信大家都能以比较快的速度，从一个职场新人成长为一个有经验、有贡献的职场达人。

可以"慢就业",但一定要成长

我们应该如何看待和应对"慢就业"现象?

"慢就业"现象,是指一些大学生毕业之后,既不打算马上就业,也不打算继续深造,而是暂时选择游学、支教、在家陪父母或者进行创业考察,慢慢考虑人生道路的现象。据统计,**在中国,越来越多的90后年轻人告别了传统的"一毕业就工作"的模式,成为"慢就业"一族。**

对于"慢就业"现象,我认为应该从不同的角度去解读。

首先,中国教育体系最大的不成熟之处在于对学生的教育就是要考高分,对学生的思想、品格方面的培养有所欠缺。这样的偏重会导致孩子考上大学后,变成一个大小孩。

在中国,我们很难说大学生有成熟的关于自己前途和人生的思考。他们在高中拼命学习,到了大学失去主动性,开始混日子。四年后大学毕业,很多人都还没有认真地思考今后的人生,对前途缺乏成熟的看法。这看法,往小了说,是自己的爱好、专业以及未来的职业规划;往大了说,是怎么做生命才有意义。

原本16岁要懂得的道理，20岁才懂；20岁应该学会的事情，25岁才明白，这可以归结为中国孩子的一种成长迟缓症。

这种迟缓让人迷茫。迷茫最直接的表现是：大学生不想找工作，不知道要找工作，不清楚自己究竟能做什么。有人问，中国孩子的"病症"，国外的孩子就没有吗？也有，但是情况略有不同。

国外很多学生在高中毕业后，完成了一些与中国学生不同的任务。据我所知，美国大约有五分之一的学生，在高中毕业以后是不直接上大学的。他们会有一年的休整期，其间的任务就是去进行社会考察、打工、四处旅行。这些经历给了他们想清楚再选择的时间，例如选择心仪的专业、合适的职业等等。

大家都熟悉的一个人物——乔布斯在退学后去印度旅行，他说自己在印度悟到了一些禅宗的道理。我们也可以推想，这可能塑造了他独特的决断力和审美能力。但是，**中国的孩子大多跳过了这个过程，没有对人生过程的思考，毕业后直接面对社会，所以才茫然不知所措，局促又犹犹豫豫，促生了所谓"慢就业"的现象。**

不过，我认为这种"慢就业"在中国是可以被接受的。一件事情，不管你喜不喜欢，先扎进去做，让自己冷一冷，孤独一番。经济条件允许的话，不管是游学、支教、创业还是环游世界，先亲眼去观察世界，深刻地去理解世界，让自己的人生跟这个世界产生碰撞，寻找一生的爱好，这也是合理的。

"慢就业"也有它的好处：**一是我们至少能够开始直面自己的未来。**在不知道到底应该干什么的时候，我们给自己留了一段时间进行思考。

二是有了试错的机会。你去游学、支教的时候，发现自己对这件事好像不太感兴趣，你还可以有其他的选择。这一年中，你至少可以做三四件事情来看看自己真正的兴趣爱好到底是什么。

三是去深度了解社会。为自己未来的工作、创业、研究打基础，可以说不无益处。

但也要避免一种情况：一直迷茫，不去行动；以"慢就业"为理由，实则找了个啃老的借口。那些靠父母供养，自己一无所长，缺乏独立思考能力，始终无法摆脱困境的人，终将变得越来越颓废、绝望、被动、懒惰，活生生变成一个"巨婴"。

所以，"慢就业"的"慢"应该有个期限，**我认为最合理的是为期一年的休整期，在这段时间拒绝啃老，拒绝被动，主动思考，并付诸行动。**

什么情况下可以"慢就业"？如果你在大学毕业后还没想清楚自己想干什么工作，不妨来个有时限的"慢就业"。当然，如果你已经想清楚自己想干什么工作，并且有一个很好的工作机会，那就有责任心地尽力投入时间，投入勇气，你会发现自己无论是工作收获还是成熟的速度，都会加倍、加速。

所以，**我更鼓励大学毕业生在工作中学习**。如果工作了一两年以后，还是没有找到人生定位，那么你可以停止工作，休整个一年半载，喘口气好好想想，不要把自己逼得太紧。

总而言之，大学毕业，人生才刚刚开始。无论年轻的你做出怎样的选择，都有一定的合理性。但是要记住一点：**要让自己成长**。成长，不光是为了自己、为了父母，还为了未来能逐渐为社会做贡献。因为你会慢慢发现，**人生的意义不在于索取，而在于贡献**。

|相信领导看人的眼光，勇敢做出正确的决策|

职场中有些人身居要职，因为被领导器重，每天心惊胆战、蹑手蹑脚地去做决策，十分在意得失，正所谓"高处不胜寒"。在这种情况下，怎样才能提高做出正确决策的能力呢？

我认为，一个人的工作能力是他在职场中自信的来源。 如果你能力不足，你的脸上就会表现出不自信，就算你装出有能力的样子，也早晚会露出破绽，被人察觉。如果你有能力，按照自己的所思所想去做事情，那么你自身的能力和个性都会被发掘，最终你将会被领导赏识。在这个过程中，如果你的才能确实是领导看重的，那么你就可能会得到越级提拔。

其实，每一个领导心里都有一杆秤，在提拔一个人之前，都会考虑诸多因素。比如，你是否适合这份工作，你的个性是否符合这份工作的要求。因此，如果领导不是因为裙带关系、功利心和私心把你提拔到一个较高的职位上，那么他对你的工作能力早已心知肚明，他一定是认为你能够把这个岗位上的工作做好，才提拔你。**领导一般不会随意安排不适合的人去做不适合的事，所以要**

相信领导的选择。

这就好像刘邦在萧何的进言下，把名不见经传的韩信提拔到三军统帅的重要职位上。当时，刘邦和萧何都认为只要给韩信足够的军权，韩信一定能帮刘邦打下天下。虽然刘邦和韩信在某些问题上持有不同的观点，但不可否认的是，刘邦取得天下，韩信在其中起了很大的作用。

所以，我的观点是，当你被提拔到了一定的职位上，的确需要小心谨慎，但没必要心惊胆战地度过每一天。领导把你放到这个位置上，表示他相信你的能力，并且希望你能发挥你的能力和才华。

人是很有意思的动物，越是紧张就越会失误。**如果你在工作中总是顾虑领导对你的看法，畏首畏尾，那么这些顾虑反而会令你做出错误的决策。时间一长，你就会失去自信和自我认知能力。**这就像我们参加考试，你会发现有很多同学在模拟考试时可以取得很高的分数，但是正式考试时，他们取得的分数往往比模拟考试和自己的预期要低很多。那么，原因是什么呢？原因就是在考试时受到紧张情绪的影响。

所以，当领导把你放到一个重要的岗位上以后，你不应该战战兢兢，而要放松心态，靠自己的能力以及充分的调查研究，掌握了数据以后去做出正确的决策。要知道，领导把你放在一个带有决策性质的岗位上，实际上是对你的一种倚重。

那么，如何更好地做出决策呢？

做出任何决策之前都要对该决策的背景、知识、材料、案例等进行充分的研究，使自己能够在某种意义上做到对这个问题有自己的见解，要跟周围的同事（包括领导、下属）反复去探讨这件事情，讨论出可能出现的问题和可能发展的方向。在这种情况下，你才能够知道同事和领导心里的预期和判断是什么。

要凭着自己的知识和直觉来判断你所遇到的问题应该用什么样的方法去解决，做到有理有据。再将你最后做出的决策以及缘由说出来，通常领导自然也会做出自己的判断，或者他会跟你讨论你的决策，而后去推行或者进行修正。

　　历史总是有着惊人的相似性，诸葛亮在刘备三顾茅庐的时候，向刘备分析三分天下的形势，并且说服刘备占据荆州，得到川蜀，到最后能够三分天下。同样，领导把你放在一个重要岗位上是对你的器重，同时也希望你能够做出正确的决策。所以，当你担心错误的决定会影响前程，因此每天都心惊胆战的时候，我敢肯定，你的决策和判断往往反而容易失误。

　　最后，我的建议非常简单：**放松心情，相信领导的眼光，同时也相信自己的能力。充分调研，大胆思考，帮助领导做出正确的判断。**

不是所有的工作都值得熬下去

工作以后，越来越多的时间不受自己支配了，很多想坚持的事情也一再耽搁，因此想开始逃离这种忙碌。怎样才能兼顾好工作和工作之余的事情？

一份工作值不值得你去做？我认为在三种状态下，这份工作才值得做下去。

第一种状态：你是职场新人，需要在工作中了解工作的本质是什么，需要从实战中积累经验。大学刚毕业，工作对你而言是最重要的人生经历之一，不管这份工作有多忙，是不是符合你的爱好，你都应该先有份工作。因为工作过和没有工作过的人生是有本质区别的，这会是你生命中的一个进步，一个"质变"的过程。

第二种状态：这份工作虽然很忙，但是可以让你在一个阶段内赚到很大一笔钱作为回报，并且你愿意为它全心全意地付出。这样的工作也是值得去做的。

第三种状态：你做的工作完全是你喜欢的。做自己喜欢的事情，同时还能

赚到钱，我认为这是一种最幸福的状态。我们通常会把工作和爱好分开，但我认为人生的最佳状态实际上就是一种工作和爱好相结合的状态，所以我特别建议所有人能够仔细去思考自己的爱好和工作之间的关系，看看两者能否结合在一起。

但是不管怎样，**毕业以后一定要尽快找份工作做。要么为了经验，要么为了金钱，要么为了做自己喜欢的事情，这三点都是你要去找工作的理由。**

如果你已经工作了，但这份工作不是你喜欢的，忙碌并且挣不到很多钱，这个时候，你需要非常认真地考虑这份工作是否要继续干下去。如果这份工作带给你的仅仅是勉强能够维持生活的微薄收入，那么我认为你不必执着于此。

如果现在的你已经处于这种状态里，我希望你认真思考一下，这份工作对你的生命到底有什么意义。既不是爱好，又忙碌且赚不到钱，你在这份工作中受着煎熬，这样的工作干下去有意义吗？你是不是就该被动地一直熬下去呢？反正我认为没有意义。

当然，也有人说"我除了这份工作，不一定能找到别的工作，我找不到别的工作，我都活不下去"，这时候怎么办？**我认为你不应该熬着，而应该去学习，提高自己的能力。**在任何一份工作中都能学到技能，你要不断地去主动琢磨这份工作，主动提升自己的才能，积累更多的经验来争取未来会更好的可能性（换工作或者调换到自己喜欢的岗位）。

接下来，我们来分析一下使你工作忙碌的两个因素：

一是工作效率。如果你没有比较高的工作效率，那么在工作中，你一定会比较繁忙，这实际上是因为你的个人能力有限。别人一个小时能干完的活，你要干三个小时。如果是这样，那么你就要迫使自己不断提升能力，提高工作效率。

二是工作方法。工作通常需要体力和脑力结合，你需要经常用大脑思考应该怎样去工作。思考的过程同时就是你提升自己的能力、智慧和创造力的过程。凡是在繁忙工作中没有头绪的人，一定要先思考是不是自己的工作能力、工作效率、工作方法出了问题，并且需要整理出一条循序渐进的思路来。

有人可能会说，我的工作太忙了，没有时间学习，我觉得这件事情不太成立。拿我来说，实际上，我的工作是非常忙的，要参加各种各样的活动，处理新东方的内部事务、洪泰基金的事情，等等，但是我依然在利用零碎的时间读书和学习。**所以，我认为所谓没时间学习，其实是因为学习状态和工作方法产生了冲突。**

如果你真想读书学习、进修的话，原则上还是能够挤出时间来的。如果一份工作让你根本就挤不出时间来读书和学习，并且又不能让你有所长进，那么我认为你该考虑换一份工作了。**因为，任何一份不能让你有所提升的工作都是没有任何意义的。**

|成长就是让自己变得越来越有价值|

如今直播行业发展迅猛，有的主播唱唱歌，或是随便说一些没营养的话，就可以获得丰厚的财富，大部分兢兢业业工作的人，收入却少得可怜。我们应该如何看待这种付出和回报不匹配的问题？

随着科技和互联网的发展，人类又创造了很多新型的工作。例如，现在很多人根本不用到单位上班，只要在家里能把自己的工作做完就好。再比如，有些人在家里生产或创造有价值的内容后，用互联网平台进行传播，就能够得到一定的回报。

直播其实就是一种新型的工作。有人依靠自己的知识进行直播，有人依靠才艺进行直播，也会有人利用自己的外貌形象进行直播。只要有客户，就是有价值的，"主播唱唱歌，或是随便说一些没营养的话，就可以获得丰厚的财富"，这句话背后其实带有一些酸溜溜的味道。

一个主播唱歌或说话，到底有没有营养，是不是值得观众或听众去付钱，不该由我们来做评价，而应由那些听到或看到的人来做评价。如果听到或看到的人觉得付这个钱值得，那就是值得，哪怕主播说的话没有营养，或是唱歌不好听。这是一个愿打一个愿挨的问题。

两个人谈恋爱，也许你认为你朋友找的女朋友一无是处，但是他就是喜欢上了那个女生，所谓"王八看绿豆——对上眼了"。这个女生是否值得你朋友和她谈恋爱，和你没有关系。只要你朋友喜欢，那个女生也愿意和他交往，就行了。所以，**我们不要主观地去评价主播的言论值不值钱，歌唱和表演的功底到底好不好**。如果真没有人付钱，他们自然就失业了。

主播这样的职业，尤其是歌唱或聊天的主播，其实背后涉及两个问题：

一是商业逻辑问题。任何人都可以当主播，我估计中国现在可能有上百万的主播，但真正挣到钱的主播只是其中很少一部分。大量的主播几乎生计都维持不下去，尤其是在主播越来越多的情况下，观众和听众也越来越挑剔。

这一方面是在创造一个尽可能符合客户需求的产品；另一方面，客户在购买产品时，有资格对产品进行挑选、比对、鉴别，只为自己愿意买的产品买单。这其中的商业逻辑就是买和卖的关系，与普通的生意没有任何区别。一家工厂尽可能追求制造高质量的产品，就是为了使客户愿意购买。主播也是如此，是用自己的才艺来创造客户愿意购买的产品。

二是国家规定问题，这其实涉及国家的法律法规。任何国家，包括美国等西方国家，对影视作品等都有审查权，也就是说，不能拍违反国家法律、违反社会道德，或者对社会产生不良影响和作用的作品。中国对主播这个新行业已经设立了很多相应的法律法规，也查封了许多直播的平台，其中涉及色情的内容，或过分低俗的内容。从这一点来说，直播内容不是完全由客户来选择的，因为客户中可能会有喜欢色情内容的人。但国家不能允许将色情内容作为销售产品，也不允许公开购买这样的产品。这些东西会对社会风气、社会道德产生不利影响。至于主播唱歌或说话有没有营养，我觉得只要无伤大雅，不败坏社会风俗，由客户自己评判就好了。

至于付出和回报不匹配的问题，这实际上只有放在同一个人身上进行比较才能成立。比如，你花两个小时写一篇文章给媒体，有的媒体可能愿意支付100元钱，有的媒体则愿意支付1000元钱。如果你不得不将文章给支付100元钱的媒体，因为它是你的工作单位，你没法得到1000元钱，你可以说付出和回报不匹配。付出了同样多的时间，做出了同样的事情，但是价值体系不同，导致你觉得不合算。在中国打扫一天卫生可能只能拿100元人民币，而在美国能拿到100美元。从这个角度说，你肯定愿意去美国打扫卫生。因为同样是打扫卫生，需要付出的时间一样多，在美国获得的收益会更多。但如果两个不同的人分别去做两件事，就不存在付出和回报不匹配的问题。

社会上愿意付钱来购买不同的工种，这是客户的选择。电影明星可能拍一场电影就能拿到5000万元，或者去某个地方站台，有时候只要讲几句话或唱几首歌，就可以拿到一两百万元。如果这样去比较，你说我每天工作8小时，总共才拿了100元钱，你就会觉得自己不如一头撞死算了。但是，这是完全不能进行比较的，因为是完全不同的工种，不同的回报体系，所以不存在付出和回报不匹配的问题。

一个人在自我发展的过程中，最重要的是让自己的才能不断提升。通过不断提升才能，让自己干的活越来越值钱，再去社会上寻求愿意出最高价钱购买自己才能的回报体系。

为什么有很多好老师愿意来新东方？因为他们在新东方上一小时的课，可能比在外面多拿几十元甚至几百元钱。毫无疑问，付出同样多的时间和劳动，多拿几十、几百元钱是合算的。为什么有的老师离开了新东方去做直播？原因也很简单，他做一场一个小时的直播可能要比在新东方多拿几百甚至几千元钱。这其实就是经济规律在起作用，在付出同样多的劳动和才华的前提下，哪里给的报酬最多，人才就会向哪里流动，这是一个正常现象。

　　最重要的是我们应该想办法提升自己的才能，同时想办法找到能够充分发挥自己才能的舞台，找到愿意为自己的才能付出最高回报的平台或老板。一个人的成长过程就是让自己变得越来越有价值的过程。

成功的人都拥有高效的工作方法

要想取得事业成功，需要什么样的工作方法？

一个人想要取得事业的成功，确实是需要有一些方法的，并且这些方法主要体现在我们日常的工作中。

一是要学会专注。人的精力和时间都是有限的，哪怕是一个精力旺盛的人，每天最多也只能比别人多工作几个小时。每个人每天都只有24小时，如果我们想要成功，那么拥有专注力非常重要。**专注就是把自己绝大多数的时间和精力放在最想取得成功的事情上。**人一旦专注，就更加容易被别人关注，更加容易取得事业上的突破性进展和成功。一个高中生要学很多门课，但就算他每门课都考到100分，上了大学以后也很难取得伟大的成就。

这是因为我们把高中到大学期间最宝贵的时间都用在了分散性的学习上，尽管每门课成绩都很好，但是实际上没有突破性进展。上学的时候，我们不得不这样做，但当我们开始做一项事业时，就一定要把主要的精力和时间集中在自己最喜欢、最愿意、最希望突破的那件事情上。**心无旁骛地把事情做好，就**

会比较容易取得成功。

二是要学会管理时间。时间管理和专注力是有一定关系的，很多人在时间管理上出现比较大的问题，把不该花的时间花了出去。例如，有人把越来越多的时间用在社交媒体和聊天上，相应地，专注做事情的时间就会变得越来越少。因此，尽管你只专注于做一件事情，但是每天花在它上面的时间非常少，所以不太容易成功。学会管理时间意味着我们要避免浪费，应该将宝贵的时间花在最重要的事情上，**用整块的时间来做更加重要的事情，用零碎的时间来提高自己的学习能力和工作水平**。例如，在睡前、坐飞机和火车的时候，零碎的时间可以用来学习，而整块的时间则多用来研究工作和深入事业。**时间管理好了，取得成功的可能性就会变大**。

三是要想办法把事情有条不紊地进行下去。条理性是一个人非常重要的能力，它可以帮助我们把工作的主次要素和事业中的决策选择整理清楚，并且能帮助我们恰当、秩序井然地安排好生活和时间。养成有条不紊的习惯，就能够把更多的时间花在最重要的事情上，并且容易养成思路清晰地思考的习惯。

四是要养成促使我们事业成功的习惯。

首先，要不断地、有意识地让自己取得进步。以色列人能够进步的一个重要原因就是读书。因此，我们要尽可能深入阅读和研究跟自己的事业相关的书籍，使自己在这个领域出类拔萃。

其次，要向他人汲取经验。如果你与同行业中的牛人进行交往，那么你至少会学到一些知识和经验，到最后，你也许就会成为牛人之一。

再次，还要扩大眼界，进行实地考察和拜访。比如，你想要做培训机构，那么到新东方来拜访和学习就会很有帮助。所谓百闻不如一见，实地考察和拜访会让自己有更大的进步，对自己未来的事业成功也会有很大的帮助。

五是要找到适合的伙伴和志同道合的帮手。所谓财富和资源，其实就等同于人脉，任何一个人想独自把一件事情做成功都不容易。所以，如果在工作和事业中能交往到一批志同道合的朋友，并且能够互相帮助，那么成功的概率就会更大。

如果把以上几种方法用到日常工作和事业中，工作和事业就会更加顺利，就有可能取得更大的成功。所谓积土成山、积水成渊，好习惯的慢慢养成会使人变得更加有实力，最终站在高山之巅，成为事业成功的典范。

学会与自己讨厌的上司相处

在工作中遇到讨厌的上司怎么办？如何与上司相处？

人一旦进入职场，走上工作岗位，自然会接触到比较复杂的人际关系，与同事的关系、与上级的关系等。那么，作为一个员工，应该如何与上司相处呢？

一是没有必要刻意去讨好或者贬低自己的上司。和上司相处，最重要的是先把自己的工作做好。不要太顾虑上司会表扬你还是会批评你，而应该认认真真地做事。当然，一定程度上也要揣摩上司的意思，把工作完成得又快又好。通常来说，上司都比较喜欢勤快的人。也就是说，作为一个员工，应该先把自己打造成一个能干的、勤快的、有效率的员工。

二是一定要弄明白上司到底要你做什么。正所谓"做事不由东，累死也无功"，如果只是一味地把事情做完，而结果并不是上司想要的，那么不论做多少也不会得到人家的认可。

三是做完工作，不要私下谈论上司或者邀功。如果你某次工作做得很好，但上司没有表扬你，你不能反复在别的同事或者上司面前强调自己做了一件多么好的事情，而上司却不重视你。因为职场中的人际关系是很复杂的，你不知道谁与上司的关系好，你讲的话很快就会传到上司那里，那么你极有可能在讨厌上司以前，就被上司讨厌了。

当我们遇到讨厌的上司时，又该怎么办？

首先，我们要找到这件事情的源头。你讨厌上司，是因为你真的不喜欢他，还是因为他不喜欢你？还有，你讨厌他是因为什么，他讨厌你又是因为什么？如果你讨厌他是因为他比较直截了当地批评了你，他做事情的风格跟你不合，或者他对你的工作有比较严苛的要求，那么我认为，遇到这样的上司，虽然你心里会紧张，但不应该讨厌。其实，这是你的幸运。因为他对你工作上严格要求，你做事情会更有效率，从而更快获得进步。

其次，如果上司讨厌你、不喜欢你，你也要问一下自己，原因出在哪里。是因为你的工作效率不高，没有摸透上司的心思，还是你工作比较自由散漫，经常迟到、早退？如果是这些原因，那么主要的问题就不在于上司，而在于你自己，你需要改变自己。**职场有职场的规矩，如果你不遵守工作规矩，总是很自我、一意孤行，那么，不光上司不会喜欢你，你周围的同事也很难喜欢上你**。

如果上司本身确实很令人讨厌，比如小气、贪功，喜欢说员工的坏话，目光短浅等（这样的上司也是有的，尤其是中层管理干部），作为一个基层员工，有时不得不忍受这样的上司，怎么办？

我觉得这也并不是件坏事。这种情况可以从两方面来看：

第一，可以把遇到这样的上司当作对你的情绪、脾气的一种考验。如果在这样的上司手下做事，你依然能出业绩，就说明你有处理非常复杂的社会关系的能力。**第二，应该把这件事当作对自己性格的打磨**。遇到这样的上司就像媳妇遇到了刁蛮的婆婆，总不能因为遇到刁蛮的婆婆，就马上跟自己的丈夫离婚。所以，如何与这样的婆婆相处就成为对媳妇智慧的一种考验。**作为员工，如何与总是刁难你的上司相处，并且最后扭转他对你的看法，从刁难你变成欣**

赏和喜欢你，这也是对你的社会适应能力的一种考验。需要注意的是，我并不是在教你奉承拍马、委屈自己。但是，确实有许多技巧可以去学习。

此外，我认为上司讨厌不讨厌你，或者你是不是讨厌上司都不重要。**最重要的是，你现在做的这份工作是不是能够学到东西，这件事情是不是你真正喜欢做的事情**。如果这份工作能使你学到东西，或者你喜欢做，那么即使上司令人讨厌一点，也还是可以忍受的，因为你个人的成长才是最关键的。等到你的能力成长起来后，你可以换一个部门，换一家公司，换一个喜欢你的上司。**当你没有能力的时候，不会有主管、上司喜欢你；当你有能力的时候，即使上司不喜欢你，他也不得不重用你。**

我身边就有一些非常有个性、非常独特的朋友，这其中也包括新东方的一些老师。上司不喜欢他们，他们也不喜欢上司，但是他们依然工作得很愉快。这是因为他们在发挥自己的才能和才华。由于他们有才能和才华，尽管上司不太喜欢他们的个性，依然要重用他们。**因此，我认为最重要的还是你是不是能在工作岗位上发挥自己的才能**。如果以上的情况你都不符合，不论你怎么做，上司都会为难你，跟你过不去，遇到这样的情况，你就应该换上司和工作了。先知穆罕默德说过：山不来就我，我便去就山。你就了山，山不理你，最终的结果无非是你离开，去寻找另外一座山。

总之，一个人工作的过程一点都不比生活的过程轻松，因为我们会花很多时间在工作上，并且要跟各种人交往。因此，一定要跟周围的人——不管是同事、上级还是下级——尽可能地保持一种和谐相处、互相帮助的愉快气氛。

要保持这种气氛，我们需要做两件事情：一是问问自己，如果我跟同事和上司不和，到底是不是我自己的问题？如果是我自己的问题，一定要改正。二是如果反复询问以后，发现是别人的问题，而你又无法更换上司和同事，或改变对方，那么，你可以选择离开，去寻找一个你能够与之和谐相处的新群体，在愉快的氛围中工作，追求自己的事业。

|突破工作瓶颈,你才能实现突飞猛进|

工作了四年,感觉遇到了瓶颈期,每天都很焦虑,感觉自身还有许多问题,没有所谓的进步。摆脱这种状态,有什么好方法吗?

工作了四年,确实到了一个需要总结自己的时间。我认为,将我们的人生按照四年一个周期来划分是一个很好的方式,就像大学四年,从开始学习专业知识,到最后有一定的专业能力,可以获得毕业证书。**同理,工作了四年,也应该对自己做一个总结,去分析这四年你是如何度过的。**

在四年的工作中,如果你一直做同一份工作,那么你需要思考自己是否喜欢上了它。对我们来说,不仅仅上大学有专业,工作之后也有。在这四年中,你有没有爱上你的工作就变得特别重要。如果爱上了,那么你未来可以沿着这条路往前发展;如果没有爱上,那么经过四年的思考,原则上你应该找到了以你的个性、能力、特点来说能够胜任的,或者说有发展前景的工作。

在我看来,一个人的发展大体来说可以分成专业能力发展和综合能力发展。在某个领域,专业能力的发展,能让你在这一领域做得更精更好;而综合能力的发展则偏重管理者方向，包括在政府当公务员、在企业当主管等。人的发展其实就是从专业逐渐走向综合的过程，比如最初我创立新东方的时候是教书的，后来慢慢成为管理者。

想清楚了过去四年我们是如何度过的，我们就要思考如何摆脱目前这种焦虑的状态。

一是分析焦虑的原因。你产生焦虑是因为跟同事相处不融洽，没有达到大家想要的目标，还是对工作的环境不满意？一味地焦虑、烦躁和迷茫是没有用的。我们需要通过认真、理性的分析来确定这四年工作中的问题所在，以便提出解决方案。

二是开始重新定位。如果我们没有重新定位，而是随波逐流，那么未来四年很快就会过去。人是很容易浑浑噩噩过完一辈子的，我们在生命尽头回头想一想，也许会发现自己的一生一直处于迷茫焦虑的状态，这样的日子是很难过的。所以，冷静分析和重新定位就构成我们未来职业和事业发展的重要基础。为未来四年找准定位，明确以后四年到底应该如何度过，是继续做现在的工作，放弃工作回到大学学习、充电，还是换一份工作、换一个岗位，或者换到另一个国家去工作？这些都是重新定位的问题。你需要先明确未来四年的发展方向，再来制订计划。你在重新定位的时候，一定要比前四年更加理性。

三是设定职业发展的目标。这个目标能够推动我们进步和奋斗，如此一来，你就没时间去焦虑和烦恼。是创业还是在公司做一辈子职业人士，这是大方向上的目标。当然，我们也可以有一些小目标，比如在现在的工作岗位上，希望获得怎样的成就，和同事、上级建立怎样的关系。设定目标非常容易使人改变心态，比如从前你与领导不和，现在你把改善关系设定为一个目标，那么你所有的行为方式都会有所改变，也许一年后，你与领导的关系就会有很大改善。所以，我们要通过设定目标去改变自己的行为。

我们常常会说自己没有机遇，其实机遇就像爬山，你在往山顶爬的过程中，是看不到后面的山的，但当你爬上山顶，你会突然发现后面有好几座山可以继续爬。我们现在要做的事情就是在设定了职业目标后，脚踏实地地去完成。完成之后，下一个目标甚至比较大的机遇，自然而然就会显现出来了。

四是要在职业发展的过程中不断给自己充电。充电有几种方式，第一种是阅读。你可以阅读与工作相关的、能提升自己的书籍；也可以广泛阅读其他书籍，不断拓宽眼界，如各种社会科学、哲学理论、思想、科技方面的书籍。第二种是上网搜寻各种课程来充实自己，不断提高自己的能力。当你的基础变得雄厚之后，再去做其他事情就会比较轻松，可以让自己有更多发展空间，也能够获得更多的欣赏。在没有感兴趣的工作和为之努力奋斗的事业时，你还可以停下工作去继续读书。从另一个角度来看，通过这样的充电，你还能认识更多新的朋友，他们也会对你有所帮助。如果正规的专业你不想去读，那么你也可以去读EMBA。在那里，你能认识在社会各个阶层奋斗的人，他们相对来说比较成熟，你能够从他们身上学到大量的东西。

最后，你还可以选择休息一段时间，像背包客一样去世界各地旅行。旅行其实是一个放松自己、清理精神垃圾、汲取更多精华的过程。通过这样的放松，也许再回到工作岗位上，你就会焕然一新，同时也可能会更快地找到自己工作和生命的目标。

总而言之，在工作一段时间之后做一个反省和回顾，进行重新定位是非常重要的。因为设定新的人生目标，继续充电，努力发展，才能让自己的生命焕发出新的光彩。

利用企业平台提升个人价值

如何利用企业资源平台来提升个人的价值？

第一，我认为，大学生毕业后，应该选择一家具有变革和创新能力的大企业来开始自己的第一份工作。每一个人都是因为工作而开始成长的。一般来说，我们很难一开始就为自己工作，需要先为别人工作，也就是到别的公司打工。我认为，大学生毕业后找工作有很多需要注意的地方。很多人往往刚毕业就开始创业，或者加入一家小的创业公司。尽管这件事情很有创意，但实际上对一个人的长久发展来说可能不是最好的。因为在创业公司，你很难在工作之初就真正学到所需要的所有技巧和技能。同时，如果自己盲目创业，也很容易陷入反复创业却无法成功的循环中。

我不反对创业，也不反对加入创业公司，但在此之前，如果能在大机构、大公司历练一下自己，创业反而会更加容易成功。一个人想要通过企业资源平台提升个人价值，最重要的一点是先要找到一家能够给自己提供平台，并且能够不断给自己提供发展资源的公司去工作。通常我把这样的公司界定为具有变革和创新能力的大企业，比如华为、阿里巴巴、腾讯等，都是符合这个标准的。

为什么要选择有变革和创新能力的大企业呢？很重要的一点是，它们本身的运营、管理、创新和资源整合能力都极强，也就是说，你进入这样的大企业工作，容易接触到你在一般的小企业接触不到的高科技信息和其他信息，例如先进的研发环境、高手云集并且互相学习的氛围等。大学毕业选择第一份工作，最重要的应该是找一家这样的企业。比如，如果你要进入教育领域工作，毫无疑问，进入像新东方这样的企业先工作一段时间，比自己一开始就做一个小的培训班要更有用。

第二，你要了解工作的细分领域的相关内容，并且对整个企业进行深入的研究。当你进入大企业工作时，很容易被分配去做非常细化、局限于小范围领域的工作。因为大企业的工作都是需要大量的人和部门互相配合才能完成的。在这样的环境中工作，如果你只专注于分配给你的细分领域，学到的东西实际上就会比较有限，你就会变成一台大机器中的一枚螺丝钉。

为了学到更多的东西，在进入这样的细分领域工作后，你要做两件事情：**第一件事情就是要了解所工作的细分领域在更大范围的相关内容、整体项目的情况、你所做工作在整个项目中的重要性，以及整个项目的发展情况。**如此，你的眼界和全局观就会大大提升。

第二件事情是你要对整个企业进行深入的研究。或许这和你的工作没有密切关系，但如果你对整个企业没有一个完整的了解和深入的研究，那么你自己的工作也不会做得很好。对企业的研究包括对企业战略发展方向、产业延伸、内部管理机制、创新能力、未来布局的研究，这些都能使你学到大量的东西。并且，由于在本企业工作，所以接触一些内部资料相对来说会比较容易。在这种情况下，如果你不对企业进行深入研究，就会错过非常好的学习机会。

第三，在大企业工作几年后，一定要非常清楚地思考自己的未来，以及长久的职业发展方向。一旦确定了自己的职业发展方向，你就要在该职业领域付出加倍的努力，让人看到你在这方面专业知识的增加，工作的熟练程度，以及愿意奋发努力成为领域中佼佼者的上进心。只有通过这样的努力，你才能争取到公司里更好的职业升迁机会，而升迁又会给你带来更多的资源和更大的平台，使你能够更好地发挥自己的才能。

如果你没有专业发展方向，只是在企业里混日子，你可能就会变得没有出头之日，因为没有企业会去用一个混日子、没有专长，并且不愿意奋发进取的员工。所以，认清自己的职业定位，努力在职业中发展，争取步步高升，一定是必须去做的事情。

第四，在企业中一定要主动争取在不同岗位上进行锻炼，最好是带有相关性的岗位。只有通过在不同岗位上锻炼，才能发现自己真正的爱好和能力特长所在，同时也能扩大自己的能力半径。在大企业工作时，尤其是最初几年，最好不要计较薪酬待遇，能达到维持生计的标准就已经足够了。最重要的是争取不同的机会、岗位，在不同的岗位上发挥能力，进一步扩展自己的眼界，交到能够互相学习的朋友，为未来的发展扩大平台。

完成以上四点后，你就已经收获了在大企业可以利用、拥有的资源和平台。此时，再选择自己的职业发展道路，就有两个路径：第一个路径是继续在大企业工作。如果你觉得自己有着很好的发展平台，并且有足够的上升通道，那么你应该全力以赴，逐渐变成公司里有重要影响力、有决策能力的人，甚至进入高层管理岗位。如果在大企业中你觉得所有该学到的东西都已经学到了，且上升通道非常难打通，那么你要做的事情就是去寻找新的平台，即第二个路径，寻找另外一家大企业或者创业创新公司、小公司。因为你有在大企业工作的经历，再去小公司就比较容易产生影响力了。

在新的平台上工作有两个好处，**一是能够提升自己的价值**。比如，在新东方工作过的人到其他的教育培训公司去工作，一般来说都能得到更好的待遇。**二是可以创造自我平台**。有过在大企业工作的经验，你的布局能力、战略能力、执行能力就会变得比较强，你自己创业也就更加容易取得成功。就像我在北大工作了几年，最后出来做新东方，就比大学刚毕业的人要更加容易取得成功一样。

总而言之，**我们人生一辈子最重要的就是不断寻找自己的发展机遇，这个机遇首先是来自资源的积累和对平台的利用。在大企业工作的经历，就是资源的有效积累、平台的有效利用的过程**。希望大家在这方面进行认真思考，让自己的职业发展道路走得更加顺利。

你的特质决定了你是否会被领导赏识

管理者最希望以及最不希望下属员工拥有哪些特质？

管理者和员工是一种互相依存的关系，管理者要清楚这一点，才能让彼此之间产生共振。有些管理者认为员工是依靠公司生存的，因此对员工横眉竖眼，甚至不尊重员工的人格。在这种情况下，管理者和员工的关系就会非常紧张，也体现出老板自身的品质不合格，下属员工也就会变得和他一样，互相糊弄。与这样的老板共事非常危险，你可能会学到坏的习惯，失去学习良好品质的机会。如果想要拥有好员工，首先需要有一个好老板。

作为老板，我认为老板和员工之间有三种关系：第一种是合作关系；第二种是朋友关系；第三种是师生关系。

合作关系。任何一个人都是平等、独立的。员工是来与你进行合作的，他贡献他的才能，你提供他贡献才能的平台，你们之间互相进行利益上的协商、分配。能力强的人获得的利益多，能力弱的人获得的利益少，这是一种基于社会公平原则的分配，与你是什么职位没有关系。如果没有这样的合作、平等关系，老板持俯视员工的态度，就会产生很多的问题。

朋友关系。人们聚在一起是一种缘分，是可以成为朋友的。所以，当老板把员工当作朋友时，他可以从员工身上得到更多的东西，也更容易让员工发挥自己的才华。这是一种平等、坦诚、互相友好相待的关系，一种除了工作之外，还有更多情谊的关系。

师生关系。一个人既然是老板，也就意味着他的经验和学识更加丰富，商业意识更加敏锐。在这种前提下，老板不能像项羽一样，一心只为了自己的英雄情结而不顾员工的成长。老板要教会员工如何与企业共同成长。所以，从这个意义上说，老板是老师，员工是学生。当然，**师生关系并不意味着居高临下，也不意味着老师就可以随意训斥学生，师生关系应该是一种互相探讨和学习的关系**。俗语说"三人行，必有我师"，我认为师生关系是互为师生，因为老板也可以从员工身上学到很多。

基于以上这样的关系，我们才能来讨论作为一个老板、管理者，最希望员工拥有什么特质。对我而言，我最希望员工拥有的是如下几个特质：

一是勤奋。我认为，无论聪明与否，智商、情商是高还是低，勤奋这件事情都非常重要。**没有老板会喜欢懒散、不干活的员工。**而勤奋对员工本身也有好处，一个人越勤奋，学到的东西、积累的经验越多，提升自己的速度也越快，因此未来获得认可的机会就越多。

二是创新能力。一个员工按部就班地把老板交代的事情做完，是一种过于被动的状态，因为他不能为企业的发展做出更多的贡献。如果所有人都如此，依靠老板一个人来推动企业的发展，那么企业是难以为继的。企业需要的是每一个员工都有创新、变革能力，共同推动企业发展。所以，我非常喜欢有新思想、有创意，并且能把它们落实到工作中的人。

三是专业能力。大部分人的工作实际上是着眼于某一个专业领域的，无论是什么领域，公司都希望员工是杰出者。那些很平庸又对工作没有兴趣的人，公司没有必要留着，因为这样的员工基本不可能在专业的提升方面为公司做出任何贡献。研发、人力资源、市场、行政都是非常重要的专业部门，这些专业领域能力的发挥是需要依靠员工对个人专业能力的不断提升来实现的。

四是团队合作能力。毕竟大家都不是独立的创作者，也不能闭门造车，而需要相互合作，人与人之间的关系就变得非常重要。如果一个员工比较合群，也能与同事协调沟通得非常顺畅，那么他实际上是在为企业创造价值，能够大幅提升企业的效率。一个不合群、自行其是或者自以为是的人，常常会变成企业发展的绊脚石，原则上，这样的人应该被开除。

五是坦诚、忠诚的品德。如果员工遇到事情能够用恰当的语言和方式与上级、下属进行良好的交流沟通，就能够方便自己和他人，明白对方的态度，并知道如何进行改正。老板自然希望下属员工能够具备忠诚性，而不是人前人后各行一套，或者当面赞扬，背后倒卖企业数据，拆企业的台，利用企业的资源做自己的事情。这样的人一定是不受人欢迎的。

以上是老板希望员工具备的品德。那么，老板不喜欢的员工是怎样的呢？

懒惰。上班迟到早退，做事拖拉。这种行为不但是对自己的不负责，也是对企业的不负责。

保守、刻板。这样的人既没有创意，也没有勇气去进行创新，而是走一步看一步。

粗心大意。做事情总是出错，或者总是把一件非常重要的事情弄得一塌糊涂。

搬弄是非。在同事之间不断地挑拨，当面一套背后一套，使公司氛围变得不和谐，人与人之间互相防范，这样的人不但不合群，还会把群体的气氛搞得乌烟瘴气。

道德品质不高。这样的人可能会做出一些败坏企业形象的行为，使企业的利益受损。

以上就是我作为一个普通老板，期望企业员工具备和不具备的特质。实际上，我并不反对员工出去创业，但是我认为员工不能采用损害原企业的方式去创业。

总而言之，以上的特质也是做人应该遵守的原则，任何人在任何时候都应该保有正能量的品质，排除负能量，一辈子对得起自己的良知和良心。如此，我们才能在职场上如鱼得水，让老板放心地将最重要的事情交给我们做，从而提升自己的能力，扩宽发展空间。

人际交往

良好的人际关系会帮助你一生

Chapter 03

/ 让 成 长 带 你 穿 透 迷 茫 /

|刀子嘴就是刀子心|

生活中，有些人总喜欢先表态说自己说话直白，刀子嘴豆腐心，然后噼里啪啦地批评别人一通，让对方不要怪他。对这样一种以自己性格直率为由来伤害他人的处世方式，我们应该如何看待？

生活中确实有不少人喜欢以自己性格直率为由批评他人，说话刻薄，不留情面，给人带来了很大的伤害，他们还不自知，觉得自己并没有什么错。对于这种人，我有以下几点看法：

第一，我们需要把正常批评或发表看法的人，和故意借着"刀子嘴豆腐心"来伤害别人的人区分开来。就我个人来说，我比较喜欢说话直截了当，但是语言又不那么伤害人的那种人。那些说话情绪化，刀刀见血，完全不顾别人感受，说话不经大脑思考，还常常说自己是"刀子嘴豆腐心"的人，通常会比较讨厌。

这个世界上，没有"刀子嘴豆腐心"这种说法，刀子嘴就是刀子心。因为语言对人的伤害并不比用刀子捅伤人的伤害来得轻。当你说话伤害别人的时候，实际上就是把一颗颗钉子钉在树上。虽然最后你可能会道歉，自以为将钉子拔掉就好了，但实际上钉子还是在树上留下了一个个小孔，并且将永远存在。你说话伤害别人之后，不要以为别人会原谅你。所以，我首先要告诫那些说自己是"刀子嘴豆腐心"的人：请记住，你说出的伤害别人的话，将会永远被人们记住。

　　第二，说话得体，时刻关注他人的感受是一种修养。当然，人们也不喜欢那些说话绕来绕去，令人不清楚他要表达什么的人。同时，大多数人也不喜欢那些不论你做得对不对，总是一味地恭维你、逢迎你的人，这些人会让你觉得如置身迷雾中。如果我们身边总有不论如何都不批判我们，总是恭维我们的人，那么我们将很难取得进步。

　　世界上真正具备反思能力的人并不多，很多人的进步都是在他人的监督、指导下，以及恰当的交流中逐步获得的。我们小时候，父母会纠正我们的错误行为；在学校里，老师会纠正我们的错误行为。等我们长大成熟，就需要朋友来指出并且纠正我们的缺点。如果我们身边有一帮能够指出我们缺点的朋友，就是我们的福分和荣幸。

　　我们都喜欢这样一种人，他在跟人说话时，总能说得很得体，说到点子上，并且关注他人的感受。说话其实是一门艺术，并且需要经过长时间训练才能达到完美，是一种非常高级的修养。说话得体，让自己显得高贵，让别人得到尊严。

　　第三，在听取他人意见时，我们需要区分他人是在对我们进行正确的批判、指正，还是在伤害我们或无理取闹。很少有人会抱着非常开心的态度来接受他人对自己的批判和针对性的挑剔。例如，在中国历史上，唐太宗李世民是一个非常开明的人，但听到魏徵的批判，一度要将魏徵杀了。长孙皇后穿着盛装跪在李世民面前说："祝贺皇上。"李世民问道："为什么要祝贺我？"长孙皇后说："因为你身边有这样一个真诚的、能够直截了当地说出你的问题的大臣，这是皇上的齐天洪福。"

李世民在中国历史上以胸怀宽广著称，他都曾因他人的指正而产生要杀人的念头，更何况我们普通人。因此，其实我们大可不必将批判自己、指出自己缺点，或是不给自己面子的人，当成伤害自己的人。一个虚心想要取得进步的人，应该多听别人的批判性意见，少听他人的恭维话或赞扬话。

一方面，我们要反思自己，学会接受他人的批判；另一方面，我们也要明确区分对自己说话的人到底是真诚批判，还是故意伤害。如果是故意伤害，要及时阻止；如果是真诚批判，就虚心接受。达到所谓虚怀若谷的状态，这也是一个人拥有高品质的标志。

最后，一个人需要学会在真诚坦率地说话的同时，给足他人面子。这既是一种社交需求，也是自己能力的一种体现。说话要学会艺术性地直截了当，也就是你说的话，既不会使他人感觉云里雾里、不知所云，也不会像一把刀子，把对方捅得鲜血淋漓。

我们需要做到的是，将最想表达给他人的要点总结出来，同时在脑海中先仔细琢磨，再用自己认为最合适的语言表达出来。同时，如果是批判性的话，一定要尽可能和目标对象当面直说，并且单独和他说，而不是当着一群人说，否则就会变成不给他人面子，变成不留情面的批判。

当着一群人时，要尽可能在他人面前维护目标对象的面子，用赞扬性的话语和对方说。当两个人单独相处时，作为真心朋友，我们再直截了当地指出对方的缺点或错误。同时，给对方提出良好的改进建议。

总之，在沟通时，我们需要给对方一种一切为了对方好的感觉。如果我们与人交往时能够达到这种状态，就拥有了一种比较良好的和朋友交流的能力。从长远来说，大部分人都会喜欢和这样的人做朋友——不仅能指出自己的缺点和错误，而且能维护自己的面子，还能给自己带来进步。希望我们每一个人都能够成为这样的人，并且能够和这样的人做朋友。

|值得交往的朋友必备的品质|

一个人拥有什么样的品质,才会更受欢迎?

首先,毋庸置疑,我们每个人都喜欢跟品质优秀、品德高尚的人交往。**很多时候,我们看一个人的表现,就能大概感觉出来这个人值不值得交往**。比如,跟有的人一打交道,你就会觉得他很大方,有的人你会觉得他很豪爽,有的人你会觉得他很善良,有的人你会觉得他八面玲珑,能照顾到所有人。

但是,深入了解对方之后,我们也会发现他们身上都有各自的缺点和弱点。如果这些缺点和弱点无伤大雅,通常我们都会愿意忍受这些人的缺点和弱点,还是会很自然地和他们成为朋友。

我们需要思考的问题是:一个人需要具备什么样的好品质,我们才会愿意跟他交往?拥有什么样的坏品质,我们就不愿意跟他交往?

对我来说,在交朋友方面,有三种品质是非常重要的:

一是善良。人之所以为人,最重要的就是善良。所谓"人之初,性本善",人与人之间的关系应该以善良为基础。我一直认为善良是一种在成长过程中可以选择的品质,你可以选择对他人善,也可以选择对他人恶。

善良是对人回报最大的一种品质。所谓"善有善报，恶有恶报"，如果你用善良的态度对待他人，那么他人通常也会以善良的态度来回馈你。

从正面来说，如果我们碰上一个善良的人，我们也会乐于跟他打交道，因为你知道他对你比较无害。甚至有时候你伤害了他，他也不一定会伤害你，因为他很善良。

从反面来说，你不愿意打交道的人就是邪恶或者凶恶的人。当然，邪恶和凶恶有很多表现形式，当你交往的这个人伤害了你，或者他让你有某种不安全感时，通常这个人就是邪恶的。

二是诚信，或者说信任，这是非常重要的品质。孔子在《论语》中说过最多次且最重要的一个品质就是"信"。"人而无信，不知其可也。大车无輗，小车无軏，其何以行之哉？"做人要讲诚信，不坑蒙拐骗，要言出必行。

我们在做生意的时候，都喜欢与诚信的人合作，因为我们知道跟他做生意的时候，我们不会吃亏，我们知道对方不会骗我们。我们在交朋友的时候，也喜欢结交诚信的人，因为他不会在背后跟我们尔虞我诈、斤斤计较。所以，诚信也是一个人身上能够被别人欣赏的重要品质之一。

三是勇敢，或者说勇气。这里所说的勇敢和勇气不是指鲁莽，也不是指喜欢跟人打架。勇敢和勇气是一种承担，就是我们常说的临危不惧，也就是责任和担当。

勇气是一种敢于承认自己错误的气魄，是对自己做出承诺的担当，是在某种危险情况下，还能勇敢地站在其他人面前的决心。勇敢或勇气不光是做人的重要品质，还是赢得朋友信任的一个重要品质，同样也是一个人成为人群中的佼佼者的基本要素和成为领导者的一个必要条件。

当一个人身上具备了善良、诚信、勇敢这三种最重要的品质时，我觉得这个人就是值得信任的，是能让社会变得更美好的人。我希望所有人都能够结交到拥有这三种品质的朋友，同时也通过自己的努力，让自己成为拥有这三种品质的人。

学会积累人脉，你会变得更加强大

人脉是建立在相互利用的基础上的吗？一个人没有利用价值，是否意味着他是无法积累人脉的？

人脉对每个人都非常重要。一个有人脉的人在需要帮助的时候，总能找到愿意帮助自己或者志同道合的人。人是社会动物，所以人脉是一个人确保自己过上好日子的重要因素。

那么，应该如何积累人脉呢？

第一点，也是最重要的一点，我们要把自己变成一个有用的人。如此，别人才能用到你，也就是有所谓的利用价值。比如，你拥有某种专业知识，其他人为了请教你这方面的专业知识，就会对你比较敬重，并且愿意和你建立友谊，给予你回报。把自己变成一个真正有用的人，才能够积累人脉。不要总是想着去互相利用，而要让自己成为一个有价值的存在，先对别人有用。

第二点，从现实角度来说，人脉关系中确实存在互相需要的情况，而且也只有在这种情况下，才能够持久。人与人之间其实就是互相补充、互相需要的关系，即使夫妻之间也是如此。女人在家里做贤妻良母，男人在外面开辟天下，这样互相结合，既能把家庭完善起来，又能通过各自的贡献共同抚养后代成长。在婚姻中，如果一个人进步，另一个人却停滞不前，一个人有用，另一个人却毫无用处，这样的婚姻早晚会走向失败。

所谓人脉，是一种健康的相互需要，有一个简单明了、资源互换的交换原则。今天我帮了你一个忙，我知道未来某些时候你能帮我另外一个忙。任何单向利用的人脉关系都是不长久的，只想利用别人的人是自私而无耻的。

建立人脉关系最怕的是你总想利用别人，却没有给别人回报。别人可以被你利用一次，但是一般来说不太容易让你利用多次。就像你向一个人借了钱，如果不还的话，再去借钱就会很困难。

第三点，如果你想要拥有特别坚实的人脉基础，比如跟某个人有非常好的交情，那么最重要的一点是，在过去的某个时间，你曾经无条件地帮助过别人。这件事情的重要性在于，人们不太会看重功利的互相利用的帮助，但如果你曾经无条件地帮助过别人，那么别人也一定会在你有需要时无条件地来帮助你。比如，某个人在河里差点被淹死，你勇敢地跳下去把他救了上来，并且不计任何报酬，最后你们成了好朋友。由于你曾无条件地救过他，所以未来你求他任何事情，只要他能力所及，他都会答应，这就是无条件的帮助。在现实生活中，越是不斤斤计较，无条件地去帮助别人，那么未来别人也越会无条件地来帮助你，不会计较。这样的人脉关系是最好的。

第四点，如果人与人之间有过共同的战斗友谊，就会构成坚实的人脉基础。大学同学之间互相请求办事会比较容易，只要不是违法乱纪的事情，大家都会帮忙。这是因为同学之间在大学四年里建立了非功利性的战斗友谊。这一点在部队战士身上体现得更加明显。在部队中的一个班、一个排、一个连待过的战士，即使复员后离开部队很久，聚在一起时依然有深厚的战友情谊，彼此之间的帮助几乎是无条件的。有几个在我身边工作过的人是部队出来的，他们与战友之间的友谊在我看来甚至比大学四年同窗的友谊还要坚固。从这个意义上来说，战斗环境中形成的友谊和人脉会更加牢靠。现在各个商学院的学员跑到戈壁去徒步四五天，实际上就是为了在最艰苦的条件下创造一种人与人之间互相帮助和互相信赖的氛围。通过这种氛围建立起强纽带型的关系，积累人脉。

第五点，最强大的人脉基础实际上来自共同的价值观和信念。众所周知，对佛教徒、基督教徒而言，人与人之间的互相帮助是没有条件的，原因是他们有共同的信仰。中国共产党打天下的时候，共产党员互相掩护、互相帮助，甚至为对方牺牲，像这样的情况只有在拥有共同的信仰、信念时才能够发生。所以，如果你想要建立更加坚固的人脉关系，和与你的价值观、信念保持一致的人交往，往往是最有效的。

我们再来总结一下这五点：第一，自己要有才能，能够为别人所用；第二，人脉关系中健康的互相需要是一种正常状态；第三，一定要尽可能无条件地帮助别人，这样以后别人帮助你的基础才会牢固；第四，有共同战斗友谊的同学、战友等，更加容易互相帮助；第五，如果你想终身拥有一批友谊坚实牢固的朋友，有共同的价值观和信念比什么都重要。

|内向的人更容易建立良好的人际关系|

对性格内向的人来说，怎样才能建立良好的人际关系？

要建立良好的人际关系，首先需要明白两个概念，澄清一个误区：

第一，什么是人际关系？ 人际关系其实就是人与人之间良好相处的一种友情状态。你能够与一个人或者一群人和谐相处，互相帮助，就处于一种良性的人际关系状态。

第二，人际关系跟内向、外向是否有必然联系呢？ 一个性格外向、能说会道、八面玲珑、主动与人交往的人，通常会获得更好、更丰富的人际关系。但是，这并不意味着只有外向的人才能获得好的人际关系。我们常常会发现另外一种现象，当一个人过分外向活泼，让人感觉像交际花一样时，他的人际关系是非常浅薄的。在这种人际关系中，别人只是把他当作可有可无的人，甚至对他抱有警惕心。所以，一个能说会道、八面玲珑的人并不等于一个能获得良好人际关系的人。

第三，很多人都有一个误区，认为性格内向不是很好。性格内向并不等于性格孤僻，性格内向是一种正常的状态。 内向的人通常因为害羞、胆怯等原因，不太会主动与人分享自己内心的想法和情感，不太会主动与人交往，但性格内向能使一个人更多地思考、反思。性格孤僻是性格内向的一种极端状态。性格孤僻的人完全讨厌与人交往，甚至听到人的声音就会烦躁。但性格内向的人遇到喜欢的人或者愿意交流的人，依然可以滔滔不绝地正常交流。他们只不过不太愿意在更多人面前暴露自己的想法而已。

拿我来说，我是个既内向又外向的人，我能明显地感觉到自己在不同场合表现出的外向和内向。比如，在人多或者需要我表演、表达的场合，我通常比较健谈，这就是我比较外向的一面；当我独处或者与朋友在一起时，我通常表现得更多的是内向的一面，不太主动表达，喜欢听别人说话。所以，性格内向的人大可不必因此感到自卑，而且性格内向的人在人际交往中还有一些优势。

一是性格内向的人通常比较安静，而安静的人有他们的迷人之处，尤其是对女性来说。咋咋呼呼的女性一般都不太受人待见，但那些安静的、害羞的，甚至"犹抱琵琶半遮面"的女性常常能够受到男人的青睐。如果你性格内向，但并不让人感觉性格有缺陷或者阴暗，反而会给与你交往的人带来一种安全感。

二是性格内向的人通常比较关注事情的细节。性格内向的人一般在人品和修养方面会更加完善，更加注重细节。因为内向的人比较敏感，敏感的人都会特别在意别人对自己的看法，因此他们在细节方面会做得更好。他们期待被别人喜欢，所以他们会通过修炼人品、提高修养，让别人接受自己。性格内向的人不愿意得罪人，不愿意麻烦人，反而更加容易受大家喜欢，构建良好的人际关系。

三是性格内向的人比较专注于自己所做的事情。他们不像性格外向的人那样情绪变化大。性格内向的人对自己所从事的职业和事业容易有比较固定的、长久的喜欢，同时也能与大家保持比较稳定的关系。

因此，性格内向的人大可不必因为暂时没有特别好的人际关系而自卑，因为每一种不同的性格都有各自的优势。不管性格内向还是外向，都要充分发挥自己的优势，为自己建立良好的人际关系和事业基础。

说别人不靠谱时，先想想自己靠不靠谱

我们如何才能够快速分辨出一个人是否靠谱？身边很多同事、合作伙伴不靠谱，严重影响自己的工作进度和职业发展。遇到这种情况，该怎么办？

我们都知道，要找到靠谱的人是件非常不容易的事。首先，我们必须明确靠谱的定义。什么是靠谱？我认为靠谱分为几个不同的层面：

一是价值观层面的靠谱。如果一个人人品很正，人很善良，做事讲诚信，同时也比较直率，没有遮遮掩掩的行为，我们就可以说他在人品上基本是靠谱的。

二是行动层面的靠谱。为了保证行动的正确性，需要对事情进行准确判断。有的人虽然人品靠谱，行动上却不一定靠谱，比如行动能力很差或者一做事情就会失误。所以，有的人适合当军师，有的人适合当将军。

三是语言层面的靠谱。有的人人品和行动力都很好，但是由于自身的某种个性特点，很容易在语言上不靠谱。有人说话会因为自傲而过分夸大事实，也有人会因为过分自卑而无法准确地表达自我，这些都会影响你对这个人的

判断。

　　因此，我们要判断一个人是否靠谱，需要从不同层面进行考量。在我们去寻找靠谱的人之前，我们首先要来分析一下我们自己是否是个靠谱的人。我常常发现有些人经常指责别人不靠谱，其实他们自己反而是最不靠谱的人。一个不靠谱的人很容易就认为每个人都是不靠谱的，即便他遇见一个十全十美的人，他也会把十全十美当作一种不靠谱。所以，我们首先要每日"三省吾身"，让自己不断靠谱起来。

　　我们再来分辨一下什么是靠谱。

　　第一，要对身边每一个人都怀有好意和一颗谦虚的心。我们在与身边人相处的时候，要去充分挖掘每一个人身上的优点，同时也要充分理解他们身上可能存在的缺点。比如，我们要跟一个人做朋友或者成为合作伙伴的时候，一定要努力寻找他的优点，并且找到方法去防范他的缺点。因为在用一个人的时候，不抑制他的缺点可能会带来灾难性的后果，但是发挥他的优点就很有可能带来非常好的结果。

　　举个简单的例子。韩信和刘邦对话的时候，刘邦问韩信："你能带多少兵？"韩信说："多多益善。"刘邦就很不开心。韩信马上说："你善带将，我善带兵，我带兵多多益善。"刘邦听了就非常高兴。事实上，刘邦确实是一个善于带将的人，他带出了很多有名的将领，而韩信也确实是一个带兵多多益善的人。所以，每个人的特点不一样，一个优秀的管理者要发掘并利用下属最靠谱、最正面的能力和优点。

　　第二，你要明确自己的靠谱要体现在什么地方，你能否将不同的人进行有机的组合。比如，你把两个脾气暴躁的人放在同一个部门，最后他们可能会互相打架，两个人都显得很不靠谱；如果你把两个慢性子的人放在同一个部门，那么这两个人做事情就会互相推诿，办事效率变得非常低下，也一样不靠谱。

所以，如果你是一个靠谱的管理者，那么你就要考虑如何把人组合得更加靠谱，充分发挥每个人的才能，使大家的行为可以互补。

第三，如果你想做一个靠谱的人，拥有准确的个人判断力和决断力是非常必要的。所谓判断力，是指判断一件事情是否能做、一个人能否交往的能力；而决断力是指能够通过自己的方法去实施和推动一件事情的能力。如果大家执行的时候能理解你的意思，并且能按照你的意思去推动执行，各司其职，大家就都会显得更加靠谱。只有领导靠谱，团队成员才能靠谱。

第四，也是最重要的一点，就是在与人交往的过程中有能力去分辨谁是靠谱的人，谁是不靠谱的人。一个人靠谱与否有时候是能看出来的，通过简单的交往判断出这个人是否跟你契合，是否靠谱，这件事情其实是一门大学问，是一个需要经过和无数人交往后才能拥有的技能。所以，如果你要判断一个人靠不靠谱，你需要先做一个靠谱的人，多和别人交往。渐渐地，你就会了解他的内心世界、行为习惯以及价值体系。久而久之，你就会拥有对人的判断能力。

其实，男女关系也一样。据说在婚姻关系中，有一半的男人在跟女方结婚后，发现女方是自己不喜欢的不靠谱的女人，但是婚已经结了，孩子也已经生了。这种情况是什么导致的？这源于男人在结婚前对女人外表的痴迷和占有欲，这种欲望导致男人盲目地跟自己可能并不了解和钟情的女人结婚。反过来，男方较好的物质条件、较高的社会地位等外部条件也经常蒙蔽女人的双眼，很多女人结婚以后才发现，尽管男方有地位、有钱，却完全不是自己想要的男人。

所以，**在寻找靠谱的伴侣这件事情上，最重要的是要先屏蔽自己的欲望。当你屏蔽另一半的外貌、物质条件、社会地位等外部条件后，再认真审视这个人，你就会知道你面对的这个人是否靠谱，是否能够跟你真正走到一起。**

在生意场上，组建团队也可以用这种方法。当两个人因为某种利益组合在一起时,你往往会发现这两个人都是不靠谱的,但如果两个人是因为某种事业心、性格脾气相投而合作,两个人合作愉快的可能性就会更大一些。

总而言之,不论是婚姻还是事业,能够找到靠谱的人跟自己一起前行是一件非常幸运的事情,但是要获得这样的幸运,往往需要我们付出巨大的努力,并且经历复杂的人生。

知世故而不世故，才是最成熟的善良

有句话叫作"深谙世故却不世故，才是成熟的善良"。我们到底应该怎么看待世故？

一般来说，人生的发展会有三个阶段：简单，复杂，最后回归简单。

唐代的青原行思禅师曾说，他在学禅之前，看山是山，看水是水；在学禅之后，看山不是山，看水不是水；悟透以后，又看山是山，看水是水。这句话基本可以引申到我们的成长过程中。在童年、少年时，世界上的一切对我们来说都简单明了。因为我们在父母的呵护下成长，孩子之间也都单纯清澈，充满了童心童趣，很少有真正利益上的冲突和为了利益进行你死我活的斗争。

但社会是复杂的，一旦走进社会，我们就会遇到各种争名夺利、钩心斗角的行为，这是人类社会的基本特征。从美剧《纸牌屋》到火爆荧屏的国产剧《人民的名义》，大家可以看到官场上的险恶和复杂。其实，商场中的险恶和复杂并不比官场上的少，即使在学术界，人们也会进行各种背后交易，为了名利进行不择手段的争斗。

人生一定是要经历一个复杂过程的，在这个过程中，我们慢慢深谙世故，**了解世界上各种各样的事情发生的背后原因**。但很多人走进复杂后，就再也走不出来了，就像在海里游泳，再也游不回岸边，最后淹死在海里，就算不淹死，也会不断拼命挣扎，"苦海无边，回头是岸"这句话早已抛到脑后。

　　为什么会这样呢？因为人一旦走进名利社会，就很容易被名利牵绊，会忘记自己的本性，忘记简单纯真的生活，让自己陷入复杂的你争我夺中不能自拔。所以，人最重要的就是要在看透了世间的一切复杂，明了了自己的本性，并且寻找到了自己生活的坐标之后，再回到简单的状态。这也就是学禅开悟以后看山是山，看水是水的状态。

　　从自然发展的角度看，大多数人在大学毕业前都处于第一阶段。但很多人大学毕业进入复杂社会之后，往往要等到退休，与世无争之后，才能摆脱社会的复杂，回到简单的状态。我认为这个阶段耗时太长。一个人最重要的是在自己年轻和强壮的时候，就能回到简单的状态。这样，人生一辈子才会过得更加精彩和潇洒。

　　原则上，人到40岁左右就应该深谙世故，并努力让自己回归简单状态。所谓"曾经沧海难为水，除却巫山不是云"，我想，它就是说让自己对水和云有一种平淡的看法，能达到"看庭前花开花落，望天上云卷云舒"的状态。要回到这种状态，我们需要不断自我修炼，不断在人生中体会、反思，建立良好的价值观。那么，怎样才能从复杂回到简单呢？

　　第一，经历复杂人生，要学会反思、学习，不断进步，让自己的思想境界和道德情操不断提高。美国教育家杜威曾经说过，我们从人生经历中学不到什么东西，我们只能从对人生经历的反思中学习和取得进步。我非常认同这句话。一头狮子在经历了大草原的风风雨雨后依然是一头狮子，但是一个人经历了人生的风风雨雨后，就可能会由一个平常的人变成一个智者。

第二，如果不想让自己陷入世故的状态不能自拔，那就需要有非常良好的行为准则和道德价值体系。也就是说，我们不会为了自己的名利去做墙头草，不会失去自己对人生的正确看法，不会变成是非不分、完全利己的人。现在很多中国人都陷入了这样一种状态：没有信仰，没有信念，没有对道德价值的判断。只要能赚钱，只要对自己有利，即使是伤害别人，有愧于自己的良知和良心，也会去做。这实际上就是淹死在海里的状态。

第三，要明了社会的复杂，想办法让自己的处世方式保持简单并热爱生活。不明了社会复杂的简单叫浑浑噩噩，明了社会复杂的简单叫和光同尘、出淤泥而不染。另外，要热爱生活，如果早上起来阳光灿烂，我们会心情舒畅；但如果天在下雨，我们也要体会下雨天的忧伤和柔美。这种状态会使我们对大自然多一份热爱，对人的生命多一份尊重，就会少一份世故和复杂。

一个人要回到简单的状态，让自己一辈子的生活变得更加简单明了，不外乎一个"诚"字。诚心对待自己，诚心对待别人，诚心对待事业，这样就会使人生变得相对简单，问心无愧。

真正的"门当户对",是价值观念上的匹配

门当户对在今天依然重要吗？穷人到底能不能和富人恋爱结婚？

无论你是否承认，自从人类社会出现之后，尤其是阶级社会出现之后，门当户对就成为社会交往的一种自然选择。不管是人际交往还是婚姻爱情，我们都会很自然地选择"门当户对"的对象，这就是我们常说的圈子。

一般来说，城市的圈子不会跟农村的圈子有交集；顶级企业家的圈子很少会与中小企业家的圈子有过分密切的来往；所谓上流阶层、权贵阶层的圈子也不可能与平民阶层的圈子相接触，这是社交中的门当户对。生活中也一样，同一个阶层的人，原则上都会找相同家庭、社会和财富背景的人交往，这是人类的自然选择。

现代社会的年轻人，他们表面上很少有"门当户对"这个概念，因为大部分人都是只身一人漂泊在外，但实际上，门当户对的概念还是暗中存在的。一般来说，你认识了一个人，你想进一步去了解他的家庭背景、出身状况，从某种意义上说就是在寻找"门当户对"的感觉。但是，我个人认为，在现代社会

中，最重要的门当户对不是指家庭背景上的门当户对，而是两个人能力和情趣上的门当户对。两个人在个人能力和未来可能取得的成就上能够持平，这样就会产生一种人与人之间的尊重；同时，两个人的趣味、个人生活习惯、爱好也要基本趋同。如果在能力和趣味上达到门当户对的状态，两个人进行长久交往的可能性就会更大。

所以，我认为，**社会本身存在门当户对的现实，而我们个人可以去寻求能力和情趣上的门当户对。**

这个世界上，穷人和富人结婚的例子比比皆是，所以穷人和富人不存在不能结婚的问题。我们中国不是印度那种种姓社会，需要找同一个种姓的人结婚，即使是印度，今天也打破了这个规矩。中国则更加不存在穷人和富人不能结婚的问题。我们发现，在这个过程中，引起矛盾的主要是父母辈，因为他们更加现实，随着年龄的增长，更多地考虑子女世俗意义上的幸福问题。所以，如果一个女孩要嫁给一个穷人家的男孩，父母通常会比较反对。

实际上，穷人和富人结婚后想要比较幸福地生活在一起，需要有一个前提条件，即两个人的价值观、能力和趣味相对一致。如果两个人的价值观相对一致，比如对待金钱、学习、生活的态度一样，那么两个人之间的差距就会缩小，两个人的生活就会趋于和谐。比如卓文君要和司马相如成亲，女方家很富有，男方家很贫穷，但卓文君为了嫁给司马相如，不顾父母反对，和他私奔了。"当垆卖酒"这个典故说的就是卓文君在马路边卖酒来支持司马相如，这就是一个以价值观一致为前提的故事。在西方社会，有很多王子娶灰姑娘的故事，也就是没有钱的女孩嫁给有钱、有社会地位的男人。这种事情带有某种想象性，可以说是每一个姑娘心中最希望实现的梦想。

从成功概率上来说，贫穷的女人嫁给富有的男人的成功概率，比贫穷的男人娶富有的女人的成功概率要高很多。因为传统上，男人想要娶一个女人，无论对方是贫穷还是富有，男人都要有足够的能力来养妻子和孩子。

如果说一个男人娶了一个非常富有的女人，从此以后不再工作，而是靠女人带来的财富生活，那么男人的自尊心就会受到打击，并且社会也不太容易接受这种状态。这是一个与动物界相反的现象。在一个狮群中，公狮子通常不是捕猎最积极的，反而是母狮子捕猎较厉害。通常母狮子捕猎之后，公狮子去享用，这在狮群中很正常。但是在人类社会，一个男人被一个或者一群女人养着，则会变成一个笑话。

从社会因素来说，一个贫穷的男人和一个富有的女人在一起后，只有在两种条件下，婚姻才能持久。

第一种，女人对自己的财富完全不以为意，而是用自己的财富与男人共同创造新事业，新事业由男人主导，最终成就男人，就像卓文君对司马相如一样。第二种，男人的才华极其出众，而且无法用钱购买。尽管女人很有钱，但她对这个男人无比崇拜，男人也因为自己出众的才华而拥有超越财富的自尊。比如，男人是伟大的科学家，是著名的作家或者某个领域的顶级人才，在这种情况下，即使是富女嫁穷男，婚姻也能够维持下去。但通常情况下，整个社会更加容易接受一个有钱的男人娶一个相对贫穷的女人，大家普遍认为这样生活和谐的可能性更大一些。

除此之外，我认为两个人如果想要有一个相对完满的婚姻，最重要的是不要太相信爱情，任何完全相信爱情的行为都会使人做出虚幻的判断，通常离现实很远。一旦两人在琐碎的婚后生活中清醒过来，就很容易产生各种矛盾，导致婚姻不可持续。

生活都有原始的基础，就像我曾经读过的一段蛮有趣的话："你说女人爱你，你穷一下试试；你说男人爱你，你谈钱试试；你说老板看中你，你谈条件试试；你说你有好朋友，你借钱试试。"这实际上描述了人类社会比较现实和世俗的一面。一个女人说她很爱你，但是如果你真的很贫穷，这个女人对你的爱就会打折扣。其实，你无法判断一个女人爱你是爱你本身，还是爱你的钱。一个男人说爱你，那么你试试向他要钱，他会很容易认为你是为了钱才爱他，你们之间的爱情马上就会步入死亡。

人类所有的选择都需要有一定的基础，但这个基础很难说就是纯粹的爱情。所以，我认为爱一个人，最可靠的是爱他的人品和才华，而不是爱他的社会地位、房子、车子和金钱。男人看女人最好也不要只看外表，而要看品质和内在。如果看上的是对方的家庭，这就更加可笑。女人看上男人的家庭，尽管情有可原，但最后也会出现问题。因为凡是不基于一个人内在的人品和能力的恋爱，一般都会以惨淡的结局收场。如果拆穿了西洋镜，对方发现你只是为了钱和地位而和他在一起，那么爱情的大厦就会轰然倒塌，双方都无法再持续自己原来设想的美好生活。

总而言之，**生活和爱情都是非常复杂的事情，是需要我们用心去经营一辈子的事情。而情感、能力、价值上的门当户对，是保证我们的爱情和婚姻可持续的重要前提。**

没有所谓的"剩女",只有自己的人生选择

在中国,人们普遍称年龄超过27岁还保持单身的女性为"剩女"。在我看来,这个年龄阶段的女性,很多人很有个性,很有追求,她们不急于步入婚姻生活,却承受着来自家庭和社会的压力。我们应该怎样看待"剩女"的问题?

"剩女"这个称呼本身就有问题,给人的感觉好像是没人要的女人。相应地还有"剩男",通常给人的感觉好像是没有任何女人愿意嫁给他。我认为这些称呼本身带有社会偏见。如果是到了一定年龄的女性自己说出来的,那在一定意义上还表达了某种不自信,甚至有点自轻自贱。

在我看来,这个世界上没有什么"剩女""剩男",不管多大年龄,有没有结婚,这就是自己个人的人生和选择。也许有人结婚很早,20岁就结婚了,而有的人甚至一生单身,但只要是按照自己的生命意愿活着,按照自己喜欢的方式活着,就是有价值的生命。

一个人选择不谈恋爱、不结婚,必须是发自内心地不想谈恋爱、不想结婚,而不是内心非常想,但确实得不到。如果是内心非常想,但确实得不到,

这样的情况在一定程度上会让人比较焦虑，甚至可能会导致身心健康方面的问题。

如果是从内心就追求一种个人的自由自在、称心如意，而不希望有家庭负担，不希望使生活变得更复杂，我认为是情有可原的。同时，很多女性之所以到了一定年龄还不成家，不是说没有男人喜欢她，也不是说她嫁不出去，而是**她确实正做着自己真心喜欢的事情**。事情做到一定程度，变成女人的事业。当女人发现在组成家庭和维持自己的事业之间，自己更加愿意维持自己的事业时，通常组成家庭的事情就会推迟。

其实，对男人来说，维持家庭和事业的平衡也是一件不容易的事情。我本人深有体会。毫无疑问，对一个女人来说，要让家庭和事业保持平衡，既要满足事业上所需的精力和时间，又要满足家庭所需要的精力和时间，是一件特别难的事情。她需要照顾自己的男人，生了孩子后，要花时间来照顾孩子，有的女人还要照顾公公婆婆等。**实际上，一个女人既要把家庭变成一个幸福的家庭，又要让自己的事业发达，是非常难做到的。**

因此，一些女性最后确实宁愿选择一心一意地经营自己的事业。在感情方面，一般来说，这样的女性需要的是阶段性的、不需要有太大负担的感情。当然，我们一方面可以说这样的女性对自己的家庭或家庭的未来没有责任心；但从另外一个方面来说，**现代女性如果自愿过一种相对轻松的、偏向事业型的，而感情上更加随机、轻松的生活，也是无可非议的。**

通常来说，一个女人如果不嫁人，实际上是没有遇到自己真正喜欢的男人。如果遇到了自己真正喜欢的，愿意一辈子投入对方怀抱的男人，我认为几乎所有的女人还是愿意嫁人的。这实际上是一个缘分问题。

反过来说，男人到了一定年龄不娶，也是一样的。男人以事业为理由不成家，常常是一个借口。男人的事业和成立家庭的矛盾相对来说不是那么明显。

一个男人不断地找女朋友或换女朋友，但就是不结婚，这里面主要有两个原因：第一，这个男人可能以色为重，愿意在不同的女人之间游走；第二，这个男人实际上没有遇到自己真正愿意一辈子抱在怀中的女人，自然就不娶。

所以，**不论是女人不嫁还是男人不娶，背后的深刻原因就是缘分没到位，爱情没到位。**不论是"剩女"还是"剩男"，大家首先不要给自己这个称呼。**生命是自在的、自我完善的**，不需要太过依赖别人。有别人跟我们在一起，也许我们的生命能够更加丰富，这自然很好；没有别人跟我们在一起，我们的生命依然可以有圆满的结局。

大家不要太过在乎他人的眼光，不论他人如何看待自己是否结婚，是否是"剩女""剩男"，这些都不重要，重要的是自身内心有一份自在和一份自信。此外，可能有些人是因为在最初的爱情中受到过某种巨大的伤害，以至于后来对其他人失去信心。例如，女人曾经被男人伤害过，以至于对所有的男人都抱有怀疑；或者男人曾经被女人伤过心，从此对所有的女人都带有恐惧。

我认为这些都是大可不必的。人活在世界上，其实总是要被伤害的。**人最大的能力是在受到伤害之后，还能够让伤口愈合**。不要让伤口成为我们生命中的毒瘤，不要让自己一辈子生活在苦涩中。

总之，**不论我们处于哪种生命状态，都是我们自己的选择**。这些选择必须是发自我们内心的，并且能够让我们的生命更加有意义和快乐。

|不做精致的利己主义者|

有人说，精致的利己主义者是指经过精心打扮甚至伪装的利己主义者。他们智商高，世俗，老到，善于表演，懂得配合，更善于利用体制达到自己的目的。这种人一旦掌握权力，比一般的贪官污吏危害更大。这样的说法对吗？

这个问题所表达的观点来自北大教授钱理群的一段话。我在北大的时候，听过他的课。他一直是一个非常特立独行，不媚俗、不攀附权贵，有着自己独到思想的知识分子。他最关注的就是北大的学生毕业以后，到底是在为国、为民贡献自己的生命和青春，还是只为自己的利益奋斗。他认为这些高智商的人，如果落入了利己主义的泥淖，就很容易大肆为自己谋取利益，同时可能会损害国家和民族的利益。

其实，每一个人或多或少都是利己主义者，只不过有目光短浅和远大之分。目光短浅的利己主义者，会对眼前的利益斤斤计较，为了一点蝇头小利和身边的人发生冲突；目光远大的利己主义者，会把自己个人利益的获得放在更长久的未来。目光长远的利己主义者，除了想要获得金钱或者社会上的某种利益回报外，还会考虑到自己的名声、地位、个人发展等长远回报。这样的利己主义者，只要他们为自己考虑的同时不做出损害社会和他人的行为，利己主义就不是坏事。

几乎每个人都是为自己考虑的。区别在于，你是只为自己考虑，还是同时能够考虑到他人和社会。**如果你利己的同时还能够造福于其他人和社会，这就是一种好的利己主义。**

钱教授认为，精致的利己主义者善于利用体制来达到自己的目的。任何人、任何东西能够被利用，也许这并不是利用者的错误，而是被利用的东西本身有问题。如果利用体制达到目的这件事情成立，那就意味着体制有一些缺陷会被人利用。我们要考虑的不仅仅是如何来惩罚这些利用的人，因为一旦受利益诱导，即使惩罚了前面的人，后面的人依然会前赴后继，这个世界就是如此。**我们如果想要杜绝有人利用体制来达到利己的目的，我们的关注点应该不仅仅是惩罚利用者，还需要改善体制。**无论体制看起来有多好，只要能够被利用，就意味着还有改善的余地。

在中国，我们善于指责个人。西方文化中有一个比较好的现象，即善于改善制度本身。这也是值得我们学习的。从古代到现代，我们一直以完善个人的道德情操为主体。这有很大的好处，但也存在着种种问题，我们对制度和体制缺乏反思和改进。

当然，个人的完善对中国人来说依然是一个迫在眉睫的问题。过去的一些事情把中国对知识和人的尊重破坏了，紧接着，改革开放之后，大家一起向"钱"看，导致道德崩坏。这是对中国传统文化随便抛弃所带来的后果。

一起向"钱"看的时候，人们再也没有任何责任心、理想和改革社会的热情，导致的结果就是"人不为己，天诛地灭"之观念达到了一种极致。此时，我们的古人所说的"为天地立心，为生民立命，为往圣继绝学，为万世开太平"的儒家情怀（也可以被认为是中国士大夫、中国近代知识分子的情怀）就真的失去了。

现在，中国的士大夫阶层已经没有了，有着士大夫精神的人凤毛麟角，他们身上的那种为国为民、"先天下之忧而忧，后天下之乐而乐"的精神就更缺乏了。

这个世界上，到处充斥着非常聪明、高智商，善于表演和利用体制的人，而当他们变成当权者，这个社会真的会变得非常危险。尽管不能说每个人都会这样，但已经有形成这样的状态的迹象了。我们发现每一个阶层的人——部分商业人士、知识界人士、中产阶级甚至普通老百姓等，都会利用人与人之间的关系以及体制的不足来达到个人目的。社会实际上处于一种分崩离析的状态。整个社会的黏合剂在于人与人之间的互相忍让、宽容以及先人后己的考虑，以求最后达到大家共同富裕的一种状态。

所以，从这个意义上来看，钱理群教授对现在这个世界，尤其是知识分子的观察是有一定道理的。**这也是有道德的知识分子一种无奈的哀叹和在绝望中的希望，渴望我们这一代知识分子变得比古代的知识分子更好，能够摆脱利益的诱惑，真正能够做到"为天地立心，为生民立命，为往圣继绝学，为万世开太平"。**所以，凡是有良知的人，都应该以钱理群教授的这句话为警示，让自己变得不那么利己，能够更多地为广大民众和社会的进步而考虑。

|选对了创业合伙人，创业就成功了一半|

有人说，单打独斗的创业时代已经结束，合伙才是大趋势。我们应该怎么看待这个问题？在寻找合伙人的时候，应当注意对方的哪些特质，避免哪些不足？

一般来说，创业有两种类型：一种是一个人主张，一个人发展，一个人成就；另一种是一帮人主张，一帮人发展，一帮人成就。

在现在这个全民创业的时代，单打独斗是否依然可行？我认为，并不能完全排除单打独斗成功的可能性。在以下两种情况下，可以尝试单打独斗：

第一种情况，你做的这件事情其实不需要合伙。如果你的创业是以个人IP（知识产权）为主的创业，那么只要尽量发挥个人IP的价值就可以达到比较好的状态。如果你是作家、写手或主持人，围绕这个优势来创业，那么我认为以单打独斗为主是可行的。

第二种情况，你的创业想法和内容还处于极为初始的状态。在这种条件不成熟的阶段，很难找到合伙人。这时，要尽量一个人深思熟虑，先自己单打独斗创造出某种模式、模型，或者至少先理出清晰的头绪来。比如，我最初创立新东方时，整整两年都在单打独斗。尽管下面也还有老师、员工，但很难称作合伙人。直到两年后，我把徐小平、王强他们找回来，才算是有了合伙人。

整体来说，分工合作已经是这个时代的大趋势，并且先有分工才有合作。分工合作就需要每个人的才能不一样。在一个创业项目上去分工，需要明确地知道要什么样的人，要有几个合伙人才能把这件事情做完。随后，一种合力就会在分工的基础上形成，形成一种合作趋势，也就是团队。中国有句古话叫"一个好汉三个帮"，其内在的含义就是要想把一件事做好，就需要与人合作。

举一个众所周知的例子——刘邦和项羽的故事。项羽是个英雄，但不是一个领袖，因为他一个人单打独斗争取天下；而刘邦却是一个好汉，还不止三个人帮他，所以最后取得了天下。这是合伙才能取得成功的最好印证。

我们想要做大事业，就要有合伙人。这就涉及我们需要找什么样的合伙人，应该注意对方的哪些特质，以避免一些不足。在此之前，我们先要弄清楚自己的特质。自己到底是领导型的特质，还是追随型的特质，这件事情特别重要。

如果你是一个追随型的人，在创业中把自己变成一个领导者，但你又没有领导能力和优势，这样去创业就会很危险。随着时间的推移，他人会发现你其实不具备领导他们的能力，就有可能造成离心离德，或者公司被他们颠覆，这是一件非常危险的事情。你本人如果是追随型特质的人，那么你最好一开始就不要去自主创业，而是追随某一个你认可的人进行创业。就像当初萧何追随刘邦一样，尽管刘邦只是个亭长，而当时萧何已经相当于现在的县委副书记这个级别了，但他倒过来追随刘邦，因为他认为刘邦身上有领袖气质。萧何把自己看得非常清楚，他配合刘邦把事情做得很好，而不是刘邦来配合他。如果你发现自己是个像刘邦一样具有领导特质的人，那么由你主导创业，让大家来追随你，就会比较正确。

所以，对自己的特质进行界定是一件非常重要的事情。我发现大量的创业者其实是追随型的人物，却主导了创业，结果干了半年或一年后发现掌控不了局面。而有些人是领导型特质的，但由于现实问题追随一些人创业，结果追随了一两年以后，就很容易让公司翻车，或者不能忍受别人对他的管理而愤然离开。所以，在我们找合伙人之前，最重要的是先确定自己是什么特质。

如果我们将来要找合伙人，应该注意以下两个方面：

一是价值观和情趣要尽可能相同。所谓价值观和情趣相同，就是我们对未来事业的看法要一致。例如，这件事情应该做成什么样子？为什么人服务？为这些人服务背后的情怀是什么？最终目的是什么？人与人之间相处，对重要事情的看法是什么？什么叫正确地做事情？这种大方向的看法必须尽可能一致，心意相通非常重要。

情趣相同不是指男女之间关系的情趣，而是指人与人之间相处的情趣。比如，你们都很喜欢大自然，都很喜欢坐下来喝杯茶、聊聊天，都很喜欢读书。大家在紧张的工作之余可以有共同的话题、共同的趣味或者共同的度假方式，这样大家才能拥有更好的关系。所以，找合伙人需要满足这两点：一是价值观相同，二是情趣相同。这样的合伙人才能够坚持得久一点。比如，我和王强、徐小平在这两个方面就比较相似，最后才能够在一起合作十几年。

二是合伙人需要拥有不同的能力。能力相同的人在一起会形成能力拥挤的现象，能干的事情抢着去干，不能干的事情就没人干了。所以，寻找合伙人另一件重要的事情是寻找能力互补的人。在新东方，我跟王强、徐小平在合伙期间，比较主要的矛盾集中在我们三个人能干的事情都是一样的，比如都喜欢演讲，都喜欢上课，都喜欢在人前表演，也都还算有公关能力。但是，背后的专业性、系统性的工作，比如信息系统建设、市场营销搭建、课程体系设计等方面，我们三个人都不算擅长。所以，后来这些事情就没人做了，到今天新东方还是留下了遗憾，尽管已经有专业人士替补上来，但这些系统在新东方，力量依然不那么强大。这个例子表明，找合伙人的时候，能力不同而互补的人非常重要。现在，我组建新东方的团队，就特别注意新东方的核心人物在能力上的互补，甚至在思维角度上的互补。

如果想要合作长久，有一个非常重要的因素，就是利益分配机制和能力贡献测评模型。创业一两年后，大家会发现各自的能力、贡献不一样，股权结构和利益分配僵化，可能会导致有能力的人拿的股权少，没有能力的人拿的股权多，到最后就会导致散伙。另一个重要因素是领导人的替换，当我们发现最初引导创业的人原来是个追随型特质的人，而且团队中出现了领导型特质的人时，一定要交换岗位，尽管这会有一定的难度。

请记住，**让最合适的人待在最合适的岗位上，并且保持一种能上能下、互相配合的心态，才能真正创业成功。**

读书学习

让知识成为你人生的力量

Chapter 04

/ 让成长带你穿透迷茫 /

|善读图者有品位，爱读书者不浅薄|

有些人天生不喜欢读书，但是喜欢读图，文字的吸引力日渐败给简单易懂的图片。对这种趋势以及这类人，我们该怎么看？

首先，关于读图，我们要来分清楚，读图到底指的是读什么图。如果读的是照片或者漫画书这一类的东西，也就是说，通过看图来欣赏或者理解图中所表达的含义或内涵，我觉得没有问题。**因为人类一直都是在读书和读图的交替中成长起来的。**

真正的艺术作品，比如西方的油画、中国的国画，其中都包含了深刻的含义和意境，还有审美情趣。**如果你能从图中读出含义和意境，那么毫无疑问，这是一件特别有品位的事情，是一件能提升自己的境界和情怀的事情。**如果整天读的都是黄色图片，或者是游戏里那些打打杀杀的图片，读这种图不需要你进行任何思考，也不需要拥有任何审美眼光，那么读这样的图片，毫无疑问会越读越傻，还是少读为妙。

读图本身并不是一件错误的事情，但是什么样的图读来对自己的生命有价值、有意义、有作用，这需要我们有非常好的品位和价值导向。

其次，**对于那些需要用文字才能进一步深刻阐明的道理，读图确实是不够的**。比如，我们处在文化、哲学入门阶段的时候，可以通过读蔡志忠的漫画来了解一些中国古代的哲学和文化。当然，蔡志忠的漫画还是配了文字的，如果不配文字的话，可能也不见得能读懂。

但如果要真正了解中国文化的精髓，比如老子、孔子、庄子等人的思想精华，那么毫无疑问，我们是必须去读文字的，而且必须读著作原文，比如深度阅读《老子》《论语》《庄子》这样的著作。所以，**读书和读图都是人类表达自己思想或者欣赏某种思想和才华的媒介，但这两种方式原则上是不能互相取代的**。

从我的角度来说，我也喜欢很多非常优美的中国山水画、西方油画、摄影照片，因为我觉得读这些图对提升我的品质和品位非常重要，但是我会用更多的时间来读书。**因为对于掌握那些需要认真思考和静下心来去回味、反省，并且进行某种科学和逻辑整理的知识性内容，毫无疑问，读书是非常重要的一个途径**。

我觉得一个人如果不能静下心来读书，或者是没有能力读书，就说明这个人存在三种情况：第一，**缺乏完整的思维和思考能力**；第二，**缺乏完整的逻辑和分析能力**。因为读书必须是循序渐进的，需要一个环节套着一个环节往下读，需要有思维连续性。**第三，我可能会认为这个人没有文化**。因为有文化又能静下心来的人，一定能读书；能静下心来但不读书的人，可能是不认字。

如果出现了以上三种情况，我觉得这样的人做其他任何事情都是做不成的，并且这样的人一定是一个比较浅薄和浮躁的人。

所以，我不反对大家读图，但我希望大家能够更多地去读书。**在读书的过程中，让自己成长；在读图的过程中，让自己的品位和气质不断提升**。

读无用之书，做有用之人

如何才能有效地将阅读所带来的知识转化为自身的能力？

我认为阅读分为两种类型：一种是"有用的阅读"，另一种是"无用的阅读"。

"有用的阅读"是什么？就是抱着某种目的去学习的知识性阅读。比如，如果你读一本管理学的书，那么这本书就会教你一些知识，比如如何制定战略、如何进行营销、如何进行品牌管理等，这就叫作读"有目的的书"或者"有用的书"。面对这样的书，我们要做的就是看这本书能不能指导我们日常的生活、学习、工作，如果读着读着发现书中的知识没法应用到我们日常的生活、学习、工作中，那么这本书读了就没有多少用处。

"无用的阅读"是什么？就是读"无用的书"。大家可能会问：为什么无用的书还要去读？其实所谓"无用的书"，有点像《庄子》里说的"无用的树"，"无用的树"长在那儿，它能够越长越大，变成一道风景，不被人砍走，是因为这棵树用来做家具不行，用来当柴火烧也不禁烧。所以，它反而就会变成一道风景。

那么，**读"无用的书"**是什么概念？就是读那些表面上对我们来说没有直接用处，却能把我们整个人生提升一个级别，为我们的生命增加一道美丽风景的书。

比如读《诗经》，你说会有用吗？对我们来说其实没什么实际用处，除非我们未来打算进入大学教《诗经》，当研究《诗经》的教授，否则读《诗经》的作用也就是增强我们对大自然的审美感知，以及陶冶情操。

又比如，读唐诗宋词也没有什么特别实际的作用，但是如果我们真的熟读了唐诗宋词，我们就会觉得自己的气质在逐渐改变，眼界、胸怀、情怀和情感都会因此发生变化。

像这种给我们带来潜移默化的影响的书，包括哲学、历史、文学等方面的书籍，它们给我们带来的东西，表面上并不能直接服务于我们的人生目的，但是如果我们多阅读这些书，就有很大的概率能使自己变成一个完善的、有品位的、有眼光的、有着人文情怀和哲学思考能力的人。

所以，我一直认为，**以人的一生来说，"读无用的书"是比"读有用的书"更有价值的**。但是，我们不可避免地必须读"有用的书"。比如，我们从小学读到中学，甚至读到大学的大量的书，其实只能归为"有用的书"。

这些书让我们吸收了知识，让我们对某个领域有所了解，并且为我们上好的中学、大学，甚至为我们走向世界奠定了基础。当我们读这些"有用的书"的时候——尤其是当我们已经进入了大学或者大学毕业以后——"把读到的知识转化为自身的能力"是非常重要的。

在读"有用的书"的过程中，我是有一些体会的：**凡是"有用的书"，只读一遍是不够的**，因为读一遍只能留下一个很浅的印象。任何"有用的书"，里面的知识若要转化为我们自己的行动指南，或者变成我们自己行为和思想的一部分，都需要有一个前提条件，这个前提条件就是：**要反复地去运用读到的知识或方法。**

举个简单的例子。你已经读了某本管理学的书，书中提到公司战略的制定部署有四个要点，那么你就必须在工作的时候按照这四个要点去反复训练、实践，最后才能将它变成你自己战略思维的一部分。

再举个例子。你学英语，你要学习一个英语句子，但你只是读一遍，弄懂什么意思之后就不管了，那么这句话你其实根本就没学会。但是，如果这句话你反复地说，反复地用，那么到最后就会变成你自己语言的一部分。以后不管你在什么场合，凡是要用到这句话的时候，你都能够脱口而出，这个时候才等于把这个知识转化成了你自身能力的一部分。

所以，**凡是"有用"的东西，最重要的是"转化"，也就是中国的一个成语——"熟能生巧"**。英语中叫作"practice makes perfect"，就是指通过反复的训练，最后不自觉地将某种思想体系、语言之类的东西内化成自己能力的一部分，并且可以随时随地应用，这就是我们所说的"外在所学的知识转化成了自身的能力"。

这个过程是必不可少的，因为它奠定了你生命和生活的基础。拿我自己来说，我认真地背诵了成千上万个英语单词，所以现在读到任何英语单词，我都能够自觉地反应出这个单词在上下文中的意思。这就是具有某种能力的标志，而这个能力一方面使我能有口饭吃，另一方面让我能有足够的空间来读"无用的书"。

因此，我认为，人的一生最重要的是要读"有用的书"并将书中的知识转化成自己的能力，并通过读"无用的书"来提升自己的气质和眼界。这样，我们的生命才能够更加完善。

|没有条件也能学好英语口语|

在中国，我们从小学习的都是"哑巴英语"，我们没有条件出国，也没有语言环境去练习和提高。那么，我们应该怎样提高英语口语能力呢？

众所周知，英语学习对中国人来说一直都是一个非常痛苦且必须经历的过程，因为目前中国的高考不可能取消英语学科，想要考上大学，就必须学习英语。对中国学生来说，从小学到初中再到高中，都有英语课程。在我看来，**学习英语最重要的不是为了通过考试，而是为了去掌握这门语言。**

我们都应该学好英语，为什么呢？主要有以下几个理由：

第一，中国是一个正在不断与世界接轨的国家，目前全世界的通用语言并不是汉语，而是英语。尽管学汉语的外国人越来越多，但是实际上学汉语对他们来说只是兴趣而已，你很少会见到他们用汉语来做科学、技术工程、文学、历史方面的研究。现阶段全世界通用的研究语言，不论是文科还是理科，基本都是英语。

第二，目前全世界的日常交流语言是英语。因此，只要我们想要走遍世界，或者为自己的未来寻找更多工作和生活的机会，学习英语就是一个必不可少的过程。

学习是一个痛苦的过程，不论是学习英语还是其他学科，比如我们从小学习数、理、化，那种痛苦在长大之后还会时不时地想起。有人会问，为什么从来都不觉得学习汉语非常困难？原因非常简单，因为我们从小到大都在不自觉地跟着爸爸妈妈学说话，跟着老师学认字，这是一个循序渐进的过程。在这个过程中，我们不断重复说自己说过的话，用自己认过的字，熟能生巧之后就能够运用自如，所以学习的痛苦就被消除了。

学习英语对中国人来说之所以变得如此难，有以下几个原因：

一是我们学习英语的时间越来越少。学生时代，我们每天在教室里学一到两个小时英语。而工作之后，我们的英语学习时间最多是每天半个小时到一个小时。学过的东西过一段时间忘了，忘了又重新学，我们的英语水平自然而然就会在原地打转。

二是中国老师教英语的问题。中国的很多语言老师本身的口语和听力是比较差的，他们的强项通常是在词汇、语法和阅读上。我们发现，中国很多中小学甚至大学的老师在教学中都以教阅读、词汇或者语法为主，而对于语言中最重要的听力、口语和写作这三个方面，基本不太涉及或者很少涉及。等学生长大后，会突然发现自己尽管掌握了几千个单词，也能阅读一些复杂的英语文章，但是一旦涉及听说和写作就招架不住，就产生了"哑巴英语"的现象。

现实环境如此，那么未来中国学生学习英语的重点应该放在什么地方呢？我认为应该放在听力、口语和写作上，因为这三个方面才是交流性语言的重点。你学会了听，就算你不会说，你听懂了，就可以想办法回应对方；如果你口语很好，那么交流就会顺畅；同时，如果你还能进行很好的写作，那么你不光面对面的口语交流没问题，远距离的文字交流也会变得更加顺畅。

听、说、写方面需要我们投入更多，但是我们的英语教学本身又没有达到这个水平。在这种情况下，我们应该如何进行听、说、写的学习呢？

首先，要明白学英语不是学一种知识，本质上是学一种语言技能。技能都有一个共同的特点，就是能通过不断重复练习达到熟能生巧的水平，你就掌握了这个技能。我们对汉语的掌握过程就是如此。

当你的英语水平不是很高时，你盲目地去读大量的英语学习书籍是收效甚微的。相反，**你应该精挑细选出一两本特别好的，包含能锻炼听力和口语两方面内容的教科书去读，同时这几本教材还必须提供音频训练，这一点非常重要。**只有这样，你才能全面地提高综合英语能力。你可以照着正确的录音去模仿，然后经过反复练习（背诵、对话或者其他方式），把这几本教材的每一句话练到熟能生巧、脱口而出的程度，这时你就有了一个相对不错的语言基础。

其次，当你的语言能力达到了上述水平时，就需要慢慢进行扩展了。那么，如何提高自己的听力和口语水平呢？有两个方法，**一是听新闻，二是看原版电影。**刚开始听新闻、看电影一定不能盲目求快求多，每天看一点，一次看100部电影这种做法是没有任何用处的。你应该先把一部电影看一遍，看完之后反复听，直到这部电影中的每一句话你基本上都能听懂，再通过模仿，把你的语音、语调纠正过来。在这个学习过程中，你就学会了外国人日常的交流方式。模仿一到十部电影或者一到十集电视剧，你就会拥有比较好的语音、语调，这些都是拥有流畅口语和优秀听力的基础，这个时候你再去进行大量的听说练习，你的听力和口语水平就能够得到进一步的提高。

当然，你也可以利用一些软件来寻找学习素材（比如TED演讲、新闻广播等），进一步提高自己的听力水平，打好口语基础。因为你的听力水平越高，你的口语表达就会越到位。此外，你也可以找一些外国人，与他们进行有主题的聊天，慢慢去形成一种自然的交流状态。

其实，现在的口语学习环境比我们上学的时候要好很多，当时我们想找台录音机都找不到，更别说各种各样的听力材料和外国电影了。现在的学生学英语是有语言环境去练习和提高的，只不过如何去练习和提高，找什么样的学习材料是需要根据自己的英语水平来决定的，大家可以多请教周围英语比较好的人。

最后，我总结一下，语言学习只要抓住两点就行：

一是在有限的条件下不断地重复，达到熟能生巧的程度；

二是每天都留足时间训练。比如每天训练两个小时，不知不觉中，你的舌头就会越来越灵活，你的耳朵就会越来越灵敏。慢慢地，你的英语水平就会提高了。

判断一个老师是否是好老师的标准

什么样的老师才是好老师？

什么样的老师才是好老师？这个问题一直是我心中的核心问题，因为目前新东方有两万多名老师，我希望他们都能变成好老师。那么，到底什么样的老师才是好老师？我们要从老师本身的素质讲起。

提到老师，可能我们的第一反应都是很严肃、古板的那种老师，但是我认为这样的老师恰恰不是好老师。我认为好老师有如下几个特征：

一是好老师本身是一个完善的人。他的人品、人格非常健全，身心非常健康，对人生有着非常积极的态度，综合的知识架构比较完整，性格比较随和，为人风趣幽默，但又拥有某种探索精神。

这样的人，往学生面前一站，就给学生带来了正能量，让学生不由自主地对他有好感，让学生感觉比较放松。我觉得拥有这些素质的人，才能算是一个非常优秀的老师。

二是好老师对自己所教授的知识非常精通。非常精通不一定是指他是这方面的顶级大师，比如教物理的必须像爱因斯坦一样，教文学的必须像曹雪芹一样，而是说他对自己所教的内容已经反复进行了研究探讨和知识关联性的探索，并且已经把知识融会贯通，形成一个完整的知识体系，能够用深入浅出的方式传授给他的学生。

传授知识这件事其实是挺难的。全中国有无数的数学老师，但能把数学课讲好的老师并不多，能让学生对数学真正产生兴趣的老师更少，能够用幽默轻松的方式把数学讲好的老师少之又少。

如果一个老师教一门课的目的只是让学生考试可以考高分，那么我觉得这样的老师肯定不是好老师。但是，如果老师在教学的同时，能够让学生对所涉及领域的知识产生无限的遐想，还能让学生勇于进行进一步的探索，那么这样的老师就非常牛。

所以，**我觉得好老师的第二个特征就是能够把自己所传授的知识讲透、讲明白，并且能让学生产生愿意在这个知识领域继续探索的热情。**

三是好老师能够在传授知识的同时，成为学生人格、人品的培养者。青少年学生处在一个可塑性非常强的时期，特别容易受到外界的影响。那么，对他们影响最大的人是谁？除了父母以外，就是老师。

老师不仅要传授学生知识，更重要的是要传授学生做人的道理，将学生培养成积极向上、勇于探索、充满好奇心、乐于助人并有着宽广视野的人。 老师不仅在传授知识，而且在传授一种人生，凡是悲观、极端、负面的情绪，都不应该进入课堂，有这些情绪的人，都不应该当老师。因为如果对学生传授的是负面情绪的话，学生有可能一辈子都沉浸在对知识和教育的恐惧中，学生一辈子的成长和发展也会因此受阻。同时，**老师还必须变成学生性情的引导者，培养出学生的理想主义情怀和家国情怀。**

如果一个老师能做到以上三点，我觉得就是一个好老师了。当然，好老师还有很多其他的特征。比如有一种老师，他会不断地更新自己的知识，不断地追求进步，能够端正自己的态度，鼓励学生提出疑问，和学生平等地探讨学习中、生活中的各种问题，我觉得这样的老师也是好老师。

其实，我们没有办法用一句话以偏概全地去阐释好老师到底是怎样的人，但是，当一个好老师出现在我们面前的时候，我们所有人心里都会知道：噢，我终于碰到了一个好老师！

|做自己喜欢的事，生命才有意义|

有很多大学生并不喜欢自己所学的专业，但每天还是要去面对，虽然目前看来这个专业的就业情况不错，但是如果一直从事自己不喜欢的工作，并不会感到快乐。面对这种情况，应该怎么做？作为女生，从事工科类工作难免不如男生，又不希望自己太过平凡，应该怎么做？

我发现中国的大学生普遍有一个问题——不喜欢自己所学的专业。之所以出现这样的问题，在我看来，有三个原因：

第一个原因是中国学生在高中时更多的是为了高考而学习，或者说是为了考上一所名牌大学。因此，他们并没有对自己所喜欢的东西进行认真思考，这就导致很多学生考进了自己想去的大学，却没有学习自己喜欢的专业。

第二个原因是很多学生根本没有选择专业的权利，大多数都是被父母要求而选择了某个专业。我碰到过不少学生，被父母要求读法律、工科或者计算机，其实他们非常不喜欢这些专业。

第三个原因是很多人表面上选择了自己喜欢的专业，但真正开始学习之后，才发现这个专业并不是自己喜欢的。而不少大学不允许随便更换专业，因此他们只能在这个专业耗着，一直到大学毕业。

正是因为以上种种原因，中国有至少一半的学生不喜欢自己的专业。我们做过调研，在中国，大概有53%的学生并不喜欢自己的大学专业。这也直接导致很多学生在大学期间，学习动力和好奇心不足，浪费了宝贵的时间。他们筋疲力尽地应付着各种考试，而自己喜欢的专业没时间学，并且没法更换所学专业。

面对这种糟糕的情况，我们到底应该怎样去做呢？

首先，我们要确定自己一生中最重要的事情，这件事情其实就是你最喜欢做的事情。举个简单的例子，对医生来说，能不能赚钱并不是最重要的，救死扶伤才是最值得追求的目标。但很多同学选择学习计算机、法律或者医学，其实都是认为学习这些专业，能在未来找到一份很稳定的工作，并且收入颇丰。从实用主义的角度来考虑，这个想法不无道理，但这种物质追求对人的一生来说真的不是最重要的。

所以，我们要考虑的不是这件事情能不能让我们赚钱，能不能让我们发财，而是自己喜欢做的事情到底是什么，这件事情是否能让我们每天全心投入。一个人的一生，一半甚至一大半时间是花在工作上的，做自己不喜欢的工作，就像每天都必须和一个自己不喜欢的人待在一起，并且还要不断地跟他交流，这绝对是难以忍受的，甚至可能会引发心理问题和身体疾病。相反，我们在做自己喜欢的工作时，就会身心舒畅、心情愉悦。

其次，如果你已经有了自己喜欢的专业，那么请在大学期间做好准备。比如，你在大学里确定了自己确实不喜欢电路或者编程，那么你就一定要认真考虑是否更换专业和如何更换专业。更换专业这件事情并不是很容易，因为很多大学是不允许更换专业的。**但是，如果你下定决心，就一定要与老师反复探**

讨，与学校反复研究，同时也要跟家长反复说明，一定不能随便屈服于家长。如果学校有可能允许你更换专业，那最好不过了。但如果无法更换，那么你就要为将来做好准备。在本科四年里学好本专业，保证顺利毕业。然后，利用课余时间把喜欢的东西学好，考取自己喜欢的专业的研究生，这也是一个"曲线救国"的策略。

再次，不要因为看到了某个专业表面上的风光而贸然选择。 我们还做过另外一个调研，结果显示，换过专业的同学，仍然有40%左右的人不喜欢自己更换后的专业。这就说明这些同学在更换专业的时候并没有认真谨慎地去考虑。其实，更换专业比选择专业更需要谨慎思考。**任何一门学科，在深入研究之后都是很枯燥的，都需要经过艰苦卓绝的努力才能研究得通透。** 我们不能因为看到别人学习的专业很好玩、很有趣，不经过思考就进行选择，结果学习了之后，发现专业的内在情况并不是想象的那样。一定要了解透并且确认自己愿意为它全心付出，再去选择新的专业。

此外，很多人都认为，女生从事工科类的工作可能不如男生。从现实情况来说，确实存在这样一种现象。但是，我认为学习某个专业、从事某个职业，最重要的不是性别差异，而是你是不是真正喜欢。从事工科类工作的男生固然很多，但这个行业同样也有很多优秀的女生，我就曾见过很多非常优秀的女计算机工程师。"喜欢这份工作"是一个基本的前提，从这个前提出发去思考自己的专业和想要更换的专业，从而选择自己未来最想走的那条道路，才是正确的选择。只有做自己喜欢的事情，生命才会变得充实和有意义。

任何一个人生的选择都是一次与自己的软弱进行斗争的结果。不愿意换专业或者不敢换专业，可能有来自父母的压力，可能有学校造成的障碍，但是，无论怎样，你都要始终朝着自己喜欢的方向奔跑，这才是人生最值得去做的事情。

成绩差的人获得成功的原因

现在社会上很多成绩好的同学为成绩差的同学打工。读大学，真的无用吗？

人的一生会遇到各种各样的变故，这是特别正常的事情。例如，有人从小学到高中成绩一直都特别优秀，还考上了名牌大学，但是大学毕业后只获得了一份普通的工作，而且在岗位上发挥得也不是特别出色。这种情况会让人很郁闷，并且会让人迷茫。再比如，一些同学的成绩一直一般，但是大学毕业后，由于各种各样的机缘，成了很出色的企业家、政治家等。

这些事例体现了一个道理：**一个人的成功，并不仅仅靠学习成绩，还是由多种因素造就的。其中，个性特征是最重要的因素。**

为什么成绩差的人有时会比成绩好的人更加成功？其实，成功人士中，成绩好的人的占比相对来说会更大一些，因为成绩好的人通常都会上更好的大学，而好大学毕业的人，平均薪酬要比一般大学毕业的人高很多。所以，这个问题其实应该是"为什么有些成绩差的人会突然变得很成功"。我认为主要有以下三个方面的原因：

第一，有些人成绩差并不是因为笨，而是因为花在学习上的时间比较少。 在学习过程中，他们通常被其他事物吸引而分散了在学习方面的注意力。例如，谈恋爱，玩各种各样的课外游戏，参加同学之间的活动，或者参加体育、文艺类活动，等等。这样的人，通常会比较自信地度过学生时代，因为他们知道，自己成绩上不去并不是因为笨，也不会因此感到自卑。

第二，虽然有些人确实不太喜欢学习，但是他们的个性非常外向和积极，喜欢和社会上的各种人士打交道。 他们会在社会上不断地接触各种人士，有的人甚至高中还没毕业就变成社会小混混式的人物。这样的人，常常是天不怕地不怕的，个性豪放又大方，在过去几十年中，这种人往往会在社会上比较吃得开。吃得开，就会和更多的人交往，遇到机会的可能性也就越大。只要能够抓住其中的两三个机会，就能够取得成功。

第三，这些成绩不好的人往往是富家子弟或者高官子弟，有一定的背景。 尽管他们的成绩不好，但是他们毕业后调动资源的能力比普通老百姓要强很多。我们可能会看到有些富人会拿几个亿给自己的孩子去锻炼，让他成长起来。而对穷人来说，给孩子几千块钱去锻炼都是不太可能的。这是任何一个社会都会出现的现象，不管是美国、英国还是中国。毫无疑问，这些富家子弟和高官子弟有能力调动更多的资源做成更大的事情。

通过以上三个方面的分析，我们会发现，成绩不好的人有时是会比成绩好的人取得更多的成功。当成绩不好的人取得成功时，比如他们有了自己的公司、自己的事业，他们自然就需要有人帮助，而他们想起来的第一种人往往就是同学中成绩最好的人，因为他们知道成绩最好的人脑子聪明、知识丰富，往往能干实事，还比较听话。所以，从这个意义上来说，成绩不太好的人取得成功之后，如果需要合作者甚至合伙人，往往会先考虑成绩好的同学。

因此，**成绩好的人给成绩差的人打工，其实是一件比较正常的事情**。例如我自己，我的成绩不算特别好，当我创建新东方取得成功后，首先想到的就是要跟我们班成绩比较好的人一起把新东方做大。比如王强、包凡一等同学，他们都是成绩非常好的人。

接下来我们需要讨论的是，如果成绩好的人碰上了这样的情况——为成绩差的人打工，应该抱有怎样的心态？我觉得主要有以下几点：

一是我们要以接受的心态，甚至欢喜的心态来做这件事情。原因非常简单，这个社会本身是千变万化的，人也是千变万化的，所谓"三十年河东，三十年河西"。不论成绩好坏，当你的同学成功了，并且愿意邀请你和他一起做事，不论是做得力干将还是合伙人，甚至是普通员工，我认为这都是一种机会的互融，也是一种才能的互补。这个时候如果再去计较他当初成绩不如自己，觉得现在给他打工是一种耻辱，那么我认为，这暴露了你的书呆子气，以及不懂得社会变化和人情变化的一面。

二是如果你为成绩差的同学打工，那么你应该发挥长处，和他共同去做出更好的事业。你原来成绩比他好，这其中最大的可能是你的智商比他高，当然，情商不一定比他高。既然你的智商比他高，那么你就能接受更多的知识，进行更多的创新。因此，这也就意味着你能为这项事业做出自己的一份贡献。例如，张良比刘邦聪明得多、智慧得多，但是张良并不会想着自己要去取代刘邦。他认为自己作为刘邦的参谋即可，就像诸葛亮作为刘备的智多星一样。

从这个意义上来说，**我认为成绩好、有知识、有学识、有智慧的同学，应该去帮助那些有豪气、有资源、有机会的同学**。这样两个人联合起来，就能够把事业做得更大、更好。当然，前提条件是成绩差的同学有这样的胸怀，愿意跟你合作。

三是从长远来说，未来一定是成绩好的人和能力强的人合为一体的世界。

也就是说，成绩好和能力强是存在于同一个人身上的。在过去40多年间，中国很多没有知识、没有上过大学的人取得成功，这只是因为过去40多年，中国自身的大学教育不够发达。但是，随着十几年前中国高等教育的普及化，未来没有知识的人想要取得成功，难度是比较大的。但是，依然不排除大学时成绩一般的同学会比成绩好的同学更成功的可能性，因为就像我刚才说的，每个人的能力和所能调动的资源是不一样的。

有的人是能聚集资源的人，有的人是能贡献资源的人，有的人是能把知识很好地应用的人，有的人是专门把知识学到顶级境界的人。所以，**我认为未来的中国社会是一个合作共赢的社会，而不应该讲究身份、地位，更不应该讲究过去谁成绩好，谁成绩差**。成绩好的人因为自己成绩好而不屑于为成绩差的人打工，或者成绩差的人觉得对方成绩好，现在把他弄到自己公司来是为了侮辱他，这些都是非常过时的、腐朽的、落后的思想。

所以，我希望大家不管成绩好还是成绩差，都能够根据自己不同的能力组合起来，变成一个强大的团队，为中国未来的创新和发展做贡献。

阅读让一个人更加完善

在忙碌的工作和生活中，怎样才能抽出时间读书？有哪些高效的读书方法？

我认为，获取知识是我们人生中最重要的一件事情，获取知识的途径除了与他人进行交流之外，就是读书。

众所周知，人与动物的区别就在于人能够接受不同的思想，不断扩大自己的眼界和胸怀，确立自己的人生观。从小学到中学，从认字到学会阅读，再到大学时期与老师、同学进行思想观念的碰撞和讨论，我们都是在获取知识和智慧。除了与他人交流，另一个获取知识的方法就是阅读书籍。阅读书籍让我们的思想变得更丰富，精神更充实，同时也更容易辨别是非对错。一个人如果不读书，那么他的思想就会日渐贫乏，灵魂也会缺乏养分。

对我来说，读书就像一日三餐，一日不读书，内心就会感觉饥渴甚至空虚，每天必须有些新的观点、新的思想和新的知识进入大脑，才能感觉到日子没有虚度。**所以，我认为，生而为人，最重要的一个标志就是读书。**

那么，如何抽出时间读书呢？

我的工作确实非常繁忙，一年中可以用来阅读的完整时间只有几天。因此，**我只能利用大部分零碎时间去读书，我每年阅读的100本书基本上都是用零碎时间来阅读的。不管到什么地方，我手边总有书。**过去带纸质书相对麻烦一点，出差的时候，我都会在箱子里装几本书。现在有了kindle电子书阅读器以后，就没有那么麻烦了。出差的时候，我会在kindle里下载几本自己喜欢的书，然后利用路上的时间进行阅读。

我的阅读时间主要集中在车上。在北京，我平均每天有两到三个小时的时间是在车上，这样的时间就可以用来阅读。当然，我有时候也会在车上工作，但更多的时间会用来阅读。在旅途中，我也会用读书来打发琐碎的时间，比如在火车上、飞机上。另外，在上厕所时，我一般会带着一本书。睡觉之前，我通常也会阅读一刻钟到半个小时。一般来说，用零碎的时间进行工作、思考是比较困难的，但利用零碎的时间阅读，汲取别人的思想来充实自己，则是一个不错的选择。通过这样的方式，我每年能够读完很多书。

在世界上，每天可能会有几万本新书出版；在中国，每天上架的新书可能也有几百本甚至几千本。因此，读什么书就变得非常重要。这时候，我们就需要对阅读的书进行筛选。那么，如何能够选对好的书呢？对此，我有以下几点建议：

一是去网上查看书的相关评价。从评价中，你就会明确哪些书值得阅读，这样你会获得一批定向的书目。一般来说，我不大会阅读过于青春或单纯讲情怀的书，而是会更多地挑选历史、哲学、社会科学、小说、诗歌、散文、管理学、传记、科学著作去读。尽管每个人对读书的观点不同，利用评价去选书也不能说百分之百可靠和准确，但是参考别人的观点会对筛选书籍有一定的帮助。

二是自己到书店去翻看。到目前为止，我依然比较喜欢逛书店。一排排的书放在那里，我就会一本本地翻过去。在这个过程中，我会跳着阅读，通过阅读一本书的几页，大概就能知道这本书的文笔、立意、布局是不是值得继续阅读。当发现感兴趣的书籍时，我就会把它买下来。当然，如果你到图书馆阅览室去看，那里的书就更加丰富了。在那里，你既不用自己掏钱，还有成千上万本书摆在你眼前，你可以挑选感兴趣的书籍来阅读。

三是与周围的朋友讨论。你在读书的时候，朋友们也在读书。比如，十个朋友每人读一本书，然后大家就可以交流思想和读书的感受。通过这样的交流分享，你大概就能够明白哪本书值得去读一读，读了以后，你不仅获得了与朋友交流的共同话题，还可以得到新的知识。

交往一些喜欢阅读的朋友。物以类聚，人以群分，如果你周围都是比较喜欢读书的朋友，那么你就会有意无意地去读一些书，慢慢自己就会养成爱读书的习惯。这些习惯会对你的人生和事业发展有一定的帮助。

所以，**我希望青年学生利用自己业余的或者零碎的时间尽可能多读书、读好书，让自己的思想变得更加丰富，境界变得更加高远，胸怀变得更加广阔，情怀变得更加动人，气质变得更加出众。阅读与社会实践相结合，一定能让一个人更加完善！**

技能提升

才能是成就大事的必备条件

Chapter 05

/ 让成长带你穿透迷茫 /

|有效掌控社交和时间是一种能力|

我们如何在进行社交的同时又能掌控自己的时间？

对任何一个人来说，社交都是生活必不可少的组成部分，因为人是社会动物，任何人都绝不可能一个人孤单地度过一生。尽管我知道现在有很多宅男宅女成天不出门，但是他们在进行虚拟社交，他们都在用自己的社交软件和那些认识的、不认识的人聊天。

话说回来，我们在日常生活中确实要应付很多实实在在的社交。比如，同事们一起出去吃饭，你去不去？同学们一起玩牌、聊天，你参不参加？这对我们来说都是现实的社交问题。

我对社交的态度是：我们要参加社交。

第一是参与熟人之间的社交。比如同事、邻居、同学之间的社交，这样的社交有的可能是有意义的，有的纯粹就是聊天、娱乐。那是不是每次都要参加这样的社交呢？我觉得不一定，你可以有所选择。

拿我自己举例。我有很多大学同学的群、中学同学的群，还有老乡的群，他们经常有聚会，如果他们每次聚会我都去参加，那我一年365天就都在参加聚会了。所以，我会有所选择，我不能一次都不参加，也不能每次都去参加，我会选择其中时间、环境、地点上都比较适合和方便的去参加。那样的话，既不会和比较亲密的群体脱离，也不会因为过于沉浸于社交而使自己大量的时间被占用。

第二是参与能够提升眼界、丰富知识和提高品位的社交。这样的社交需要自己去努力争取。比如，为什么很多人去上工商管理学院的EMBA班？因为在这个班里，往往能结识一些有社会资源的人，当这些人变成自己的同学，就能方便地进行资源交换。

因为这个社会本身就是一个资源互换的社会，如果你拥有资源，却没人与你交换，你的资源就会被浪费；如果你不了解别人的资源，那么你也得不到别人的资源。所以，在这个过程中，最重要的就是进行有效社交。这也是像我们这些做事情算是做到了一定程度的人，依然会去寻找各种各样的社交机会的原因。比如参加一些高峰论坛，或者跟着更加有名望的人一起到海外去访问，等等。这些实际上是能让自己成长的社交。所以，**要先找到能让自己成长的社交，再去努力进行社交**。

第三，也是最重要的，是要有规划自己时间的能力，也就是所谓的时间管理能力。每个人的时间都是一样多的，一天24小时，一年365天，但是，有的人一年365天能做出很多事情来，有的人却一点事情都做不出来。

造成这个现象最主要的原因是，很多人的生活过得很被动，总是被别人的行为牵着鼻子走。但有的人总是能安排好自己的时间，筹划好哪段时间应该读书，哪段时间应该工作，哪段时间应该思考，哪段时间应该社交，哪段时间应该锻炼身体，等等。如果有了这样的规划，那么你就可以主动地把握时间，去筹划生活中能给你带来挑战、有新鲜感的事情。

很多人觉得生活没有新鲜感，为什么？因为你已经失去了自我主动探索的能力以及对生命和知识的好奇心，也就意味着你本人不断地被别人牵着鼻子走。如果不摆脱这种状态，那么你的一生将会永远在懊恼、沮丧、没有长进的状态中度过。我相信没有一个人愿意过这样的生活。

所以，我的建议是：**选择性社交，在努力与能让自己成长的人群交往的同时，主动掌握自己的时间，去寻找让自己能够不断成长的机会。**

| 从自卑走向自信，才会拥有真正的自信 |

一个自卑的人如何才能拥有自信？

很多人或许都认为自卑和自信是两个对立的概念，一个自卑的人通常没有自信，一个自信的人又似乎不会自卑。**其实，一个人只有从自卑走向自信，才会拥有真正的自信。**

我们在生活中会碰到一种人，他们从小到大没有经受过任何挫折，一直很聪明，成绩很好，才华出众。这样的人一般都会表现得非常自信。如果这样的人一辈子都有才艺、有能力，也没有遇到任何困难和挫折，当然很幸福。

但是，其实大多数人不可能一直这样，不管你是天才还是全能，都一定会在未来的生活中遇到各种各样的困境和挫折。当这些人遇到挫折时，他们大多会开始变得很颓废，觉得自己一无是处，觉得社会不公，变得怨天尤人，仿佛原来整个世界的阳光都是他的，但现在是一片黑暗。这样的人到最后极有可能因为无法面对现实中的问题，陷入抑郁、痛苦、绝望的状态。

我真的看到过一些这样的人，少年得志，意气风发，但等到步入社会、走向中年以后，发现自己的人生处处是困境，最后就陷入了颓废和忧郁中，觉得自己一无是处。因为少年时的自负和自傲其实是一种表面现象，只不过是年少时成功来得太容易而产生的一种错觉。我把这种自负叫作"虚假的自信"，它不是真正的自信。

我曾经打过一个比方，一个自信的人如果有100分的话，他会给自己打90分到105分；一个自卑的人可能明明有90分，但是他只给自己打60分。一个自负的人是什么样的呢？就是明明只有90分，却给自己打190分。

讲到这里，我们先来界定一下"自信"到底是什么意思。**我认为自信是一个人对自己有了深刻了解，并且经历了世事风云以后，能够清楚地明白自己能否应付社会上的各种风云变幻和人生中的艰难困苦，同时也能够深切理解自己的内心，并且把能力用到恰当地方的一种人生态度。**

我们接着说说自负的反面：自卑。自卑是什么概念？自卑就是自己看不起自己，觉得自己一无是处，什么才能也没有。我自己曾经就是一个自卑的人，所以我对自卑有比较深切的感受。

进了北大以后，我发现周围的同学不论是学习上还是文艺、体育上，甚至是交女朋友，样样都比我强，因此我在北大面对的是无穷无尽的压力，这种压力还没法排解。不管我怎么努力，学习成绩就是上不去，上课的时候，老师用英文讲的东西我听不明白，体育方面也一无是处，再加上我又是农村背景，因此倍感压力。原来我在农村的时候，从来没有感到过这种自卑，因为周围都是农村孩子。但是到了北大以后，周围要么是大学教授的女儿、政府领导的儿子，要么是什么名牌中学毕业的高才生，高考分数也都比我高。当你面对这样的情况时，你就不自觉地产生了自卑。

自卑的表现形式就是会变得束手束脚，明明有自己的观点，但不愿意也不敢表达，本来某件事情能做好，结果也不敢去做了，因为怕万一做错了，会被

别人嘲笑。所以，自卑的另外一个特点就是非常敏感，别人说什么，你都觉得好像在针对你，别人善意的打趣，你也觉得是恶意的嘲笑。自卑发展到极端情况，甚至会让人产生极端行为。

所以，从自卑走向自信，其实是有一定难度的。但是，做起来的方法并不复杂。

我是怎么做的呢？其实，我就做了两件事，**一是自我思想解放**。所谓思想解放，其实就是"我不跟你们比了"。因为自卑的根源就是总和别人比较，当你意识到"我就是我，我跟别人不一样"的时候，你就不会跟别人比成绩、才能和其他东西，自卑的感觉就会慢慢减少。**二是建立自信的支撑点**。所谓建立自信的支撑点，就是你要在某个方面慢慢地做到跟别人一样好，甚至比别人更好。

就拿我来举例。第一，我在北大的时候，最后两年我就拼命背单词，结果背到大学毕业的时候，我的词汇量已经是全班第一了，有同学来问我单词，我就跟他们解释这个单词的词义，不用查字典。同学们就开始用一种赞赏的眼光看我，我就这样建立起了一点自信。第二，我在北大读了大量的书，以至于在知识积累方面，我不会比我的同学差到哪里去。第三，我一直坚持写东西，大三、大四的时候就有一些诗歌、散文在报刊上发表。尽管我不管是在英语学习、英文原著阅读还是在对某个领域的深入研究上，比我的同学还差很多，但是我已经建立了某个自信点。

大学毕业后，我又开发了一些其他才能，比如教书的才能；做了新东方之后，我又发现自己有领导、管理才能；等等。这些加起来，就把我从一个自卑的人慢慢地变成一个自信的人。**因为经历过自卑，因为经受过打击和挫折，最后你才会变得理性、自信。**

自从我变得自信以后，虽然现在我对某些领域依然感到一无所能，但是因为我知道我在什么方面具备才能，所以我一直能保持自信。自信给我带来了做事情的乐观态度，以及对前景更加积极的判断。

所以，希望自卑的同学能够走向自信，希望自信的同学能够保持自信，希望自负的同学能够真正回到经得起打击的自信状态，这样的话，人生就会有更加美好的未来。

欲成大事者，必先拥有人格魅力

有些人在没有获得成功的时候，身边就聚拢了很多人才，比如马云，这是一种很强的人格魅力。作为年轻人，我们应该怎样培养自己的人格魅力？

有人格魅力的人常常令人喜欢。人格魅力是一个特别抽象的概念，我们很难一句话说清楚人格魅力是什么，但任何一个概括性的东西都可以分解出其组成部分，就像我们能品尝出一锅菜里都放了哪些调料一样。在一定程度上，我们能还原人格魅力的组成要素，或许不够完整，但至少能够让我们对人格魅力有一定的认识。

一是广博的知识结构，即中国古人所说的"上知天文，下知地理"。我曾有过这样的经历，某个人给我的第一印象是其貌不扬，但当我和他进行了十分钟的交流后，我对他的钦佩油然而生。原因很简单，他在讲话中体现出了非常广博的知识结构和独到的见解。一个不学无术的人，无论他外表多么漂亮、英俊，一旦开口说话，你就知道他是个草包；而一个其貌不扬的人，在开口之后展现了广博的知识结构和独到的见解，你就会对这个人产生钦佩之情，他也会对你产生吸引力，人格魅力便是如此。

即使亚历山大再让人生畏，他也会倾听亚里士多德的教诲；柏拉图和亚里士多德再智慧，他们也会去聆听苏格拉底的教诲；颜回等人再能干，他们也会坐在孔子旁边，一起探讨知识和哲学。这些都是个人的知识和智慧所带来的某种气场。

所以，一个人知识的深浅和广博程度，构成了他在人群中是否能够被人看重的一个重要条件。

二是积极的心态和做事的雄心。有时候，人们没有太广博的知识结构，为什么还是会有人格魅力？比如，刘邦承认自己是个不学无术的人，也没有读过太多的书，但他有一种面对人生的积极心态，他的内心是大度而广阔的。他能够冒着生命危险，释放手下的奴隶，他的人格魅力也由此体现。他和士兵一起唱"大风起兮云飞扬，威加海内兮归故乡"，也表明了他的积极的心态和内心的豪情，以及作为领袖的雄才大略，体现出一种身为大丈夫，拥有鸿鹄之志，希望在世界上打出一片天地的气魄。

所谓积极心态，就是小到对自己的生活、家庭、事业充满信心，大到对整个世界有征服、改变之心。比如，亚历山大大帝作为马其顿这样一个小国家的国王，最终征服了整个波斯帝国，一直打到印度河一带，再从波斯湾返回，最后沿着两河流域回到埃及，如果没有积极的心态和雄心壮志，是做不到的。当一个人拥有积极的心态、勇往直前的精神时，他自然能产生一种吸引力和气场，会不自觉地把愿意追随他的人吸引过去。

三是理想的吸引。用一种理想、志向来吸引大家勇往直前。比如，以毛泽东为代表的第一批共产党人，描绘了天下人民平等、自由、民主的前景，每个人都有饭吃有衣穿，穷苦老百姓翻身做主人。毫无疑问，他们描绘的是一种当时还不存在的理想状态，实际上在新中国成立后的很长一段时间内，人民仍然是缺衣少食的，但这种理想能够吸引中国的劳苦大众和共产党团结在一起，走向新生活。毫无疑问，任何事业的创造一定要描绘出这样一种理想状态，才能够吸引人不断向前。亚历山大当初挥兵东进打波斯帝国的时候，他的理想就是马其顿会征服波斯帝国，变成一个强大的国家，获取更多的财富，让大家能够共富共荣。但消灭波斯帝国后，亚历山大还想征服整个印度地区，他的士兵和官员都不愿意了，因为征服印度不在原来的理想范围内，已经不再吸引人，最后亚历山大只能撤军。

四是共同的理想状态。这实际上是把大家捆绑在一起的一种东西。因为一旦你参与了为了共同理想的行动，你就和其他人变成了战友，即使遇到再多的艰难困苦，你也必须和大家共同前进。说得难听一点，就是如果你加入了土匪窝，即使你不抢劫，也是土匪；说得好听一点，就是你加入了某项伟大的事业，如果没有行动，就不能在这项事业中占有一席之地。共同前行，甚至是冒着枪林弹雨，不顾生死，为争取理想的实现而奋斗，就变成一种人格魅力。当你有这样的能力，让所有人跟你共同前行时，那就是一种领袖魅力。

五是共同的信念和利益。当我们有共同的信念时，即使不会带来任何现实中的利益，也是非常有用的。比如，耶稣传播基督教，最后被钉死在十字架上，但是他的信徒们仍然不断地用自己的生命来传播他的宗教信仰和博爱理念，这就是信念的力量。**信念的力量有时与利益没有关系，但能在精神上产生强大的推动力**。利益也是一种力量，就像我刚才讲到的亚历山大跟大家说，只要占领波斯，我们就能享受荣华富贵一样，这是一种利益的力量。所以，对公司、事业，尤其是营利性事业来说，能够让大家共同分担艰苦，最后能够共享利益，也是领导人的人格魅力的一个重要特征。

六是坚毅和坚定不移的品格。一个有着坚毅和坚定不移的品格的人，往往会让人感到某种敬畏，并且让人愿意追随。因为你知道这个人是不可动摇、百折不挠的，遇到任何困难都是不可阻止的，这样的人会给人一种信念、安全感和引领。与坚定不移相配的就是这个人依然要有人性——知道关注下属的利益和情感，这会使他更加容易被人追随。**坚定不移地走向目标，同时还拥有人性的温暖，这两点实际上构成了人格魅力的重要特征。**

有了这样的特征后，这个人就能够聚集一群人不断向着目标努力。以上几点就是人格魅力最重要的一些特征，广博的知识结构、积极的心态、理想的吸引、共同的信念和利益，还有个人坚定不移的信念、态度以及人性化的温暖。当这些人格魅力在一个人身上产生，并且让这个人能够引领大家前行时，一项事业成功的前景就展现在眼前了。

决定一个人获得成功的七大要素

一个人成功的要素有哪些？学校里的学习成绩在未来的成功中能够起到决定性作用吗？

在讨论学习成绩好坏是否重要之前，我们需要先讨论一个学生的好成绩究竟是如何得来的。好成绩究竟是成功的原因，还是成功要素所带来的结果？

在我看来，一个学生之所以有好成绩，有一部分原因是他智商高，毕竟每个人天生的智商有一定的区别。例如，同样一道数学题，有人只需要五分钟就能解完，而有的人可能需要十分钟。这虽然不意味着后面的人的智商比前面的人低一半，但从某种程度上说，后者的数学智商不如前者高。我们也发现：很多人取得了非常好的成绩，考进了清华、北大这样的顶级学府，但最终生命并未散发出辉煌灿烂的光芒，甚至部分人的结局并不那么美好。为什么呢？原因是好成绩本身并不能使我们变成一个在人格、人品以及人生态度上健全的人。

有些人之所以成绩好，第一是因为智商比较高；第二是因为父母督促学习比较紧；第三是有追求好成绩和名次的欲望，好在别人面前有面子，渴望被人认可。这是一种相对较狭隘的成功概念。这样的人，表面上能够从小学到大学都维持着名列前茅的成绩，但常常后续动力不足，等到大学毕业面对工作、面对家庭生活中的各种困境时，就会变得无能为力、不知所措。

另一种成绩好的人是自身具备了把事情做好的一些基础，即成功的要素。当我们拥有了这些成功的要素，它们能够帮助我们在学习的时候取得好成绩，在工作的时候精益求精，在创业的时候勇往直前，在未来的家庭生活中不断克服困难，走向成功。**一个人的心态和态度对成功非常重要，一个人遇到事情所展现出来的人格、品格和性格特征，共同构成了他未来是否成功的重要因素。**

美国的心理学家曾经在过去几十年中对美国的几千位成功人士进行了深刻研究。他们研究的主要目的是希望从这些成功人士身上寻找一个人成功到底需要怎样的要素，以及成功与成绩是否有关。最终，研究结果表明，成功人士中不乏成绩较好的人，但他们认为成绩并不能对一个人一生的成功起到决定性作用。如下七大要素对一个人一生是否成功起到重要作用：

第一是Grit，即坚韧不拔；

第二是Self-control，即自我控制能力；

第三是Social intelligence，即社交合群能力；

第四是Zest，即对生命的热情或者激情；

第五是Gratitude，即感恩能力；

第六是Optimism，即乐观精神；

第七是Curiosity，即好奇心。

可以看出，这七大要素或多或少是互相关联的。举个简单的例子，如果一个人没有对生命的热情，也就不能充满活力地拥抱生活、探索世界，他就不太可能具有好奇心。因此，这七大要素互相关联，只是每一个侧重点不一样。

Grit，坚韧不拔，也就是他在追求人生目标的时候，不论遇到什么挫折与困难，都能够坚韧不拔、坚定不移地继续寻求解决方法以及前进的动力。打一个简单的比方，这就相当于一个小孩摔倒后能够迅速从地上爬起来的能力。毫无疑问，这类人成功的概率会比那些摔倒了就趴在地上哭，不主动爬起来的人高很多。

Self-control，自我控制能力，是为了达成未来的理想和目标，能够控制住自己的欲望和懒散，用勤奋的态度专注于目标而努力的一种能力。比如，你知道高考很重要，你会控制自己打游戏、逛来逛去等行为，专注于高考的学习。拼命学习，相对来说是一种痛苦的经历。但是，未来获得优异的高考成绩将会是一个更大的回报，比现在打游戏等更加合算。所以，从这个意义上来说，拥有自我控制能力的人，一般来说会是目标实现能力比较强的人，比较容易取得成功。

Social intelligence，社交合群能力。一个孤僻的人，一般来说，思维会相对狭隘；而一个合群的人，会在人群中逐渐展现个人魅力，得到认可。这种正向的认可能给一个人在与人打交道或者和别人合作过程中带来鼓励效应，最后逐渐形成一个人身边的朋友圈或者团队。毫无疑问，这个人就会获得更多的帮助和资源，意味着未来更容易取得成功。

Zest，对生命的激情和热情。举个简单的例子，当一个人想起去跋山涉水的时候，他会感到兴奋，这其实就是一种生命活力的表现。如果一个人想起这些就觉得累，觉得还不如在家里睡觉，那么很明显，他对生命的热情不足。

Gratitude，感恩能力，就是我们对帮助过自己的人、对自己的父母、对教给自己知识的老师充满一种感恩心理。对于这个社会给我们提供各种各样的物质财富、精神财富，我们也需要表达感恩。对于大自然赐给我们的阳光雨露、绿色植被、满天繁星，我们同样要表达感恩。

此外，**真正的感恩心理是连你的敌人、给你设置障碍的人都应该去感恩**。在你的生命中出现的那些敌人或者障碍，从另外一个角度来说其实是帮助你取得更加辉煌的成就的一个重要因素。举个例子，水在非常平坦的河道中流动时是看不见波澜的，但是当落差很大，或者水受到巨石阻挡的时候，就会出现壶口瀑布那样的奔腾咆哮的壮丽景观。如果你觉得生命有时候很壮观，那往往是因为当我们的生命前行受到阻碍，但又不得不继续时，生命的激情与外在的障碍相激荡、相冲撞，爆发出了强大的力量。从这个意义上来说，我们的敌人其实是我们需要感激的对象之一。

　　Optimism，乐观精神，毫无疑问与对生命的热情、激情是相关的。因为一个有着乐观精神的人，总觉得自己的生命目标是早晚能够实现的，就像黄河九十九道弯，最后总会流向大海一样。如果一个人有了乐观精神，就会觉得自己无论如何都能做成事情，他的心态就会更好，也更加愿意去追求。

　　Curiosity，好奇心。从知识方面来说，好奇心会使我们在各种课程中必然得到好成绩。比如，你对物理原理好奇，对化学反应好奇，对数学方程式好奇，那么你的数理化成绩一定会好。你对植物好奇，对动物好奇，那么你的生物成绩就会好。所以，好奇心是我们自愿去吸取知识、追求知识的最大动力。好奇心反过来又催生我们对生命的热情，激发我们对生命目标的追求。

　　如果拥有这七大要素，获得一个好成绩其实是在可预期范围内的。因为有了这七大要素，很明显，你会对每一门课的学习有更大的动力。

　　除了这七大要素外，我认为作为一个真正完善的人，还应该具备两个要素：一个是真诚，就是人与人之间真心相待，互不欺瞒。也就是说，能够承担责任，答应别人的事情能够守信、负责，这些都是真诚的表现。

　　另一个是爱。世界上的人与物，在大部分情况下都是值得我们去爱的，比如我们的父母、老师，以及生存的社会。尽管社会有各种毛病，但我们知道，社会其实是变得越来越好的。

从这个意义上来说，我们的心胸需要更加宽广，更加容易放下自己所受的委屈，这样会使我们做人的层次更高。当我们站在阳光灿烂的高点去做事情时，就更容易取得成功。

总体来说，我认为好成绩、好工作、好事业都是我们的人生态度、人生品格所带来的一种结果。如果打一个简单的比方，就是我们生命中的任何成功都是开在树上的花、结在树上的果。这棵树之所以能开花结果，是因为它有着非常肥沃的土壤，以及树本身所拥有的开花结果的可能性。所有这些可能性和土壤加在一起，就是我上面讲到的人生态度和人生品格。希望大家能够在这些方面加强修炼，使自己能够取得长久的成功。

|好口才是练出来的|

一个人的口才对他的事业十分重要,有哪些方法可以练就好口才呢?

在现代社会,口才对一个人来说确实很重要,甚至口才本身都可以成为一个人的饭碗,现在各种媒体平台上的"网红",就是靠口才赚钱的。口才好会有很多好处:

第一,口才好能够使人更加容易被接纳和喜欢。大家稍微思考一下,同时面对两个人,其中一个人像木头一样不会说话,或者一说话就得罪人,而另外一个人口才非常好,一说话就让人感觉开心、喜欢。很明显,口才比较好的人会更容易被人接纳和喜欢。一旦被人接纳和喜欢,再办其他事情就比较容易了,比如融入团队,对团队产生影响力,或者获取自己想要的东西,等等。

第二,口才好的人通常比较有说服力(尤其是有政治、外交和商业口才的人),**而有说服力的人非常容易让人钦佩和臣服,在商业、政治和外交方面与人合作就会容易得多**。外交部一般都会选择口才非常好的人作为外交官,因为他们能够顺利协调好两个国家之间的关系。在公司里,如果商业模式正确,一般来说，有口才的老板把生意做成的可能性会比没有口才的老板大很多，也更加容易获得客户的支持。

  第三，口才好让你在工作和生活中拥有更多、更好的优势。一群人在一起工作，有口才的人一般都会被推选出来向领导进行汇报、陈述，这样就会比较容易引起高层领导的注意，从而争取到更多的机会。另外，如果口才好，你就会比较容易被指派去与外部进行对接。这样，你能使公司之间的合作更融洽，你的职业道路也会变得更广阔。同样，一个有口才的人在生活中也能够获得更大的优势。比如，我们都愿意与口才比较好、能够把自己的才华展现出来的人吃饭和交往。女孩子也比较喜欢有口才、有幽默感的男孩子。

  口才好不是伶牙俐齿或巧舌如簧，而是要把自己的观点用有说服力、有条理性、有内涵、吸引人的方式表达出来。口才绝不是绣花枕头，一定是要有功底的。口才的功底来自我们的知识结构，知识结构越完整，意味着我们的功底越深厚；功底越深厚，意味着我们的表达就越完整。因此，要锻炼自己的口才，就要做好背后的功课。那么，我们到底用什么办法才能练就好口才呢？

  首先，要尽可能多读书，多对照各种不同的观点，学习幽默、风趣并且有吸引力的语言表达方式。

  其次，要观看大量优秀演讲，进行模仿。从古代到现代，中西方有很多优秀的演讲作品，比如马丁·路德·金、林肯和马云的演讲等，这些都能够或多或少地提升我们的演讲水平。要注意观察他们是如何演讲、如何抓住重点的，演讲的层次是如何分配的，等等。

  再次，自己找主题，试着演讲给自己听。随意定一个主题或者以别人讲过的话题为主题，做一个五到十分钟的演讲。在自己对自己演讲的过程中，有几个需要注意的地方。控制时间不要太长，不要超过十分钟；演讲的时候要条理清楚，你大概准备讲几点，要怎么讲；要预先想好用什么语言方式来讲。一般最让人感兴趣的语言方式是两种：一种是语言简练，意思简单明了，大家一听就懂；另一种是语言中有幽默的、让人意想不到的包袱出现，如果有了幽默，大家也会感觉比较轻松。当然，演讲不是为了幽默，但演讲中包含幽默之处，就会让演讲变得更加生动活泼。

抓住这几个要素反复训练后，就可以进行下一步，在公开场合进行演讲。可以先在几个朋友或者小范围的人群中演讲，再慢慢走到一个比较大的场合演讲。在公开场合演讲，一定要做好充分准备。刚开始，演讲可以有稿子，根据稿子自己不断琢磨，加入幽默风趣的元素，把稿子基本背下来再去演讲，有备无患能够让演讲不至于尴尬。演讲到一定程度，就可以脱稿。先做好提纲，比如大概有哪些想法要讲，用哪些内容组织自己的语言，然后一步一步脱稿，也可以用PPT（演示文稿）引导。后期可以锻炼自己即兴演讲的能力，拿到题目就讲，边讲边想该怎么讲，达到比较熟练的状态。如果你能做即兴演讲，大家愿意听并且觉得你讲得不错，那么你的口才和基本演讲才能就已经很好了。

有的人说，俞老师，虽然你提供的方法很好，但我们根本就没有时间和机会去进行这样的锻炼，怎么办？有一个简单的方法——来新东方当老师。因为做新东方的老师有三个要求：第一，要把课讲得精练、讲得好；第二，要把课讲得励志；第三，要用幽默的方式来讲课。这三个要求就包含了演讲的全部要素。所以，如果你能够被新东方录用，并且做一两年老师，你自然就会成为一个非常不错的演讲家。大家经常在电视上的演讲比赛中看到新东方的老师露面并获得奖项，就是因为当老师是锻炼口才的一个绝佳方式。

如果大家能做到上面几点，就能成为一个有口才的人。**请记住，想要有良好的口才就要敢于开口说话，最后学会精确明了、幽默风趣地说话，这样一来，口才就慢慢练好了。**希望不管是内向还是外向的朋友，都能够锻炼好自己的口才，为人生和工作争取更好的机会。

让大学生活化繁为简，化重为轻

大学生活过得急躁又迷茫，怎么办？

我觉得大学四年是人生中最幸福、最自由自在的四年。如果你没有把大学四年生活过得非常充实、非常有成就感的话，我觉得你就是在浪费青春，还会导致你毕业后依然过不好生活，做不好工作。因为你未来工作的环境和遇到的问题一定会更复杂，需要付出更多的时间和精力。所以，把大学四年的生活过好，就为未来的人生发展奠定了良好基础。

第一个基础是知识储备，也就是能在社会上学以致用的知识。我们在大学面临的第一个选择就是专业。比起学习专业知识，我更倾向于学习如何去研究某个专业的方法论和思想认识，因为专业知识本身随着时代的发展很快会过时，而研究的方法论和思想认识最重要，要培养对学问的研究态度、对专业的认知能力以及对新的专业知识的接受能力。

第二个基础是独立思考。要学会对社会问题进行独立思考。这就需要阅读大量的课外书籍，比如各种人文、历史、哲学、时政、经济管理类的书籍，这些书籍能帮助一个人形成综合思维能力。如果说一个人的综合思维能力是横向，专业能力是纵向，那么横向越广越好，纵向越深越好，纵横交错，一个人的思维之网就能搭建起来，看到任何问题和现象时，就能触类旁通。

第三个基础是思辨能力。要对阅读的东西、专业知识定论、同学提出的观点提出疑问。通过怀疑和辩论，对各种矛盾体进行综合思考，达成个人知识素养的提升。这种思辨能力影响着你未来对事情的看法，能否做出独立判断，非常重要。

有些同学说自己每天都有繁重的课程，对此我是这样理解的：

首先，课程必然是繁重的，但哪些课程值得学才是重点。如果在大学还追求每门功课都考90分以上，我认为很愚蠢。大学必修课，至少要及格。特别喜欢的课程，可追求高分。选修课，有些可以不修，能达到基本学分就行。没必要在未来对你思维拓展没有用的课程上花太多时间。我在北大的前两年拼命想要争取高分，结果背负了繁重的课业负担。到了三、四年级，我放弃了。大多数课程只要60分以上就好，剩下的时间我就用来读课外书籍，从而解决了课程繁重的问题。

其次，大学里最重要的是抓住有长远意义的机会。除了读书和学习专业知识之外，要做三件事情。一是交一批好朋友，十个八个便足够，可以交流思想、探讨人生，无话不说。这样的朋友不光能让你能力长进、看法提升、眼界开阔，还能让你在郁闷的时候得到情绪上的释放，减轻痛苦和压力。二是风花雪月一场，谈一场非常甜蜜的恋爱。大学的环境和空间是比较纯洁的，在大学里谈恋爱有助于丰富人生情感。谈恋爱本身就是一个追求幸福感的过程，打造自己内心世界的过程。三是参加一两个你爱好的社团，真心为你的同学服务。

各种琐碎的事情让你越来越急躁，我认为是因为你根本没有把握住大学里到底什么事情最重要，而是自己包揽了一大堆的事情，这件事情应付不了，那件事情也没有头绪，当然就会越来越急躁。

所以，我觉得读大学最重要的有三点：第一，不要单纯看重课程的分数，而要看重自己知识的积累；第二，不要看重各种抛头露面的事情，而要真正专注于在大学里应该做的最重要的事情；第三，我认为大学生应该拥有一种"世外桃源"的心态，不要看到这个同学穿了好衣服，那个同学出去创业了，你就无比羡慕，心情变得无比浮躁。**真正重要的是保持心平气和，能够认真学习知识，做重要的事情，为未来做好充分准备。**

如果你能做到这些，那么大学毕业后你想干什么都不重要。因为等到你毕业的时候，你已经把自己打造成一个有功底、有气质、有能力的人，那时，你找任何工作都应该是不成问题的。

人生路上，既要会快，也要会慢

如何能在人生道路上"跑"得更快？怎么理解"只有知道如何停止的人，才知道如何加快速度"？

"只有知道如何停止的人，才知道如何加快速度"，这句话看似是悖论，但其实是有一定道理的。通常，速度越快的事物，越知道如何停止。举个简单的例子，陆地上跑得最快的动物是猎豹，它的转弯速度和止步速度都是最快的，它在追逐猎物时需要随时停止和转弯，因此它这两方面的能力比较突出。

人类所创造出的各种交通工具，速度越快的，刹车系统也越好。我们开着宝马或奔驰在高速公路上飞速行驶会比较放心，很大一部分原因是我们知道它的刹车系统很好，当遇到紧急情况需要刹车时，它可以很快地停下来。相反，如果你开一辆性能不好的破车，一旦遇到紧急情况，就有可能车毁人亡。因此，如果你想要跑得特别快，那么你就需要知道如何才能停止。

同理，对人类来说，**我们要拥有可以随时加速的能力，以便在生命中需要加速时能够及时加速**。例如在学习上，为了尽快让自己达到能毕业的水平，找到工作养家糊口，我们需要尽可能同时学很多课程，这时候肯定是学得越快越好。

现在有很多人，在赚钱的道路上飞速向前，不惜一切代价去赚钱。例如，很多企业家在创业、工作的过程中经常疏于管理和保养自己的身体，也忘记修身养性，甚至忘记了需要守住道德品质的底线。这种不择手段去赚钱的行为，最终会导致适得其反的结果。

有些人挣到钱后突然发现自己陷入了困境，有的人是身体出了问题，比如突发脑溢血甚至心肌梗死去世；还有的人在赚钱的过程中越过了法律的界限，最后虽然赚到了钱，人却进了监狱，得不偿失。

每个人在自身发展的过程中都需要认真思考一个问题：**正确的快是怎样的？**

快是没有问题的。政府官员希望在自己的岗位上做出政绩，一心一意为老百姓服务，这样的快，我认为越快越好。因为他的核心点是为人民做事，为地区的发展而努力。但是，当部分政府官员在快的过程中出现贪污腐败，最后由于贪污腐败的事被曝光，权财两空，被关进监狱，个人的政治前途从此断送，抱负也从此落空，这样的快是不提倡的。我想表达的观点是：**要知道如何做事情是恰到好处的，才能加快速度，实际上这也是人生中需要的一种平衡。**

当我们目标正确、行为正确时，做任何事情加快速度是没有问题的。或者当你到了一定程度，你知道停下来反思、休整，这样的快也是没有问题的。**最怕的是勇往直前，却不知道如何停止。**

这个观点是我在一次滑雪中总结出来的。我发现在滑雪时受伤，甚至有生命危险的人，通常都是在还没有掌握滑雪技巧，或者掌握了滑雪技巧却不了解雪道的情况下，就开始鲁莽地往山下冲，在整个过程中却不知道如何停止。由于山道复杂、拐弯较多等情况，最后他们往往自食其果，有的人甚至丢了性命。

所以，快的前提一定是自己已经能够把控过程。当你滑雪水平很高并熟悉雪道之后，你在雪道上怎么滑都是没有问题的。因为你知道如何刹车、如何停下来、如何避开危险，前方是什么状况。在这种情况下，放开速度滑雪就会给你带来非常好的体验。

在物理学中，快和慢是两个相反的概念，但在人生中，两者是可以结合起来的。 当我们发现自己工作得非常劳累的时候，应该停下来休息一下；当我们发现自己一头栽进了挣钱中，以至于不惜任何代价的时候，一定要认真停下来反思应如何正确地挣钱；当我们学习了很多知识的时候，我们需要冥想一下，如何把学到的知识进行消化并变成自己的智慧。

一个人的生活只有在快与慢有机结合且充满智慧的情况下，才能过得幸福、充实和愉快。

在信息爆炸的时代，要学会辨别正确信息

在这个信息过剩的时代，我们每天都被大量的信息影响着，以至于失去了自己独立的判断。在这样的情况下，我们怎样才能成为一个独立思考的人？

其实，处于这样一个信息大爆炸时代本身是一件好事，因为有信息总比没有信息要好。如果你经历过旧时代，你就会知道在那个信息完全闭塞，只有唯一媒体渠道的时代，生活是多么封闭，思想是多么苍白，人们只能过着人云亦云的生活，独立思考得不到任何印证，而其他的信息来源渠道都被堵住。所以，总的来说，现在这样一个信息大爆炸的时代，比古代或者其他信息闭塞的时代要好得多。

信息多就好吗？当然不是。在现在这个信息如此通畅的时代，我们需要学会如何辨别信息，辨别出哪些信息是对我们有用的，哪些信息是可以被过滤掉的。

那么，我们应该如何来辨别信息？

首先，不要只关注非主流媒体。对个人自媒体等报道的各种传闻，一定要带

着某种辨别能力和警惕心去看，因为很多传闻有可能是人为编造的。在现在自媒体如此发达的状况下，要编造一条表面看上去非常真实的新闻变得非常容易。在这种情况下，我们不能急于就媒体的报道表达自己的看法或情绪。因为在自己还没有搞清楚信息来源的情况下，这样的行为很可能导致我们被虚假信息误导。

其次，要了解信息的来源渠道。对任何从单一渠道来的信息，尤其是非正规媒体所带来的信息，都要谨慎辨别，找更多的渠道去印证。渠道一般有三种：**一是官方媒体**。一旦官方媒体报道了某种信息，我们至少可以从信息中知道这件事情可能发生过，至于发生的具体情况，我们就需要进一步调查和研究。**二是外国媒体，也就是西方的媒体**。这些媒体报道某种信息的时候有可能是有来源的，那么我们也可以进行参考。当然，西方媒体有时候会对中国所发生的事情进行歪曲报道，这一点我们需要注意。**三是通过事发当地的朋友去求证**。如果你想了解信息，在事情发生地有认识的朋友能够进一步求证，那么你就能对现有的信息到底是真是假做进一步的确认。在此前提下，我们才能判断信息是否正确，这样我们就能够确立自己的某种看法。

此外，现在是自媒体时代，发表观点的人非常多，面对众说纷纭的观点，如何判断也是一个麻烦。现在几乎所有的人都可以表达自己的观点和思想，但其中大量的观点和思想是矛盾的。那么，我们到底该如何从这些矛盾的思想和观点中提炼出有用的观点和思想，使我们自己的看法更深邃，理解力更通透，眼光更高远呢？**我认为最重要的是要修炼自己**。我们要明确自己的观点和看法，或者说明确自己认为对的观点和看法到底是哪些，这些观点和看法有没有基础，到底是对还是错？

当然，任何观点都无法简单地用对和错来判断。但是，我们都知道正确和错误的观点大概是什么样的。比如，具有人性的、善良的、真诚的、公正的观点，可能都是相对来说比较符合核心价值观和世界发展方向的观点；与之相反，偏激的、偏颇的、恐怖的、极端的观点就有可能是不正确的观点。

在众多观点中，如何吸纳正确的观点来丰富我们的头脑？实际上，这基于我们自己对观点的判断力。那么，对观点的判断力从何而来？**就是多读观点，尤其是多读一些非常重要的历史、哲学、思想类的著作，并且多与朋友讨论。在这个过程中，通过自己的思考和与不同观点的碰撞，慢慢形成自己的观点。**

你碰到的不同观点越多，你越能升华出自己独特的观点；碰到的观点越少，越可能被某种观点带上邪路。这个道理有点像我们挑选水果，水果吃多了，我们就会知道哪种水果新鲜，哪种水果是甜的，哪种水果是不好吃的；而如果我们从小到大只吃过一种水果，那么我们只会觉得这种水果好，以至于我们根本就不知道别的水果是什么味道，就可能一下子把别的水果排除掉了。

所以，多读书、多思考是非常重要的。除此之外，我们还要对事件进行深入了解和思考，多走多看，慢慢形成自己的观点。

任何正确的观点都有一个核心，就是为了人类社会变得更好，为了生活变得更加幸福，为了社会变得更公正透明，使每一个人都能够过上安定、安静的生活。围绕这些东西发展的观点，相对来说都是比较正确的观点。

所以，基于我们自己的判断力，在众多的观点中进行筛选，去获取有益的观点和思想，使自己取得更大的进步，同时也用我们自己的观点来为这个社会的思想丰富做出贡献，这是我们面对现在这个信息爆炸时代所应该采取的一种正确态度。

|所有专注力都源于自控力|

在现代新媒体环境下，信息碎片化，不聚焦、不专业、没营养的信息导致我们无法专注地做事情，而专注又是现在的年轻人最需要具有的素质。我们应该怎样看待这一现象？

毫无疑问，在新媒体的环境下，由于信息多渠道、多方面地汇入，我们常常能够接收到大量信息，而这些信息很多都是无效的，比如各种玩笑性的社会八卦和谣言性的言论。这些信息看似有趣，大家都在议论，但实际上浪费了我们很多时间。那么，我们应该如何对待大量信息的涌入呢？

首先，要学会主导信息的分类。一般来说，接受信息的时候，有几类信息我是会比较关注的。**一是世界和国家正在发生的大事**。因为只有充分了解世界和国家的发展动向，你才能够明确个体和团队前行的方向。**二是深度分析类的文章**。这类文章有很多，也有些表面上看起来很有深度，其实没有什么内容的。这就需要你掌握快速阅读的能力，以便分清有用和无用的文章。**三是朋友交流中的有效信息**。比如，我的手机中有很多微信群，但大部分情况下，我只在其中"潜水"。但是有些群里讨论重要内容时，我会积极地去参与讨论和吸纳有用信息。因此，对信息的分类能够保证我们从庞杂的信息中找到自己所需要的，而不是被信息淹没。

其次，要时刻保持专注。在大量的垃圾信息不断涌入的情况下，我们如何能够专注地做自己的事情至关重要。**毫无疑问，专注力是一个人取得成功的必备素质之一**。我们会发现一个奇怪的现象，在信息不畅通的时代，会出现更多知识结构非常完备的人，他们的知识储备量巨大，都是百科全书式的人物，比如亚里士多德、柏拉图、达·芬奇、歌德、莎士比亚等。在中国，我们也可以找到很多这样的人物，如民国时期的陈寅恪、傅斯年、胡适等，他们的知识结构不仅完备，还是多维度的。他们是如何达到这样的境界的？我认为，因为他们处在一个信息相对少而精的时代，所以他们不得不把能够汲取的知识信息和智慧进行深度消化。

这就像在晚清时期，教会学校的中国人学习英语，唯一能做的事情就是把《圣经》彻底学懂。虽然《圣经》表面上只涉及一些看似很古老的东西，但实际上将《圣经》学透彻的过程，就是为未来的文化发展能力奠定重要基础的过程。

在中国古代，许多知识分子能在18岁以前把四书五经全部背完。如果一辈子只背四书五经，那么你只会是个书呆子。可当你背熟了四书五经，再接触大量的中国文化、文学知识以及世界知识时，你就很容易以四书五经为脉络来扩展你的知识结构。这就是陈寅恪、傅斯年、胡适、梁启超、梁实秋等人能够把现代知识和古文知识融会贯通，写出惊天动地的文章的重要原因。

现在学英语有无数的学习方法，我们会认为通过读《圣经》来学英语似乎不是最好的方法。但是在新中国成立前，中国人背会《圣经》以后，不但能解决英语学习的问题，还能增进自己对西方文化的理解。因为西方文化的许多内容来自《圣经》和古希腊、古罗马的神话故事。孩子们把它们背得滚瓜烂熟，实际上相当于在研究整个西方文化史，基本功会非常好。一个人的基本功通常来自小时候打下的基础，也就意味着把四书五经、《圣经》、古希腊和古罗马神话故事背熟，能用一辈子。**所以，小时候能够专注地学习某些东西，并把它钻研透彻，对人的一辈子会有巨大的帮助。**

现在的孩子们在成长过程中，会面对各种分散注意力的东西，比如游戏、电脑、各种各样的玩具、五花八门的图书等。我们也发现，孩子的成长过程中充斥着大量信息，他们看似什么都懂，却没有研究、深入探索的欲望和真正的创新能力。这都是因为我们本应从小培养的专注力，变成一种肤浅的、抓取各种信息的分散性能力，而这种分散性能力实际上较少会给人带来创造力。

作为成年人，我认为主要应该从以下四个方面来培养我们的专注力：

第一，要发扬自律精神。我们既然已经明确了专注力的重要性，就应该每天拿出一定的时间来专注做某件事情。比如，每天拿出几个小时来专注地背四书五经、唐诗宋词等。要做到完全领会，最后让它们变成你的思想、语言和情怀的一部分。最近我正计划把唐宋八大家最优秀的文章认真读熟，这大概需要一两年的时间。但是我认为，如果真的读熟，甚至能背出某些篇章，我的写作能力和使用汉语的能力必定会有巨大的提升。这需要专注才能做成，需要我下定决心每天花一定的时间来认真阅读。

第二，坚持深入阅读和研究。当我们深入研究某一学科或者某本有价值的书时，深刻地体会和浅薄地阅读是完全不一样的。深入研究会让你不断发现新的东西，触发你新的思想和眼光，并且让你学到很好的阅读和研究方法，最后能深入某个领域，而这种深入的能力会使人的气质得到提升。一个总是肤浅地阅读的人，其实不太容易拥有深刻的思想和气质，而一个常深度阅读的人最后则会有大气的感觉。

第三，要严格管理自己的时间。我们常常会把时间分散掉，对每天的时间没有合理的规划，随心所欲地做事情和开展社交。这样下去，很容易被别的事情牵绊，因此时间管理对我们来说是非常重要的事情。我认为，每天最好留出两三个小时去专注地做事情，无论是专注于做一个实验、读一本书，还是进行某种写作。这样，你才能够深入其中，探索到你不了解的东西。时间管理是一个人成功的重要因素。

第四，除了时间管理，我们还要敢于对别人说"不"。大多数人的脾气都比较随和，当别人来寻求帮助或者邀请你做事情时，你都不太容易说"不"。本来不在你规划中的某个活动，收到邀请，你就去了；本来你今天晚上准备阅读一本书，但是身边的同学邀请你一起打牌，你就参与其中。如此一来，你就会很容易失去对自己的掌控。

很多人认为这是一个面子问题，因此无法随意说"不"，否则会被同学认为不合群。当然，这不是要求你不参加活动，而是你在完成规定的事情前，说"不"是一件很正常的事情，并且不会得罪人。当你被邀请去打牌时，你可以表明你刚好安排了别的事情，下次再去。如果你因为邀请每天都在打牌，那么你的时间就会由于你缺乏说"不"的能力而被别人花掉。一旦你的时间变得零碎，你就不能深入阅读和研究，同时你也失去了自律精神。而一个没有自律精神和自我控制能力的人，很难在人生事业上取得真正的成功。

所以，专注力的培养对我们来说极其重要，我希望我们所有人都能够在专注力上多下功夫。

|强大的毅力是支撑人生前行的动力|

有人说年轻人要通过每一件事情来培养自己的毅力,也有人说人的毅力是有限的。那么,年轻人到底应该如何培养毅力呢?

在一个人的成长过程中,毅力和决心是非常重要的。没有毅力和决心,我们的梦想、目标就不容易实现,遇到困难和障碍就会退缩,就永远不可能突破自我局限,取得重大进步。但对一个年轻人来说,在培养毅力之前,还有更重要的事情需要做好。

首先,培养思考能力。即不人云亦云,盲目听信于人,而是着重培养独立思考的能力。我说的这种独立思考能力不是处处与人作对来表示自己的观点不一样,也不是故意特立独行来标榜自己另类,而是真正面对广阔的思想世界,拥有一种有深度和广度的思考能力。它是你在吸纳了各种智慧和信息,并对其中的观点进行比较和消化后,得出的正确结论和愿意坚持的态度,并且使自己的三观不断完善的过程。

人坚持的任何一种态度都应该是经过反复论证、不断学习的。此外,独立思考并不意味着我们要偏执地坚持一种观点不变，而是通过不断学习、进步，多角度看待问题，让自己变得越来越有智慧、完善和丰满，也越来越能够根据自己的思考，做出相对来说比较正确，并且对个人和社会有长远好处的决定。

其次，培养判断力和决断力。判断力是面对一件事情，判断如何做、怎么做，或者是否应该做的能力。决断力是决定什么时候做，是马上做，还是未来做，应该放弃什么和坚持什么的一种能力。

判断力有两个核心词，一个是正确，另一个是远见。所谓正确，就是你的判断必须根据事情的前因后果、上下关系、社会资源、国际形势等来做。我们都知道，在一条错误的道路上越坚持，离我们的初衷就会越远，越容易陷入错误的泥潭。我们在判断一件事情的时候，首先要确保自己是正确的。做判断需要有远见，不能鼠目寸光，不能被眼前的利益迷住双眼，不能基于利益得失，斤斤计较地来做判断。任何短视的判断，从长远角度看都会对自身造成重大伤害，对社会也不会有任何好处。一个正确的、有远见的判断是考虑到多种因素及长远发展的一种判断。有了这样的判断，我们后面谈到毅力和坚持才有意义。

决断力则是指你在做了判断后，是否能下决心去做的能力。它主要由两个要素构成，一是取舍能力，二是果断。比如，你谈恋爱的时候选择了一个人作为你的男（女）朋友，那么你就要放弃其他人，如果太过犹豫，在两人之间徘徊，可能就会一无所得。要学会取舍，做到坚定不移地舍弃就变得极其重要。这和个人的性格相关，有的人性格天生比较软弱；有的人则天生比较刚强；有的人比较多愁善感，过分关注感情；有的人比较理智，会显示出冷静果断的一面。**总而言之，人生就是要学会取舍，学会放弃一些东西，坚持一些东西。**当断不断，反受其乱，我们很多人都有过这样的经历。当你已经有了选择、有了取舍后，要果断地决定到底应该做什么，尽可能减少后遗症，这就是决断力，是非常重要的。

再次，必须学会充分懂得、理解自己。曾子云：吾日三省吾身。每天反思自己，检点自己的行为。苏格拉底说过一句名言——"认识你自己"，人最大的问题就是看世界看得很清楚，但看自己看得很糊涂。看自己看得糊涂表现为几个方面：

一是个性的优缺点。我们大多数人都不太愿意承认自己个性中的缺点，比如一个人很少会承认自己斤斤计较、脾气暴躁，或者即使意识到自己有缺点，也很少努力去改正。这种人把自己变成个性的俘虏，很难主掌自己的生命状态。

二是对性格的了解。个性和性格不太一样，个性主要是指一个人的综合状态，个人能力的构成；性格主要是指一个人的脾气，遇到事情的天然反应。对性格要进行分析，例如一个性格、脾气比较暴躁的人，很难去做会计这种需要静心思考的工作；一个性格非常随和、温和的人，也很难去做类似战争指挥这种雷厉风行的工作。所以，我们常说性格和个性加起来就是命运，性格也是命运的一个组成部分。寻找自己未来的职业与自己的性格是有密切关系的。当然，性格应当是可以修炼的，比如脾气急躁的人经常打禅，脾气可能就会有所改善；脾气温和的人经常做一些需要快速决断的锻炼，也许就可以将温和的性格中和一点。

三是寻找自己内心真正的爱好。你喜欢学习的专业、喜欢参加的业余活动，甚至包括你的性取向，只有你自己知道。在不伤害别人和社会的前提下，遵循自己内心的喜好来寻找自己未来人生的发展方向，算是理解和懂得自己的一个重要标志。我们很多人实际上正屈从于社会的压力、别人的眼光，还有父母的期待，在做自己不喜欢的事情。

四是人生目标和人生梦想的设定。根据前面的三个条件来设定自己的人生目标，并为之去努力奋斗，再加上你的判断力、决策力和思考能力，对目标和梦想方向的设定，通常来说不会有太多的错误。

符合上述条件后，我们才能讲毅力和坚持。当你已经有了自己的目标和梦想，并且在思考和判断比较成熟的前提下，对于你想要去做的事情，确实就要坚持，努力把它做完、做好。这种坚持和毅力，一方面是通过时间的长度逐步证明自己的能力所在；另一方面，你不断坚持就意味着你的专注力很强，这样的人通常都能把一件事情做到相对极致的境界。

如果我们有毅力去坚持一件事情，通常就能够取得比较大的成果。即使在过程中会遭受各种挫折，会灰心丧气，但只要坚持下去，成果就会显现出来。这和电影《摔跤吧，爸爸》中父亲让两个小女孩坚持摔跤，最后经历各种挫折拿到国家冠军、英联邦冠军是一样的，这就是坚持和毅力带来的成果。在坚持之前，努力去思考这件事情是否能做，判断这件事情究竟该怎么做，决断何时来做，辅以充分的理解，懂得自己的优势和长处，最后再加上毅力和坚持，那么这件事情就变成一件可期待取得成就的事情。

现在的年轻人有很多选择，重要的是一旦选择以后，就要坚持做下去，用自己的毅力把事情做成，这是一个人一生能够取得比较高的成就的基础。但是，有些事情，并不是你一直坚持就能取得成功的。有时候，我们认为一件事情百分之百正确，也努力去做了，但坚持到最后，发现路走不通。此时，我们还要有迅速调整方向，改变自己，重新设定目标，从头开始努力的能力。

比如，当初我自己经过反复思考，认为到美国去读书是一个正确的方向。经过三年的努力，美国的学校不给我任何奖学金，我自己也没有钱，如果再坚持下去，就会变成死路一条。所以，我迅速调整方向，决定先在国内开补习班挣钱，这算是对自己原来认为正确，但因现实而改变的事情的纠正。开补习班后，其实我曾经想把新东方关掉，但后来我意识到继续做新东方这件事情能比出国读书更加有意思，事业也能做得更大，就一直坚持到今天。事实也证明我的选择是正确的。

人生就是在不停调整的过程中前行的。船在航行，前面出现礁石，你不可能对着礁石横冲直撞，而是要改变一点点方向的。但总体来说，人生是一个不断拔高、沿着正确的方向往前走的过程。在这个过程中，我们需要不断运用我们的思考能力、独立判断能力和决断力，再辅以毅力和坚持，我们的人生就能变得更加精彩。

勇于突破自我思维的局限

人思考问题时，常常会受到框架的束缚。如何才能突破思维的围墙，让自己的思维更加强大呢？

人在长大的过程中，自然而然会受到环境的影响和束缚。这种环境不仅包括自然环境、社会环境，还包括几千年来形成的传统思维、政治思维和宗教思维。

传统思维就是我们从小到大的生活环境所形成的思维。比如，我们从小到大一直都生活在中国，我们就是在中国人的传统思维中长大的。有些事情，我们自己认为理所当然，到了国外，却发现完全是另一回事。就像我们都习惯在公共场合大声讲话，到了国外，这会被认为是一种不礼貌的行为。这就是我们的传统思维和习惯，让我们产生了一种不自觉的行为和意识。

政治思维来自我们成长环境中的政治环境。我们从小到大都生活在某种政治宣传中，并且大部分情况下都不会提出疑问，直到我们成年后有了智慧，才逐渐有思考意识。到目前为止，对思想意识形态、政治思维能够有独立思考并提出疑问的人其实并不多。

另外就是宗教思维。我们从宗教极端分子身上可以看到，任何时候，极端宗教思维都是一种非常可怕的思维，但信仰这种思维的人认为自己是完全正确的。我们也会发现，很多崇尚宗教或者深受宗教影响的人士，会习惯性地按照他所信奉的宗教的思维来看待问题。

所有这些思维都有一定的好处，能够把人圈定在某一种价值体系或者行为体系中，但也有很多坏处，它们会让一个人只看到自己愿意看到的，只思考自己认为对的，而对其他思想就很少会去接纳、思考和反思。

世界不断变化，一个人思考问题应该更加广博和多角度，这样他所表达的结论和看法相对来说才会比较全面。所以，在现代社会，我们不应该再受到思考框架的束缚，不应该为自己建立思维的围墙，以偏概全，坐井观天。提升思维的完整性，我认为主要应该从以下四个方面来做：

一是多读书，尤其是要读有思想性或者表达了新思想意识的书。这样的书一点都不难找，任何国家出版的新思想性的书，都会很快被翻译成各种语言在世界上流行。如果你能够阅读英文原著，你就能更快地接触到新的思想。同时，现在国内的读书氛围愈加浓厚，任何一本有思想性的书总是有人在不断推荐。你可以先看介绍再进行详细阅读，从而使自己的思想受到熏陶。不断吸收你认为正确的新思想，让自己的思想和看问题的角度变得广阔。我所提及的多读书不是指读武侠小说、网络小说和无厘头的作品，而是读真正能够改变和充实思想的书籍。

二是参与各种讨论，尤其是有思想性的讨论，这非常有益。现在有很多微信群，大家在里面讨论各种关于国家、世界、人生的思想观点和看法，可以自由发言，有些讨论会对你起到改变、冲击的作用，使你思考问题的能力变得强大。如果你是企业家，可以加入思想家的群体；如果你是思想家，可以加入企业家或社会活动家的群体。这样就能学会从不同的角度看问题，也能够学会站在对方的立场上来思考。

同时，为了达到多讨论、多学习的目的，我认为还可以进一步学习自己喜欢或者认为重要的学科。比如，可以去学工商管理、政治学、社会心理学等，可以适时申请硕士甚至博士学位，这样可以不断开阔思想。

三是要多行走。最近我读到一篇文章，文章中说我们要争取每年去一个自己从来没有去过的地方，如此眼见为实，就能够更好地了解这个世界是如何运转的。比如，我每年都会去几个自己从来没有去过的、跟中国不太一样的地方，走到国外去。去年（2016年）我去了摩洛哥，就对这种开放的以伊斯兰教为主的国家有了非常深刻的看法和体会。今年我去了南印度，对印度的社会管理体系、老百姓的心态和他们对世界的看法就有了更多的了解，我学会了用原来不知道的新鲜视角来看待问题。所以，多行走毫无疑问是一个让自己的思维和眼界更开阔，甚至让自己的行为习惯改变的好方法。

四是要尽可能多反思、多提问。曾子有言"吾日三省吾身"，就是每天要分三次回想和思考自己的对错，对自己坚持的思想意识不断提出疑问、反思，不断对自己提出挑战，这件事情毫无疑问是特别重要的。在国外的教育中，专门有critical thinking（批判性思维）的教育，就是让学生从小学会习惯性地对认为天经地义的思想提出自己的看法和挑战。

苏格拉底曾经说过，对一个人来说，最难的事情就是know yourself——认识你自己。很多人被禁锢在自己的思想观点和意识形态中，完全无意识地用一种狭隘的方式过自己的生活，经历自己的人生，却从来没有真正地进步。任何吸纳新的思想、改变自己习惯的行为都会带给人一定的痛苦，所以我们的惰性导致我们不喜欢新的思想，不愿改变自己的行为习惯。改变是痛苦的，而享受现状是快乐的。从这个意义上来说，如果我们能够养成多反思、多提问的习惯，对我们思想的进步、思维的拓展，以及看问题角度的多样性，更加全面地分析和解决问题，是有巨大的帮助的。

总而言之，一个人的生命和思想应该像一条河流一样，开始起步时是涓涓细流，逐渐走向开阔，生命变得丰满，最后像奔腾的大江一样宽广，像大海一样浩瀚，这样的人生和思想才是值得拥有的。

人类无法被人工智能取代的核心能力

现在人工智能越来越发达，人类在很多方面都会被人工智能取代。那么，人类的哪些能力是永远无法被人工智能取代的呢？

人工智能的发展对人类来说是一件幸福的事情。人工智能和大数据结合在一起，能给这个世界带来无穷的可能性，这种可能性会使世界更加丰富多彩和智能化。如此一来，我们接收数据和信息将会更加便捷，并且其精确性会不断地提高。

在过去几万年中，人类感到最痛苦的事情就是各种重复性的体力劳动，而未来这些事情大部分都能够由人工智能来做，比如驾驶汽车和从事各种重复性的家务劳动。这样一来，不仅解放了时间，还解放了生产力。我们可以把时间和精力集中用在自己更加感兴趣、更能够创造幸福的事情上，同时这也能够解放我们的精神，使我们达到身体和精神上的双重自由。

人工智能也会带来一个比较麻烦的问题，因为不是每个人都知道有了足够的时间和精力后到底应该做些什么。当人工智能大规模取代人类进行体力劳动和重复性劳动后，人类应该去做什么样的工作才能够继续给自己带来丰富的精神和充实的生命，是一个巨大的挑战。人类原本的挑战是天天要进行无聊、痛苦、重复的体力劳动，现在的挑战是必须升级到另外一个层面，才能够将自己的时间和精力花在增加生命的丰富性上，否则就会陷入物质生活丰富却没有事情做的状态，生命会变得非常无聊和空虚。

除了重复性的劳动会被取代，我们同时认为部分智力性的劳动也会被取代，尤其是在AlphaGo（阿尔法狗）打败了李世乭之后。其实，我认为这件事情是一个伪命题。为什么？因为像下围棋、下象棋这样的活动，实际上也是重复性的智力劳动。随着大数据的不断收集，未来的人工智能在重复性的智力劳动方面一定会比人更加聪明。比如，一个人研究棋谱，一辈子最多大概能研究一万张棋谱，但是AlphaGo能在短短的一两年之内研究几十万张棋谱，把棋谱中最好的着数的数据收集起来，形成快速反应。

未来的人类在这种重复性智力劳动上想要跟机器人去竞争是完全不可能的，但是这件事情并不会减少人类的乐趣。未来的人类也不会与机器人进行围棋大赛，因为人类是不可能战胜机器的，但人和人之间依然会下围棋。机器的聪明并不能够减少人与人之间的围棋竞争的激励性和乐趣。就人类创造的比赛性活动、运动类活动而言，即使人类永远战胜不了机器，人与人之间互相竞争这件事情依然会一如既往地充满乐趣。

如果有一天，有一支机器人足球队战胜了人类足球队，并不意味着阿根廷队和巴西队的比赛就没人看了，就没有乐趣了。把人和猴子放在一起比赛爬树是没有意义的。让一个刚刚学打乒乓球的小孩与专业运动员去比赛没有意义，双方都没有乐趣，但是两个都不太会打乒乓球的小孩在一起比赛，就会充满乐趣。所以，人类的乐趣并不会因为有些东西被智能机器人取代就消失。那么，什么东西是人工智能无法取代的呢？

一是人类的想象力。你把全世界的文字都输入到机器中，即便它能检索出来，也无法像人类一样凭空想象出另外一个故事。比如《爱丽丝漫游仙境》、"哈利·波特"系列、《疯狂动物城》这样的故事，机器人是想不出来的，只有人类能够想出来。所以，人类能够通过自己的想象力来进一步创造和丰富世界。

　　二是人类的独创思维。独创的东西是这个世界上原来没有，但人类通过自己的思考最终创造出来的新东西。比如，人类能够去探索宇宙，但靠机器人是不行的，必须先由人类去突破思维，形成理论，比如"混沌理论"等。尽管科技和智能对研究有很大帮助，但实际上这些都是人类的探索精神和独创思维所带来的结果。同时，独创思维又与想象力、创新能力结合在一起，不断发挥科技力量来为人类服务，使人类不断走向自由和幸福。

　　三是人类之间有温度的交流能力。机器人也许能跟你对话，甚至能知道你想要什么，但机器人在某种意义上是冰冷的。当真正的人形机器人长久地与你在一起生活甚至恋爱时，你会开始产生厌烦情绪——因为它没有血肉，没有真正有温度的交流能力。这种交流能力与人类的情感是紧紧联系在一起的。机器人能够把人类的情感类别输入系统中，通过人工智能的方式筛选、判断人类现在的情绪，选择怎么进行交流。但是，人类内心真正渴望的情感、互相之间的感情交流，那种无语凝噎的情感和眉目之间的情愫，人工智能很难表达。

　　人工智能是集人类科技之大成，是基于大数据而形成的一种极聪明的系统。尽管它的学习能力很强，但它只是对过去的东西的重复学习和总结。所以，我认为人类有一种重要的能力，就是能够通过不断的学习和判断，获得独到的思想的能力，是人工智能达不到的。比如，人工智能不太容易造就一个曹雪芹，也不太容易造就一个毛泽东，这些人具有独特的个性、人格、学习能力、总结能力，不是人工智能可以代替的。**人工智能无法替代人类的独创能力、想象力、情感能力、有温度的交流能力、真正的学习能力和个性发挥能力。**我认为：未来的发展需要人和人工智能的结合，这样就能创造一个丰富多彩的、丰满的、幸福的自由境地。

领导者和管理者的根本区别

在公司里或一项事业中,领导者和管理者之间的区别到底是什么?

领导者与管理者之间的不同,是商学院常见的讨论课题。商学院的领导学课程就会讲到领导者和管理者的区别,但人们还是常常会把两者混淆。其实,领导者一定会具备部分管理者的能力,同时管理者也一定会具备部分领导者的能力,如此才能够把事情做成。但是,领导者和管理者之间还是有着比较明显的区别的。下面我就来讲讲一个典型的领导者到底是怎样的,以及一个典型的管理者到底应该做哪些事情。

在我看来,一个典型的领导者身上主要具备四大能力,我把它们依次称为造梦能力、开路能力、带将能力和颠覆能力。

首先,领导者需要具备造梦能力。什么叫造梦能力?一个领导者必须先有梦想,然后用梦想去吸引追随者一起来实现梦想。一般来说,一个群体都是先有领导者,然后大家跟着领导者一起去追梦。由此可见,领导者通常是带领大家把本来没有的事情做成的人。比如,汉朝本来不存在,是刘邦带领着他的部下一点点打下天下建立起来的；世界上本来没有中华人民共和国，是毛泽东带领着广大人民群众建立起来的。

所以，在某种意义上，领导者的特征是能造梦，就是他把一件本来不存在的事情变得存在了。也就是说，凡是把世界上本来不存在的事情变得存在了，并且有无数追随者的人，都可以算作领导者。比如，耶稣、释迦牟尼都是非常厉害的宗教领导者；华盛顿开辟了美国200多年的民主时代，毛泽东带领人民建立了中华人民共和国，他们都是政治领域的杰出领导者。在商业领域，阿里巴巴本来并不存在，但马云和他的团队打下了阿里巴巴的江山；腾讯本来并不存在，但马化腾领导他的团队打造了腾讯的网络帝国；华为本来并不存在，但任正非领导团队拼出了华为的一片天地。所有这些都是领导者带着自己的团队一起通过造梦、奋斗，打出一片天下。

其次，领导者需要有开路能力。众所周知，一件事情想要从无到有，没有先例可循，因此常常需要打破常规，寻找新的道路。从一定意义上来说，每一个领导者都肩负着重要的责任，常常面临着失败甚至被毁灭的考验。大家稍微想一下，如果刘邦当时没有打败项羽，而是被项羽打败，那么刘邦就会死无葬身之地。大家再想想，解放战争时期，如果国民党打败了共产党，也就没有中华人民共和国了。所以，领导者其实都是开拓者。

中华人民共和国成立以后，同样经历了千难万险，因为我们要寻找与原来的社会不一样的社会主义道路。开路就是不断试错的过程，所以中国就有过"大跃进"和"文化大革命"，以至于改革开放30多年之后，依然有很多东西处于无序状态。因此，领导者需要有打碎一个旧世界、建立一个新世界的勇气。而新世界如何建立，照什么路径去建立，都需要有突破常规的能力和勇气。

再比如，在新东方之前，中国没有任何教育相关企业在美国上市，而新东方在美国上市的时候也遇到了重重阻碍，但是我们不断冲破阻碍，最后成为中国教育企业赴美上市第一股。这也算是一种开路能力，为后来成千上万中国教育企业的发展探明了道路。

再次，领导者需要具备带将的能力。韩信曾经跟刘邦说他是带兵多多益善，而刘邦是带将多多益善。这就是说，一个领导者冲到一线去指挥基层员工是绝对不可取的，最后往往会陷入繁乱的具体事务中，使自己失去对战略方向、格局和布局的准确判断。一个真正的领导者，最重要的能力实际上是带领一群有眼光的人，沿着一个宏伟的目标不断前进，像压路机一样扫平所有琐碎的事情。目标只有一个，就是走向真正的成功。所以，领导者的带将能力远大于带兵能力。任何凭着自己的能力单干，却没有强有力的团队成员的人，都不能算真正的领导者。比如项羽，我们说他是英雄，但他不是领导者。

最后，领导者必须具备颠覆性的能力和颠覆性的思维，也就是革命性。一般来说，任何一个管理者都不太容易颠覆一家公司原来的结构、业务模式或者制度，因为管理者通常是在秩序下把事情变得更好的。但是，一个领导者必须时时有这样的决心，即当他发现原来的体系已经不再能够推动公司或者社会进步发展时，就需要去革命和颠覆。

以上就是领导者所需要具备的能力。下面我们再来讲一讲管理者的主要特征是什么。

一是具备建立秩序的能力。如果只有刘邦，汉朝是无法建立的。刘邦最后之所以能够成功，是因为有了萧何——一个建立秩序的能手，他把国家的财务系统、人力系统、后勤行政系统、军事管理系统搞得井井有条。在这个前提下，刘邦打任何一仗都不用担心，因为后方的兵马、粮草都能够跟上。所以，管理者的重要性一点都不亚于领导者，光有梦想是不够的，还要有有能力的管理能手。新东方在上市后之所以还能不断发展，是因为新东方有一批非常善于打造各种系统的管理者，新东方的财务系统、人力系统、市场系统、营销系统、教学系统都被他们管理得很好。

二是具有提升效率的作用。一个管理者最重要的作用实际上是提升效率。原因是当领导者把企业基本建立好了，后续效率的提升就变得非常重要。提升效率最重要的是引入高科技机制来将整个公司的系统或者流程进行再造，对人事进行重新布局，对公司的业务目标进行重新界定。**管理者最重要的一个任务就是消灭成熟机构内的官僚体系和形式主义，把创新机制的作用激发出来。**

三是要有创新能力。创新能力和上面所说的颠覆能力不是一个概念，颠覆能力是彻底推翻了重来，走与原来相反的道路；而创新能力实际上是在原有的基础上把机制、系统进行优化。比如，把油动汽车改成电动汽车是创新，而真正的颠覆则是把汽车改成直升机。所以，我认为管理者的创新是在原有结构体系下的一种优化，应该把它形容为优化结构机制和提高效率。当然，管理者也会尝试引入大量高科技来对原有流程进行改造。

四是有带领团队达成目标的任务。管理者通常是不制定战略目标的，这是由领导者来完成的。但是，管理者需要设定每年、每个季度的目标，并且通过不断实现目标来推动公司的发展和前进。当一个管理者短期（一年或两年）的目标达成以后，他会跟领导一起来制定第二年、第三年的目标，并重新配备团队资源来使目标顺利达成。

所以，**领导者和管理者的区别在于，领导者更多的是制定方向和战略，管理者则侧重于布局和执行。**

总而言之，只有领导者而没有管理者是不太容易成事的；只有管理者而没有领导者，则容易迷失方向。所以，**一家完美的公司、一个完美的社会组织都是领导者和管理者共同努力所带来的结果。**

生活方式

生活可以变得更美好

Chapter 06

|全球化时代，在任何地方都可以工作|

大学生和大学毕业生，在国内发展好还是在国外发展好？

这个问题实际上是一个不必要的问题，因为年轻人的发展是由个人情况决定的，笼统地回答在哪里发展好，是不负责任的行为。

"在国内发展好还是在国外发展好？"这个问题就像一枚硬币的两面，是相互依存的关系，任何一面都不会独立存在，谁好谁坏也无从判断。我认为无论是在国内还是在国外，都会有好的发展前景。

我常常打这样一个比方，你眼前出现两个女孩子，她们各有千秋，你都很喜欢，但是你只能选择其中一个人去谈恋爱，那你该怎么决定？这时候，通常有两种方法去选择，第一种是你自己主动选择其中一个，因为不管选了哪个，对你来说都是对的，对被放弃的那个，你不必心存遗憾，毕竟鱼与熊掌不能兼得。第二种是当你自己不能抉择的时候，不妨通过掷硬币让上天来帮你做决定。

面对具体问题，我们还是要根据自己的社会背景、专业、才华甚至性别来

探讨究竟是在国内发展好，还是在国外发展好。这个问题，每个人的答案可能都是不一样的。比如男孩子到阿拉伯国家去做生意，或许就会是一件很好的事情，而女孩子在那里是无法做生意的。我曾经听说过有一个男孩去阿拉伯国家做生意，娶了那里的一个女孩回到中国，两个人一起打拼。但是，女孩子在阿拉伯国家，或许就只能变成别人的小老婆了。所以，每个人的状态与情况是不一样的，需要具体去分析。

另外，语言能力也是决定你在哪儿发展好的一个重要因素。如果你不懂英语，那么你到西方国家去发展，就会处处受到阻碍，很难发展或者发展缓慢。

经济全球化时代，习近平主席反复强调中国要关注全球经济发展。在时代影响下，我们的工作也会是一个全球化的状态，极有可能你这辈子不只在一个国家工作，你可能会去很多国家，美国、欧洲国家，甚至非洲国家都是有可能的。我身边就有这样的朋友，每隔两年就要换一个国家工作。

那么，在这种情况下，**你要做的就是提前做好准备，保证自己拥有胜任全球化工作的能力，并抓住机会**。至于你是否能达到胜任全球化工作的状态，取决于你的眼界和知识技能。一味观望是不可取的，抓紧时间提升自己的能力才是最重要的。

回到这个问题上。如果你不知道在哪里发展好，我认为你应该这样去做：**首先要抓住国内的工作机会，因为中国现在是世界经济体系中发展得最快的国家，发展最快的国家就意味着有最好的机会。有最好的机会的地方，就会有更好的发展**。并且，在中国，不管是资源还是人脉关系，你都有一定的基础，你创业也好，工作也好，成功的可能性都比较大。我认为你应该先抓住眼前的机会，而不是违背趋势非要跑到别的地方去。

如果你想去国外，等你在国内有了足够的经验后，再到国外去工作甚至养老，一定会顺利很多。当然，我们也不能一概而论，如果你认为以你的能力、才华、专业到国外去发展会有更大的机会，你自然可以寻求去国外发展的机会。

　　但我想表达的是，在一个全球化的时代，讨论在国内发展好还是在国外发展好的问题，是很落后的！**我们真正应该探讨的有意义的问题是，在哪里发展，在哪里工作，才能最大限度地发挥自己的才华，实现自己的价值。**

|坚持是为了养成优秀的习惯|

如果坚持做一件事情100天,并没有养成习惯,那么我们这100天的坚持是不是等同于浪费时间呢?到底过程重要,还是结果重要呢?

我们要认真地思考一个问题:我们用100天坚持做一件事情是为了什么?是想要养成某种良好的习惯,还是只为了表明我们的意志力很强,有能坚持的能力?如果是后者,我认为坚持100天并不能叫作养成习惯。比如,有人坚持每天做100个俯卧撑,有人坚持每天行走两万步,也有人坚持每天唱两首歌。

而如果我们想要通过100天的坚持养成某种良好的、长期的、一辈子的习惯,那么我们坚持的最终目的就是使这件事能够在我们的日常生活中延续并长存。比如,你坚持100天每天读书30~50页,100天以后,如果你不读书,就会觉得很难受,从此养成了读一辈子书的习惯。这才是养成习惯。

有句话叫作"习惯成自然,自然成命运"。比如我就有自己的习惯,我每天早上6点半一定会起床,起床后一定会步行3000步,每天要朗读半小时英语,如果我没有做到的话,身体就会有反应,很难受。**习惯其实就是不需要你**

刻意坚持，也不需要你去下决心，自然而然就会做的事情。你的身体、你的头脑、你的心灵、你的思想都会不断地召唤你去重复做这件事情。

因此，在我们要去坚持一件事情并把它变成一个习惯之前，首先要分清楚，我们到底是在坚持养成一种习惯，还是只想下定决心用100天时间把这件事情做完而已。这是两种完全不同的性质，两种完全不同的心态，两种完全不同的做法。当然，我鼓励大家用100天的时间，去养成一个对自己未来人生发展有积极正能量的、能够自觉坚持下去的好习惯。比如，遇到问题先冷静下来认真思考，每天坚持阅读学习，与人交往时刻保持微笑，待人接物彬彬有礼，每天挤出时间运动锻炼，等等。良好的习惯不是只坚持100天，而是一生都值得去坚持。

在我看来，过程和结果都很重要！除非这个过程本身就是目的，否则没有结果的过程也是一种浪费。什么叫过程本身就是目的呢？这类似于我们与朋友聊天，聊天的过程本身就能带来愉悦，在聊天时可能有话说，可能没话说，可能会受到思想和心灵的冲击，也可能只是聊聊家常话。但不论结果如何，和朋友聊天的过程本身就会为我们带来快乐，所以这时候，过程就等于结果。再比如，你听音乐、朗诵唐诗宋词是没有结果的，但是在这个过程中，你的身心得到了放松，心灵得到了净化，气质变得更好了，思想变得敏锐了。在某种意义上，这就是一种目的，并且在过程中就已经达到了。在这种情况下，我们就不需要去寻求一个明确的结果。

但有些事情，我们需要获得明确的结果，比如学英语。学英语这件事情本身其实不是件好玩的事情，但是你学会了英语，对你的阅读、旅游、工作、玩乐都会有很大的帮助。很明显，大多数人学习英语时并不一定是快乐的，在这种情况下，结果就变得无比重要。当这件事达到某种程度，有了某种结果时，我们才会认为没有浪费时间。因此，**注重过程还是追求结果，要看事情的性质**

和情况，不能一概而论。

一方面，如果你坚持100天做一件事情不是为了养成习惯，只是为了证明自己有毅力，那么你就尽管去做，不需要考虑最后是不是能形成习惯，享受过程就足够了。

另一方面，如果你打算用100天的坚持去培养一个一辈子的习惯，那么我建议你并不一定要在这100天里拼尽全力去做，而是应该有一个循序渐进的过程，这样能更好地养成一个对你的身心健康有利，使你的学习能力有提升的好习惯。

人生的成长，有时是在寻求不需要结果的东西，这时候，过程就变得非常重要；而有时，我们又是为了自己的某种进步寻求一个结果，那么即使是付出努力，倍感辛苦，我们也要追求那个结果，这样才不会浪费时间和生命。

最后，我希望大家一起努力，用不同的方式对待人生中发生的不同事情，养成优秀的习惯。**每个人都是独一无二的，都有自己的追求，不论你想要的是过程美好，还是结果满意。**

|你怎样过一天，就怎样过一生|

每个人每一天都是24个小时，为什么有的人利用得很充分，每天都能取得很多的进步和成绩，有的人却利用得不那么充分？而且，有的人每天用20个小时拼命努力工作和学习，成效却不那么显著。我们怎样才能够充分利用时间来取得更好的成绩？

我们之所以对每天24个小时的利用程度不同，主要是因为每个人对时间的安排不同。如何合理地规划每天的24小时？

首先，需要区分优先级，首先将最重要的事情安排清楚。例如，这个星期或者这个月最重要的事情是什么，完成该事情需要花多长时间，这些时间该如何安排。如果具体分配到每一天，每天具体需要花多长时间，如何保证时间。这是一个非常重要的问题。

其次，有能力不使自己的时间被非计划中的事情占用，或者说被随便浪费。很多人时间观念不是很强，很容易因为某件突发或额外的事情就把时间浪费掉了。例如，原本打算读一本书，但是被朋友约出去喝酒，结果两三个小时被浪费了；本来打算花一个小时锻炼身体，但中途与同学吹牛、聊天，锻炼的时间就被浪费掉了；原本打算学习，但因为女朋友或男朋友说想出去玩，结果就去逛商场了。

我们的时间很容易被别的事或人左右，使得我们原本安排好的时间就没有了，该做的事情没有做完。

再次，尽管我们需要尽可能多地将时间用在工作、学习与其他让人进步的事情上，但实际上，我们在利用时间的时候需要有一个前提保证，确保我们的身体是健康的，这一点尤为重要。

确保身体健康主要有两个要素：第一，每天安排一定的时间锻炼身体。因为如果没有时间锻炼身体，身体就会越来越不舒服，最后会大大影响工作和学习的效率。**第二，保证充足的睡眠**。我特别主张大家不要拼命地熬夜，或者因为一些坏的生活习惯无法保证正常睡眠。一个人正常的睡眠时间至少要六个小时，长一点，七个小时左右也是可以的。睡眠质量是否良好，对我们保持事业热情有很大影响。

我重复一下以上三个要点：**第一，最重要的事情该怎么做，必须做的事情该如何安排；第二，尽可能不随便浪费时间；第三，用充足的时间保持身体健康、心情愉悦**。

下面我们再来讲该如何利用时间，及如何高效利用。大家常常会有一个错误概念，我们花出去的时间、耗费的精力、花费的金钱，就只是花掉了，并没有回报。但其实我们花费的时间、精力、注意力等，从某种意义上来说都是一种投资，并不是简单地花掉了。

以公司为例，公司在算账的时候会有费用、成本与留下来的收益。我一直认为公司花钱，并不是花费成本，而是一种投资行为。投资行为最核心的特点就是需要取得回报，并且最好是成倍的回报。**当我们将某一种行为看作投资行**

为的时候，我们思考的就不是尽可能节约钱或者尽可能少花钱，而是要思考这笔钱花得是否合算。我们要计算的不是花多少钱，而是要保证不论花多少钱，最后得到的回报都是合算的。

例如，我们投资了100元，钱花掉就没有了，也没有什么回报，那么这100元花得就不合算。但是，如果花了1000元，最后获得了10 000元的回报，那我们花这1000元就非常值得。如果没有回报，我们花100元都会觉得多。我们在计算任何一笔花费的时候，都需要计算它的回报，以确定是否值得。

不论是花费金钱、精力还是时间，都是一样的，背后都有投资和回报。如果用100元钱来吃东西，那么它的投资回报实际上就比较小，最多只是填饱肚子而已。用20元钱买一样能让我们吃饱肚子的东西，与原本花100元钱吃饱肚子，在本质上没有太多不同。减少投入金钱的数额从而达到同样的目的，投资讲究的是在投入同样资源的情况下，如何能够获取最大的回报。用剩下的80元钱，我们可以去看一场电影、买一本书，或许还能给自己的男朋友或女朋友买一朵玫瑰。

这样，这种投资就是非常合算的，**因为所谓回报不仅是金钱上的回报，感情上的回报、知识上的回报、能力上的回报都是回报**。100元钱只用来吃饭，它的回报只是填饱肚子。我们也能用100元钱同时填饱肚子、买书、看电影、买玫瑰，这样我们的回报就是成倍的，甚至是几十倍的。在填饱肚子的同时又有了一本书，因而能够从书中获得知识，提升自己的能力；看电影，又能提高自己的愉悦程度；买玫瑰花，又能提高我们的感情交流程度。

从时间和精力上来看，我们会发现我们表面上拥有很多时间，我们的精力也会在睡了一觉之后恢复。但是，我们需要将投入的时间和精力计算在回报体系内，因为实际上时间和精力花出去之后是回不来的。每投入一小时去做某一件事情，我们都要思考这项时间投资是否合算。

当然，我并不是说这样计算后，我们就不再花时间和朋友吃饭、喝酒、聊天，也不再花时间去散步、旅游。就像刚才讲的，回报是多方面的。与同学一起喝酒聊天一小时，在聊天中，我们也能从同学身上有所收获，并且建立起和同学之间的友谊，打开与大家交流、沟通的渠道，这种回报也是非常值得的。如果我在大学的时候没有和同学搞好关系，后来做新东方就不会有那么多同学可以合作。这其实是一个长久的回报体系，也是一种长久的投资。

但是，如果我们一天到晚都和同学喝酒聊天，同样的话说了一万遍，同样的笑话听了几百遍，自己也不断重复同样的话，沉溺于这种循环往复中，收获就会越来越少，边际效应就会越来越小，直至等于零，等于将所有的时间、精力花出去，收获却是零。当我们的收获是零的时候，就是纯粹浪费时间、浪费生命。

我们到底该如何利用每天的24小时呢？从我个人来说，我会将一天的24小时划分成几个板块。例如，我决定用两小时来读书，那么我会首先想好我要读哪本书。在读书的时候，我还会做出分辨，如果我本来选定了一本书，读了半小时后发现没有收获，那么我会迅速换一本书。如果读一本没有收获的书，仅仅是因为预先决定必须读这本书，没有收获也要读下去，那么实际上就等于犯了一个错误，还坚持走在错误的道路上。

所以，我这两个小时的读书时间，可能是认真地读一段文章，可能是大致浏览两本书，也可能是把一本书好好地读了一大半，总之我认为读这两个小时的书是必须有回报的。第一，我从书中真正学到了东西；第二，通过读书，我丰富了自己的思想；第三，通过读书，我某方面的能力得到了提升。

再比如，如果我花一个小时时间在百日问答上，那么我就知道，尽管我需要花时间，但花这一个小时我是有回报的。我加强了和诸位愿意读百日问答的朋友的交流、沟通，同时也有了互相之间的智慧碰撞。同时，新东方也会因为百日问答，提升知名度和信任度。

总而言之，做百日问答，不是因为它能使我出名，或者做这件事情好玩，我才去做，而是一定有非常重要的我个人认为合理的理由才去做。这就是所谓的投资必须有回报，而且回报一定是越大越好。

同时，回报也有短期和长期之分。花时间与同学建立友好的关系是一种长期回报；花时间进行体育锻炼，表面上好像花了时间却没有得到什么回报，但从长远来说，我们进行体育锻炼，可以使身体健康，使生命延长，我们未来能够做更多的事情。

人生苦短，我们的精力和时间一定要用投资回报的模型来计算。这种理性的计算，表面虽显得很功利，但实际上能让我们的生命在同样的时间内散发出更多的光彩，获得更大的收获。同时，我们还需要考虑我们投入到哪个方面，边际效应会最大，回报会最大。这样的话，我们就会知道哪些是不重要的事情，我们尽可能不花时间去做。重要的事情，我们就要尽可能花时间去做。

当我们养成习惯后，生命就会变得越来越精彩，事业获得成功的可能性也就越来越大。

|整容并不能带来持久的幸福感|

为了追求更好的自己，很多人用心工作，读书上学；也有人选择了整容，让自己能够更加自信地面对人生，好像整容也是另一种追求更好的自己的途径。我们到底应该怎样看待整容？

我个人是不赞成轻易整容的。

首先，大部分人长得都很正常，如果不是特殊情况，那么我建议大家保持自己天生的模样和特色。除非很不幸是天生畸形，或者是因某种事故毁容了，否则我一般是不建议整容的。

其次，整容是有风险的。三年前，中国有一个戴着面具的女性团体专门跑到韩国去讨说法，原因是她们整容失败毁容了，只好戴着面具出门。在因整容而被毁容的情况下，容貌修复还原的可能性非常小。

虽然通过整容能拥有美好的容貌，看似更加受人喜爱，但这往往只是表象。例如，你天生丽质，从小就长得好看，会有人喜欢或追求你，但是没有一个人能够保持一辈子天生丽质，也没有任何人通过整容就能保证自己一辈子都被人喜欢。

人的相貌只是表面，能够长久地吸引他人，被他人喜爱的，一定是内涵和性格。

好看的相貌虽然能够在短时间内吸引他人，但时间是非常有限的，并且，好看的相貌也不能保证这个人一生幸福无忧。很多从小相貌出众的人，长大后，家庭生活并不幸福。原因很简单，有的人因为从小外表漂亮，常常被人吹捧夸赞，在之后的成长期忽略了充实知识、丰富内心与拥有独立思想。长大后，这个人除了外表外，从能力、智慧、内涵上来说都有所欠缺，好看的外表并不能弥补内涵的缺失。

我们都会发现这样一种现象：男女在交往的过程中，如果只是偶尔或是远距离接触，那么漂亮的女人对男人是很有吸引力的。但是，当两个人长期处在一起，例如结婚后，男人就会觉得漂亮的感觉在逐渐消失。这体现了另外一个真理——"身边无伟人，枕边无美女"，任何东西，看得久了，便不再有那么强的吸引力。

那么，如何才能保持两个人之间的良好关系呢？**真正能让人长久地相互吸引并喜欢的是彼此的知识内涵、生活习惯、性格特征等。**

其实，要不要去整容，这属于个人问题，别人是没有权力帮你决定的。但是，我的建议是，如果你长得不算难看，就没有必要整容。你应该更好地利用自己的时间，去心工作、认真学习、积极思考，不断充实自己，培养更好的性格与气质修养等。在这个过程中，你就会慢慢地被更多的人喜欢。

一个人拥有良好的、开朗的性格就容易被人喜欢，不论他的长相如何。比如，香港女明星沈殿霞长得很胖，但是她能时常保持开朗乐观的心态，就获得了无数粉丝的追捧和喜爱。与之相反，有些明星尽管长得好看，但大众因为他们不太好的性格特征（比如庸俗、浮躁、虚伪等）而无法喜欢他们。

我认为，在追求更好的人生的过程中，幸福感最主要的来源有两个：一是自己踏踏实实做事后所获得的成就感；二是努力后被人认可的满足感。我们努力为别人服务，在这个过程中得到别人对我们个性或品德的认可，我们就会得到一种自我满足感，从而产生幸福感。

最后，我想说，一个人过分关注自己的外表，天天对着镜子看自己是否好看，其实是为自己增加痛苦与纠结，这样会使自己离幸福越来越远。如果人总是沉浸在一种对自己不满的情绪中，就会浪费掉本来可以用来充实与完善自己的宝贵时间。

越"会玩"的人，越容易取得成功

你曾说过，认真的事情是可以玩出来的，同时我们也常常说，做任何事情都不能闹着玩。这两种玩法有什么不同呢？

有一句话叫作"Work hard, play hard"，就是"拼命工作，拼命玩"。这句话的意思是，工作的时候要拼命认真地把工作做好，放松的时候要尽情地玩，让自己的心情放松下来。这句话说明：一个会生活、会工作的人，能把严肃的工作和放松的玩乐结合在一起。我所说的"认真的事情可以玩出来"，有着另外一层含义。

所谓"玩"，实际上是指一个人应该用玩乐的心态来做生命中很严肃的事情。什么叫"用玩乐的心态来做生命中很严肃的事情"呢？

一是千万不要把任何事情看得太严肃，把结果看得过重。我们的人生本身就是一出大戏、一场游戏，最后的结局都一样，都会走向死亡，离开这世界，没有人是永生的。我们到底能够活到多少岁，什么时候离开人世，没有人可以预料。因此，活着的时候，尽可能过得愉快、放松和充实，就变得非常重要。

在死去之前，我们可以掌控我们的部分命运。

从这个意义上说，我们一开始就必须有一种放松、愉快的心情，不去管太多的成功和失败，用这样一种心境来生活，生命才真正值得。所谓"人生重在过程，不在结果"，大概就是这样的意思。从这个角度来说，如果我们不用玩乐放松的心态来对待生命中发生的所有事情，那是不是与自己过不去呢？

二是不要过分在乎输赢。任何事情，学习考试、创业工作等，实际上完全可以看作一场比赛。在这场比赛中，你面临着无数无形的对手，这场竞争中会有各种情况。比如，有些人在学校时成绩很差，但在毕业后，事业做得比其他人好；有些人学习成绩一直非常不错，但毕业以后处处不得志。这样的情况告诉我们，每个人的人生都是输赢参半的。

人生没有永久的失败，除非他总觉得自己失败了；人生也没有永久的胜利，除非他是一个盲目的乐观主义者。总而言之，不管我们做什么事情，都是有赢有输的。你如果把输赢看得太重，让人生成为悲剧，就是跟自己过不去。就像你参加一场球赛，你不会因为输了就不活了，无非是重新再来一场球赛，下一场尽力去取得胜利。对心态极好的人来说，能参与球赛这件事情本身就已经是一件幸福的事情，输赢完全不在考虑的范围内。为什么参加所有球类运动都叫"play"？就是因为它们都是玩乐。如果有这样的心态，做任何事情就无所谓成败，只享受参与的过程，这就是另外一种高级的玩法。

三是做任何事情，都要给自己一个重新开始的机会。有些人在生命中玩到一半玩不下去了，就选择自杀；有些人失去了自己的恋人，觉得这辈子再也不可能有人爱自己了；有些人失去了事业，觉得再也不能从头开始。这是对人生持有过于严肃的、钻牛角尖的心态。一旦有这种心态，不愿意给自己一个重新开始的机会，就会有很大的麻烦。

一个人最重要的能力就是清理能力。过去发生的事情已经过去了，那就让它过去。一个人最大的能力是从头开始的能力，能够放弃一切，从头开始。你做一件事情不成功，从零开始，你尝试的次数越多，经验就越多，最后成功的概率就会越高。

四是玩乐的心态一定要以喜欢和爱好为核心。如果你喜欢做一件事情，那么无论成败，你都会很开心。比如，你喜欢数学，并不一定非要让自己成为菲尔兹奖获得者，也不一定非要成为某所顶级大学著名的数学教授，可能做一道小学的数学题你就很开心。为什么小孩子玩什么东西都特别开心？因为他们没有功利目的，也不追求输赢。一个小小的玩具能玩一天，一首诗歌可以背诵几百遍，他们只追求自我开心。我们小时候喜欢玩泥巴，长大后完全不会认为泥巴有什么好玩的，但是小时候，我们把泥巴捏成各种形状，互相涂抹在身上，觉得很有意思，这就是因为真心喜欢。**把喜欢作为做事情的核心，就已经带有了非常强的玩乐概念，如此一来，自己的输赢和外在的评价就变得不那么重要了。**

我所说的用玩乐的心态来做重要的事情，其实就是以上四点。如果能做到以上四点，你就有了对一个人的成功而言非常重要的玩乐心态。**纯粹的闹着玩，人生不那么严肃，玩也玩得没有目标，完全不是我所说的玩法。**拿自己的人生闹着玩，既没有人生目标，也没有事业热情，这种瞎玩、混日子是没有任何意义的。

所以，真正会玩的人是能够把自己的人生玩到一定境界的人，而不是把自己的人生越玩越low（低端）。希望大家都能够玩出人生的境界来。

消除内心焦虑，最重要的是努力进取

当下中国很多年轻人都很焦虑，我们不得不承认，这是一种普遍现象。这种焦虑的根源在哪里？

在封建制度下，中国社会的发展一直是停滞不前的。从辛亥革命爆发到民国时期，中国有了相对现代化的发展，但因为抗日战争被迫中断。新中国成立后，中国是一个以农业为主的不发达国家。

中国真正的发展是从1978年改革开放开始的，40多年来，中国完成了别的国家可能要用200年甚至300年才能完成的事情。中国从一个人口和资源不流动的农业国家变成一个与西方发达国家接轨的、开放先进的、人民生活水平迅速提高的国家。从这个意义上说，中国的发展和进步是巨大的。巨大的进步对人民生活产生的影响是生活不断地改变，包括城市的发展、社会关系的改变。有的人变得更好，也有的人变得更差。

变革给人们内心带来了以下几种焦虑：

第一种焦虑是自己能否跟上这种变化。大部分人是有惰性的，并且喜欢相对安逸的生活，这是人的本性之一。随着社会的不断变革，人们心理上自然会产生某种焦虑，觉得自己已经跟不上时代了。

第二种焦虑是自己能否跟上周围人的改变。在固定的社会中，社会角色是很少改变的，所以大家安于现状。但是，随着社会的变革，我们发现每个人的角色都开始产生变化。有人昨天还是一个你看不起的农民，今天就成了一个农民企业家；昨天还是一个你看不起的普通技术人员，今天就成了一个发明家。所以，我们会有面对自身能否跟上社会不断变革的焦虑，能否跟上周围人的改变的焦虑。**焦虑的根源，来自中国的改革开放和巨大的进步**。随着这样一个高速发展的社会的到来，我们的焦虑也由此产生。

第三种焦虑体现在社会变革带来物质财富增加，而物价随之迅速升高。中国的有些物价可以说非常畸形，比如房价。在美国，中产阶级攒钱买房子只要几年的时间。但是，现在中国顶级大学的毕业生在北京、上海等地买一套公寓，至少需要100年、200年甚至500年的时间。**面对物质财富的不可企及（尤其是房子这种生存必需品），年轻人产生内心焦虑就会是必然的**。就像我当初想要去美国留学，美国学校不给我奖学金，要求我自己付学费。经过计算，我需要100年不吃不喝才能攒够学费。这两者所产生的焦虑、恐惧、绝望是一样的。

第四种焦虑来自周围的伙伴。在一个平稳发展的社会中，伙伴之间的关系是一种平等发展的关系，大家齐头并进，慢慢进步。但是，在一个变动的时代，人与人的能力是不一样的，有的人能迅速抓住机会，有的人却抓不住。有的人能够在某个领域迅速发展，有的人却走上了一条死路。在这种情况下，人与人之间的差距有时候会变得非常大，巨大的差距必然导致内心的焦虑。

第五种焦虑是差距所带来的婚姻上的焦虑。在一个安定的社会中，人们在家庭生活中是最有安全感的。比如，娶了一个老婆，嫁了一个丈夫，原则上她或他就是我们自己的了，正所谓"嫁鸡随鸡，嫁狗随狗"。但现在，即使你娶了一个你认为真心爱你的老婆，或者嫁了一个你认为真心爱你的丈夫，你依然会没有安全感。因为你不知道她或他哪天就会碰上一个比你更加有吸引力的人，并且在现在的社会中，这种吸引力是非常大的。所以，我们看到，改革开放以后，中国人的离婚率上升了十几倍，正是因为生活中的焦虑给我们带来了巨大的不安全感。

第六种焦虑是资源分配不平均所带来的焦虑。中国社会贫富差距越来越大，富人有富的道理，穷人也有穷的道理，这跟社会体制、社会结构、社会管理有直接的关系。一个社会贫富差距过大，必然会给年轻人带来焦虑。大部分年轻人都是白手起家，看到社会资源被人占有，富人家的孩子什么都不用干就已经拥有了很多很好的机会，焦虑自然会从内心产生。

那么，面对如此多的焦虑，我们该如何应对？

一是改善社会机制。中国的体制、机制，必须从贫富悬殊朝着尽可能均等的方向改进。同时，也要使社会的各种福利保障制度不断完善。这样就会有一个起码的保障制度，从而免除年轻人的部分担忧。

二是不要太过关注外在世界。最重要的是要更多地关注自己的成长、自己的发展、自己的身心健康。在这个基础上，努力使自己的焦虑逐渐消失。就像当初，我想去美国留学，即使给我100年时间，我也交不起学费，但是后来经过自己的努力，我很快就交得起去美国留学的学费了。我们要相信自己，并且充分发挥和发展自己的潜能和才能。

三是我们要认识到，在现实社会中，光焦虑是没有用的，需要通过自己敏锐的思考去获得抓取机会的能力。在一个变动的世界中，尽管有的资源已经被人占用了，但是仍有新的资源在源源不断地产生。例如，互联网的出现让一大批本来不太可能变成富翁的人变成亿万富翁。在一个不断变动的世界中，机会总是有的，并且会不断涌现。因此，年轻人懂得如何抓住机会是比较重要的。

四是要调整心态。对年轻人来说，成功不是一天两天的事情，也不是一年两年的事情，而是需要循序渐进、数十年如一日的努力。所以，当你还处在"还不行"的状态时，要摆脱焦虑，最重要的是脚踏实地去付出努力。这种努力表面上看来好像并不显眼，但是通过积累和不断探寻后，人生总会有一个从量变到质变的过程，最后依然能够引导我们走向辉煌灿烂的人生。所以，**对年轻人来说，想要克服焦虑，努力进取是至关重要的。**

在孤独中学会自我成长

你害怕孤独吗？孤独真的可怕吗？孤独对一个人的成长有没有好处？

首先，我承认，我在比较年轻的时候害怕孤独，但是到今天，我已经不再害怕了。一个人在年轻的时候，内心世界还不那么丰富，自信需要依靠外界支撑，他会害怕孤独。如果没有朋友的陪伴，或者别的人群不接受他，他的内心就会特别难受。但是，随着时间的推移和自己的成长，一个人的内心会越发丰富，精神也会变得越加富有，外在的孤独（比如周围没有朋友）就会变得不那么可怕了。

现在，我愿意把更多的时间放在一个人独处上，我愿意一个人读书，一个人思考问题，一个人去大自然中走走。但是，我认为这和年轻的时候害怕孤独并不矛盾，因为人的成长就是从一个喜欢热闹的社会动物，逐渐走向愿意独处的思想动物的过程。而一个人成熟的标志就是内在对自己有自信，外在愿意一个人面对自己。

其次，我们需要区分孤独和独处。孤独在某种意义上是一种内心的深层情绪，而这种深层的情绪来自我们害怕被群体抛弃的原始本能。因为人本质上是社会动物，社会动物只有在群体中才会有安全感，一旦脱离群体，就会产生强烈的孤独感。这种孤独感会迫使一个人向群体靠拢，当没有任何群体愿意接受他时，孤独感就会变得更加强烈，带来压抑甚至引起某种精神疾病。**孤独感实际上是我们在某种情况下还缺乏修炼的一种表现。**

当一个人的内心世界变得更加丰富以后，他在一个人待着的时候就不再没有安全感了，也就意味着他自己独处的时候会更加惬意。在这种情况下，他的独处实际上是一个丰富自己的过程。其实，他独处的时候很难说是他自己一个人，他可以听音乐、朗读诗歌、阅读小说、打坐静思等，甚至可以无所事事。总而言之，他是带着一种闲适、悠闲的感觉的。如果是这样，说明他已经摆脱了孤独感。**所以，独处从某种意义上说是一种修炼成熟的状态。**

再次，我认为孤独对一个人的成长是有好处的。当一个人被迫孤独的时候（比如，你在某一个阶段处于某一种环境中，确实没有办法跟其他人交往），不管是因为外在原因还是内在原因，他不得不回归自己的内心，对自己的内心世界进行整理和思考，这是一个人不断地走向成熟的重要过程。

曾经有位作家写过一部短篇小说，故事中的主人公跟一个富人打赌，说如果自己可以在一间房子里住十年不出来，那么富人就要把自己的钱都给他。然后，他就住到了房子里，打赌的条件是他可以在房子里做任何事情，但必须是一个人。所以，他就一个人在房子里读书，先从小说读起，然后读历史、哲学、宗教书籍，后来玩乐器，最后就什么也不做，静坐着沉思默想。快要到十年的时候，富人感觉自己的财富就要拱手让人了，于是想去把主人公干掉。但他进入房子后，发现主人公已经离开了，并且留下了一张字条，上面说："我这十年尽管非常孤独，但是收获了人生最完善的修炼，感谢你给了我这个机会。我知道你今天晚上会来杀我，所以我就提前离开了。"

从这个故事中我们可以看出，**一个人的孤独或者说独处，是有利于他的人格更加完善或者内心更加丰富的**。所以，在某种意义上，孤独是有益的。但是，如果一个人沉浸在孤独中，内心非常空虚又不愿意学习，这就非常危险了。这样下去，最终结果是灵魂的丧失、精神的萎靡，甚至会陷入某种患病的状态。另外，有这样一句话，叫作"一个人最深刻的孤独就是在一群人中间的孤独"，它的内在含义是：即使我们处在一群人中间，我们依然会感到孤独，如果我们不能在热闹中找到灵魂上的伙伴，那么我们就无法进行思想上的交流。所以，在不孤独的时候，我们也需要找到志同道合、可以进行深度的灵魂和思想交流的伙伴。**我认为，我们既要学会在孤独中成长，也要学会在人群中热闹。**

当一个人独处的时候，我们还可以阅读古今中外贤人的著作，从他们的文字中汲取丰富的思想。从这个意义上来说，我们虽然人是孤独的，但我们的灵魂不孤独，有古今中外的仁人贤士陪伴着我们。

总而言之，孤独是一种好的状态，也是一种坏的状态，关键要看我们是选择在孤独中提升，还是在孤独中毁灭。

少一点抱怨，生活会更好

在生活、工作中，我们遇到不公平和困难时，往往容易抱怨，但是抱怨对解决问题毫无帮助。如何才能做到不抱怨？

我们在生活和工作中为什么会抱怨？无非几个原因：

一是遇到了自己解决不了的、不公平的事情。其实一件事情本身公平与否，我们是没有一个评价标准的，也许从你的角度来看，这件事是不公平的，但从别人的角度来看，也许是公平的。抱怨实际上是对自己能力的一种否认，因为你认为自己解决不了眼前遇到的问题。如果你真的能够解决问题，那么你会采取方法去行动，而不是抱怨。比如你遇到了不公平的事情，你就会直截了当地与对方沟通交流，争取公平的结果。

二是为了推卸责任。比如，你和两三个人共事，遇到问题之后，你可能就会抱怨另外两个人没有花力气，或者做事情不对。原因是什么？是你希望把本来应该自己承担的责任推卸掉。这种事情特别常见，比如夫妻之间因为生活中出现的问题而互相抱怨（比如带孩子的问题）。发生这种情况，最主要的原因就是双方都认为责任不在自己。其实，这个世界上很少有人能够清楚地认识、承认并改进自己的问题。现实中很容易产生出现问题后把责任推卸给别人的情况，因为这样自己就会感觉轻松一些。

三是喜欢抱怨的人一般来说都缺乏理性思维，比较感情用事。感情用事的人一旦遇到事情，不会先退一步去分析、思考如何解决问题，而是由着情绪，跟人吵架、抱怨和指责。所以，感性思维和情绪化的人更加容易抱怨。

抱怨在我们的生活和工作中很常见，而抱怨最大的问题就是会使人陷入恶性循环。当你不停地抱怨时，你周围的人会对你产生不满，这种不满会让你看到周围人更多的不好之处，你的抱怨就会增多，久而久之，你可能会成为"怨男"或者怨妇。如此一来，周围没有人愿意与你交往，你失去机会、失去别人的喜欢和关爱的可能性就会非常大。逐渐地，你会认为社会对自己越来越不公平，你可能会产生越来越阴暗的心理，最后极有可能精神上变得极度紧张，甚至会得抑郁症。面对这样一种状态，你浑身充满了无力感，除了抱怨，不知道如何去改变。但是，实际上你稍微冷静下来思考一下，你就会发现导致这种四面树敌的状态的根本原因就在你自己身上。

那么，我们如何才能做到不抱怨呢？

首先，用积极的心态看待你身边发生的事情。你需要了解遇到的问题具体是怎样的，你可以先不下结论，可以先不摆明态度，但是你要去思考如何从根本上解决问题，应该采取什么样的态度，用什么样的方法。其中有一个核心之处就是要去寻找自己的问题，不要总认为是别人的问题。

其次，要思考自己应该承担哪些责任。遇到问题，要客观看待，了解别人对你做事的看法，反过来思考到底是不是因为自己的缺点和错误造成现在的情况。因为人类最大的问题就是很少能直面自己的缺点，很少有人会认为自己有问题。比如，小气的人从来不认为自己小气，斤斤计较的人也不认为自己是斤斤计较的。因此，在遇到事情的时候，我们应该从自身找原因，改正内在的缺点，承担起应该承担的责任，成为一个更受人欢迎的勇敢者。

再次，不要用情绪化的方式对待问题，而要用理性的思维去分析你遇到的不公平和困难。比如，问题是否真实存在？如果是的，怎么解决？解决的过程中，如何能够让自己取得胜利，并且让别人感觉舒服？因此，遇到问题，我们应该双向思考，让自己摆脱无力感。

一个人除了抱怨和吵架，没有任何解决问题的能力，我认为是一种无能的表现。而这个世界上，没有人会喜欢无能的人，尤其是一个不但无能还不断抱怨的人。从这个意义上来说，我认为我们应该培养自己阳光、积极向上的个性，培养解决问题、承担责任的人格和气质，这样，我们就会发现世界其实很简单。

不去抱怨外界，自己多承担一些责任，你的生活会过得更加轻松愉快。

最大限度地利用业余时间

如何做到最大限度地利用八小时之外的业余时间呢？

在我们讨论如何利用八小时之外的时间之前，先要了解如何利用好八小时之内的时间。按照国家法定的工作时间，每周五天，每天需要工作八个小时。在工作的八个小时里，我们要注意几件事情。

首先，明确自己做这份工作是为了钱还是因为自己真正喜欢。如果只是为了钱，临时做自己不喜欢的工作是可以理解的，但长久来看是不可行的。如果我们做的工作是自己喜欢的，那么我们每分钟都会沉浸在自己热爱的事情里，度过八小时就会变得比较容易。

其次，要尽可能与周围的同事成为朋友，建立志同道合的良好关系。这样，你在工作中就会有帮手或者战友，你就更加容易做出成绩。

再次，一定要去学习与你的工作相关的专业知识或者扩展性知识。主要包括听课、参加培训、与业内的专家进行交流等。只有在八小时的时间里得到充实感、成就感，我们的业余生活才能过得安稳。

除了工作的八小时之外，我们的业余时间是多于八小时的。一天24个小时，刨除8个小时的工作时间，还剩下16个小时，再加上双休日，我们的业余时间远远多于工作时间。

那么，如何最大限度地利用八小时之外的业余时间呢？我认为要做到以下几点：

一是尽量不要把工作带到休息时间去做。我们要在八小时的工作时间内把工作做完、做好，尽可能少加班，尽可能不让工作侵占我们的业余时间，这样我们的业余时间才能充裕饱满，我们才能做更多和人生发展有关的事情。

二是要保证充足的睡眠。不要小看这件事情，因为很多人在年轻时不注意休息，牺牲休息时间去和朋友聚会、聊天、打游戏等，导致睡眠不足，影响工作质量和身体健康。长此以往，身体一定会出现比较严重的问题。为了工作、事业去熬夜好像是一件值得赞扬的事情，其实也是一个错误的想法。因为把睡眠时间占了，身体会出现巨大的亏损。原则上，一个人每天的睡眠时间应该保持在七个小时左右，我认为这是一个必须达到的时间。

三是要锻炼身体。只有睡眠是不行的，如果身体不够健壮，气血就会不畅通，睡眠质量也不会很高。运动不仅能使身体保持健康，还能使精神变得饱满。尽管灵魂和肉体有时候可以分开，但大部分情况下，肉体健康了，精神也会更加旺盛。你可以选择一到两项体育运动作为爱好，比如每天坚持走上万步路，或者在健身房锻炼半小时，有条件的可以打打球、游游泳，周末去郊游、爬爬山，在森林里走走，在河边或者湖边散散步。这些事情都能够使身心保持愉悦，也为我们做更多的事情做好充分的准备。

四是在业余时间尽可能多学习、多读书。学习的内容可以跟工作相关，也可以跟工作无关，比如读一读历史、文学、哲学、科学书籍，也可以看看新闻评论，使自己能够紧跟时代的步伐，紧跟世界信息的发展动向。总而言之，学习、读书是我们业余时间要做的最重要的事情。

五是尽可能与对自己有益的朋友多接触、多聊天。所谓对自己有益的朋友，就是当大家一起聚会、聊天时，能够互相学到东西或者至少能让自己的身心相对放松的朋友。在朋友面前，你不需要遮遮掩掩。太多的无聊社交会让你感到精神紧张。因为在社交场合，你需要表现出自己优秀的一面，甚至有时需要装模作样和逢场作戏，这样会使自己很累。我建议交朋友不在多，而在于是否可以让自己心情放松，获益匪浅。有时吃吃喝喝是没有问题的，只要不过量、不过分，就不算是坏事。

六是珍惜和家庭成员在一起的时间。人生最终的归宿还是家庭，家庭包含夫妻、父母、孩子。家庭的幸福美满是一个人坚强的后盾，可以使我们从容地面对风雨和社会现实中的苦难挫折。有一个家在背后支撑着，人就会有力量、有希望。所以，在家庭经营方面，我们需要多花一点时间。

七是最好坚持一个有意义的业余爱好，并且持续不断地精进。比如练毛笔字、画画，或者对某个感兴趣的学科或领域进行持续不断的研究，让自己除了日常工作之外，有一件事情作为自己生命的支撑，也让自己更加有成就感和自豪感。

做到以上几点，我觉得业余时间就已经被利用得非常充分了。我个人的很多进步和成就都是利用业余时间获得的。所以，对我们的一生来说，**业余时间比工作时间更加重要，关键在于我们如何利用业余时间**。

当你开始爱自己，世界就会来爱你

一个人如何能够做到真正地爱自己？

爱自己其实是一件特别重要的事情。在这个世界上，如果我们连自己都不爱，那么我们如何去爱别人、爱生活、爱世界呢？所以，我们首先要学会爱自己、珍惜自己。这样，我们才可以拥有一个更加美好的世界。**爱自己这件事情并不是一个形而上学的问题，而是一个落到生活、学习、工作、家庭中的实际问题。**那么，我们就从这四个方面来谈谈如何能够做到真正地爱自己。

在生活中爱自己

在生活中爱自己最简单的方式就是让自己的生活、人际交往和各种活动安排简单化。这种简单化是为了让自己避免陷入非常复杂的人际纠纷、社会纠纷甚至利益纠纷中，使自己的心情凭空变坏。爱自己其实还有另外一种体现，就是在日常生活中让自己保持身体健康。保持身体健康需要我们经常去锻炼身体，并且要做到生活和作息有规律。只有这样，我们的身体才会更加健康。同时，身体健康与否在一定程度上也会影响我们的心情，身体虚弱的人通常心情都不会太好，而身体健康的人一般来说心情会相对愉悦。所以，在生活中爱自己就意味着有秩序、简单明了、健康地去生活。

在学习中爱自己

一个不求进步、一直退步，得过且过、自暴自弃的人，我们可以认定他是根本不爱自己的。那么，我认为一个人在学习中爱自己，主要体现在是否能够每时每刻都取得进步。有些人认为爱自己就是把身体保护好，并且能正常地活着。但是，**真正爱自己的一个重要表现应该是在保证身体健康、心情愉悦的同时，不断地去汲取新的知识和能量，让自己不断进步**。同时，爱自己也体现在能让自己变得更加"值钱"上。"值钱"的意思并不是你能挣多少钱，而是让自己变得越来越有才华、有思想、有眼光、有胸怀、有气度，所有这些的总和就是爱自己。**爱自己其实就是让自己变得更加有魅力、有吸引力，变得有能力为自己、家庭和社会做出更大的贡献**。这就需要我们不断进取和学习，不断努力。当然，这种不断地努力并不是要去拼命，而是要以身体健康为前提。

在工作中爱自己

在工作中爱自己，首先就是要把本职工作做好。因为你把工作做好以后，就会得到同事或者领导的青睐，也会被大家欣赏。当你被欣赏，你就会越来越有成就感，而有成就感能使你身心愉悦。所以，这也是爱自己的表现。**其次，要具备职业精神**。所谓职业精神，就是遵循机构和公司的规矩去做事情，公平公正地对待自己的工作，同时也要简单透明地对待周围的同事，并督促、要求自己做到诚信、负责、有担当。通常一个有职业精神的人一定是一个非常自律的人，能把自己打理得很好，也能把工作打理得很好，并且可以让自己在工作中取得新的进步、赢得新的机会。如果你一辈子在工作中都只处于马马虎虎、拖拖拉拉的状态，那么你注定只会是一个普通的员工。因为你没有在工作中有所长进、有所提升并体现自己的价值，这也是一种不爱自己的表现。

在家庭中爱自己

我们需要去打造一个相对完美的家庭。打造完美的家庭并不意味着对方很完美或者一切都已经准备好了，而是要能做到互相体谅和容忍，并且以一种宽容的心态来面对家庭成员的各种矛盾，和自己的家人保持精诚合作的关系，去孝敬老人，去爱护孩子。如果有了孩子，就需要用健康的方式把孩子抚养成人，这也可以算是爱自己的表现。如果对孩子不加关注或者使用了错误的方式去培养孩子，将会导致孩子的性格在成长过程中被扭曲，使孩子变得脾气暴躁、易情绪波动，同时也会给父母后半辈子的生活带来极其痛苦的、不可估量的影响。

如果我们想过上幸福平静的生活，那么我们就需要把家庭成员之间的关系处理妥当。比如孝敬老人，让老人心情愉快、身体健康；夫妻之间相敬如宾，相互包容，相互理解，就会减少很多的争吵；用最正确的教育方法来教导孩子，孩子就可以健康成长。而所有这一切归根到底都是爱自己的表现。

以上我讲了很多爱自己的方式，好像其表现都是去爱别的东西，比如爱生活、爱学习、爱工作、爱家庭等等。但天下之事往往就是这样，当你全心全意地把最重要的事情全都做好时，你就会发现你已经完成了爱自己的整个过程，同时你的自我修行也将达到一个新的境界。

所以，**爱自己就是要将对其他事物的爱与对自己的爱相结合、相融合**。

|有条不紊地奋斗前行，舒展从容的恬静人生|

当今是比速度的时代，如果慢一点，我们可能就会被这个社会淘汰。如果我们静下心来，花很长时间去读一本书，是不是就会跟这个社会脱节了呢？

当今这个时代的发展速度的确非常快。不仅中国的发展速度快，城市每天一个样子，工作种类不断增加，全球化的进展、全世界的发展速度也很快，我们今天学的东西，可能明天就过时了。

在这种情况下，我们似乎根本就跟不上时代的脚步，也怕自己失去太多的机会。很多人都会有心浮气躁的感觉，每天在忙乱中度过。即便如此忙乱，仍会觉得自己好像什么都没有抓住，有点像在急流中到处乱扑腾的感觉。

我们该如何使自己的人生能够过得更加从容一些，并且使成功的机会更多一点呢？

最重要的是先使做事情的节奏慢下来。使做事情的节奏慢下来不是说不做事情，而是要将事情想清楚了再去做。在管理学中，有一句话叫作"不要以战术上的勤奋来为战略上的懒惰找借口"。这句话的意思是，有些做企业的创始人整天忙忙碌碌，抓着各种各样的事情，每天24个小时都不够用。但是，整个公司不但发展的战略方向不明确，而且重点也不明确，最后公司不是倒闭了，就是处于危机状态。这种行为其实是属于"丢了西瓜，捡了芝麻"的行为。**因为做任何事情，勤奋和忙乱都不代表能成功，一定要把事情想清楚了再去做，才有可能成功。**

做公司需要先将战略方向想清楚，将战略方向想清楚了，再在战术上用力气。这实际上就是抓住和区分主要矛盾和次要矛盾。佛教中有一句话叫作"急事慢做"，**越着急的事情，越是重要的事情，我们越要想清楚之后再去做。**

想清楚之后，本来要用十个步骤做的事情，最终可能只需要三个步骤就可以完成。并不是什么事情都要匆匆忙忙地做完，如果做完了结果却是错的，产生了很多漏洞，甚至方向都走反了，那还不如不做。例如，现在很多家长在教育孩子的时候也是匆匆忙忙的，完全不知道该给孩子培养怎样的个性，创造怎样的成长环境，只是一味地希望孩子成绩好，将孩子也逼得非常忙乱。这就是没有做到把事情想清楚了再去做、急事慢做。

在管理学中还有另外一个说法——"大处着眼，小处着手"，意思是在做任何事情的时候，我们一定要纵观全局，把事情都想清楚了、理清楚了，再下手去做。这样的话，即使是从最细小的事情开始做，大方向也会始终保持一致，做事情会显得有秩序，又不会忙乱，同时又能先把最要紧的事情做完。

中国有一个成语叫作"纲举目张"，纲是指用来拉渔网的大绳子。当我们将渔网上的大绳子拉起来后，整张网也就收起来了，捕到的鱼也都会在渔网中。如果我们不拉绳子只拉网，不仅网本身会乱，而且因为网上有漏洞，网中的鱼也可能会跑掉。

不论是面对自己的人生计划，还是面对工作发展，都一定要静下心来想清楚再去做。静下心来，花很长时间阅读一本书，是不会被这个社会抛弃的，并且也不会和社会脱节。**有些书本身就值得一辈子认真读**。基督教的教徒，几乎每天都把《圣经》放在身边读。中国的一些著作，包括《论语》《荀子》《史记》《红楼梦》《了凡四训》等经典名著，以及王阳明的很多文章等古人的智慧结晶，读得再怎么慢都是不过分的，再怎么重读也都是不过时的。

读有些书可能只是为了满足一时之需，例如很多管理学、企业发展和经营运作方面的书，以及普通的小说、散文等，只要以最快的速度读完就好。书本身就分为需要快读的和需要慢读的。有时候，我们读一本充满智慧的书，实际上就像砍柴前磨刀一样。中国有句古话叫作"磨刀不误砍柴工"，用一把钝刀去砍柴是砍不动的，还不如把刀磨快了再去砍，只要一下就砍断了。当我们把书中的智慧真正用到自己身上，再去面对这个世界时，很多的难题就可能非常容易破解了。这比不读书或是不认真读书，遇到难题完全不知道如何破解，迷失在难题中要好。

同时，有两句话对我们的人生非常重要：

第一，做任何事情，不论是着急还是缓慢，最重要的是不要被欲望和名利牵绊。欲望和名利是散往四面八方的，一不小心可能就会将我们引入万劫不复的境地，人生就容易陷入困境。很多政府官员因为贪图名利，在官场上出现问题。也有很多做企业的商人贪图名利，不法经商，最后也受到了法律的制裁。

第二，盲目的人生不值得过。即便再忙碌或是再努力奋斗，如果人生是盲目的，那么这样的人生到最后一定不会是有收获的人生。苏格拉底说过，人生最重要的事情就是认识自己，先了解自己是怎么回事，最想要得到什么，将得到这些东西的方法想清楚了，再根据此前讲过的有条不紊、急事慢做等方法将事情做完。

最后送给大家一句话：**有条不紊地奋斗前行，舒展从容的恬静人生**。这句话告诉我们的是，做任何事情都要想清楚，都要用一种舒展从容的态度去做，人生本身应该是安静的，而不是匆忙的，尤其是不能被这个时代牵着鼻子走，要用自己的步伐去丈量这个时代。

安全感来源于自身的强大与正义

生活中,很多人都缺乏安全感,所以拼命地追求房子、车子、票子,以获得内心的安全感。那么,一个人的终极安全感到底跟什么有关呢?

寻求安全感是人的本性。在原始社会,当人们面对非常凶猛的野兽的威胁时,只能爬到树上或者待在远处,并且不敢熟睡。这是人类害怕被动物攻击,害怕受到伤害而缺乏安全感的自然反应。后来,人们为了获得安全感,为了能够更加踏实地睡觉,创造了房屋。

除了环境上的安全感以外,人们其实还在追求另一种安全感。例如,中国人喜欢存钱,会把钱存在银行里,放在家里,甚至埋在地下。

古代的时候,中国没有任何社会福利保障体系,于是人们就养成一种习惯——有了多余的粮食,一定要存起来。如果遇到荒年,多余的粮食就可以让自己不至于饿死。有了多余的钱,就把钱存起来去买自己所需要的粮食和衣服。人们存钱也好,存粮食也罢,都是为了给自己带来强烈的安全感,这也是人的本性。

在现代社会,即使我们存再多的钱,钱也会迅速贬值。房子是大部分年轻人根本就买不起的奢侈品。我算了一下，按照一般人的工资，赚的钱全部用来买房子，也得要200年到300年才能买得起。我们已经不能像古代一样可以用泥巴造间房子住进去，或者囤点粮食就能度过灾荒。

买房不易，存钱也不易，因为没有钱可以买、可以存。所以，现代人比古代人更加缺乏安全感。但其实也不尽然，虽然现代社会是一个千变万化的社会，但福利保障也变得相对来说比较健全。我们的工资待遇虽然不算高，但并不会马上就饿死、冻死，因为我们还能得到很多来自国家和社会的帮助。

那么，对于现代社会的我们，真正的安全感到底是什么呢？

第一个要素，安全感是基于内心的自信。我们买不起房子，又没有太多的钱，怎样才能拥有安全感？例如，一个成名的画家任何时候都不需要存钱，因为他的一幅画可能会值5万元、10万元，甚至100万元。任何需要钱的时候，他只要画一幅画，就可以有钱。所以，如果一个人能凭借自己的才华随时换取想要的生活资源和生活费用，那么这个人的安全感就自然而然产生了。

如果我们想从年轻开始就获得安全感，最重要的不是去买房子、买汽车，因为这些东西会随着经济的波动而贬值。当你把所有的积蓄都用来买房子、买汽车，却没有赚钱的能力时，你的空房子将没有任何用处。有了汽车，你会连汽油钱都付不起，也没有任何用处。

所以，**我认为一个人如果想要拥有安全感，最重要的是重视对自己才能的培养**。因为才能可以随时随地换取财富，随时随地为别人所用，并且别人也愿意用金钱来交换你的才能。小到一个人学会了英语，水平提高后可以开始辅导孩子，通过教学来获取自己需要的经济资源；大到你可以研究出一项专利发明，用专利去换取你需要的经济费用；再大到你可以成为文学家、政治家、思想家等，只要是社会所需要的人物，你就可以换取资源。所以，我认为最重要的安全感就是不管走到什么地方，凭借自己的一身本领就能够换取衣食住行所需的资源。

第二个要素，对自己能力的培养。为了获得安身立命的才能，你需要给自己安排各种各样的学习计划，并且不断提高自己的专业能力。在获得广泛的知识后，寻找自己的才能在社会上的定位，确保自己的才能过了几十年依然是不过时的技能或本领。

第三个要素，身边有可以帮助你的人。你应该有一批能够团结合作的好朋友或者家庭成员。当你有了一批非常好的朋友，大家心无芥蒂，每个人都各有才能，互相合作，并克服生活中的困难，那么你自己的能力也就会迅速提升。这就像八仙过海，各显神通。如果你作为其中的一仙，没有得到其他七仙的帮助，你过海的难度就会增大。

一个美好的家庭也能给你带来很多安全感。比如，你在外面遇到各种风风雨雨、艰难困苦后，回到家里，有温暖的人等着你，就能给你带来安全感；当你失业时，家庭中的另外一位或者两位成员可以让你不必为暂时挣不到钱而感到焦虑和不安；等等。

第四个要素，不做亏心事，就是"人正不怕鬼叫门"。我们做任何事情都不能违背良心，不管我们是政府官员、商人还是普通人。因为做了亏心事，你就会睡不着，焦虑不安，甚至影响身体健康。贪官贪污了钱以后，晚上有人敲门都会无比心惊胆战。商人做了违法乱纪的事情以后，尽管他们口袋里有钱，但是每天都会担心法院的人把自己带走。

我们能够有一所房子住，能够有一定的余钱存在银行里，社会福利保障不断加强，确实会带给我们更多的安全感。但是，最根本的安全感不在于钱和房子，而在于我们的才能，我们和朋友、家庭的关系，以及我们做的事情是否正义，是否敢放在朗朗乾坤之下让所有人见证我们是堂堂正正的人。如果能做到以上这几点，我认为我们一定会拥有最珍贵的安全感。

不要让坏习惯害了你的一生

有时候，明明知道自己有些坏习惯（比如拖延症或粗心大意等），但就是改不掉，并且这些坏习惯还会严重影响自己的工作。怎样才能改掉自己的坏习惯呢？

每个人身上都会有一些好习惯和一些坏习惯。人在进步的过程中，最重要的事情有两件：一是不断发扬自己身上的好习惯；二是不断改掉自己身上的坏习惯。大多数时候，阻碍我们成功的主要因素是坏习惯；好习惯已经形成了，我们只要做得更好就可以了，不太会对我们造成伤害。改掉坏习惯更加重要。我们人生进步的过程实际上就是将短板不断变长的过程。

我们的坏习惯之所以不太容易改正，是因为我们习惯于在坏习惯中浑浑噩噩地生活，抱着某种自暴自弃的态度。如果我们人生的前方有一盏用理想和未来做指引的灯，坏习惯改掉了，我们就能实现更加辉煌的理想，有更加完美的人生和自我，那么，我们的坏习惯就会更加容易改正。我们都知道，伟大的理想常常能够使一个人走向崇高的人生道路。

其实，坏习惯给我们带来的心理压力，比改掉坏习惯带来的喜悦和成就感更大。改掉了坏习惯，人生就会变得更加轻松和有成就感。想要改掉坏习惯，我认为可以从以下几个方面入手：

首先，界定自己身上到底有什么样的坏习惯。偶尔睡个懒觉、稍事休息等，这些不等于坏习惯，适当调整是可以的，不过分就行。但是，有些习惯确实是比较不好的。比如，做事情有拖延症，拖延症不仅会使人完不成任务，失去成就感，还会耽误重要事情，使我们很难和他人奋发共进。你的拖延会导致其他人对你产生不好的看法。有拖延症的人一般都没有意识到一个问题：越拖延，心理压力就越大。再比如，粗心大意也是一个比较严重的坏习惯，因为粗心大意，不关注细节，就很容易错过最重要的东西。再比如，我有一个坏习惯，就是喜欢喝酒，我每年会有几十天因为喝酒耽误事情，或者因为喝酒之后神志恍惚，生活质量和工作质量下降。当我界定了自己的坏习惯以后，我就要思考哪些坏习惯应该改正。

其次，一定要为自己的坏习惯制定出具体的改正目标，并不断挑战。这个目标不一定要马上达到完善的状态。以我喝酒为例，我原来喝酒一次能喝一斤多。我的第一个目标是，把饮酒量控制在一斤白酒之内；第二个目标是，把饮酒量控制在七八两之内；第三个目标是，把饮酒量控制在半斤之内。现在95%的情况下，我都能将饮酒量控制在半斤之内。这样基本不会影响大脑的思考，也可以保证第二天正常工作。每次减少一定的量，达成后，我都会感到很有成就感，这样就能一点一点接近我自己设定的目标。这个目标并不是完全不喝酒，而是做到理性喝酒。有拖延症的人，假如本来你的工作规定三天完成，你就给自己规定两天完成。如果你两天完成了，就给自己一个奖励，这样拖延症就比较容易被克服。

再次，如果自己改正坏习惯的动力不足或难度太大，可以找人帮忙。找你的朋友、你最喜欢的人来帮助你，监督你的行为。一般来说，别人交给我们一项任务，拖延的情况就相对比较少；而我们自己给自己规定的任务，不完成的比例就会大很多。为什么呢？因为别人交给我们的任务不完成，会有面子问题，觉得不好交代；而自己的任务不完成，我们很容易就会找到一个舒服的理由，反正别人也不知道，自我嘲笑一下，事情也就过去了。所以，要改掉某个坏习惯，让身边的人来监督，就会比较容易改掉，外在的压力往往能比内在的压力带来更大的动力。

最后，确立良好的人生理想，用理想来牵引自己的生命不断向前。人生的进步除了自我推动，还需要有拉力，理想就是人生最重要的拉力。朋友的进步激发你的努力，也是一种拉力。利用这样的拉力，让自己尽快改掉坏习惯，轻装上阵，努力进取。

当然，我们也要有充分的认识，一是要清醒地认识到改正坏习惯的艰巨性和长久性。因为坏习惯是我们已经养成的习惯，很难一下子改正。众所周知，很多人戒烟需要经过一个长久并且痛苦的过程，通常是戒掉了再抽，抽了再戒，除非是突然的状况导致不得不放弃抽烟，否则很难戒掉。二是坏习惯反复了，也不要太自责。一件事情反复了，重新再来一次，这次做得比前一次进步就可以了。比如，我改正喝酒的坏习惯，从喝大量的酒，到现在只喝少量的酒，并且能够做到在大部分场合喝完酒后保持清醒。了解了改正坏习惯的艰巨性和长久性之后，我们就不至于过分自我责备，不会放弃努力。

总而言之，坏习惯就像长在身上的毒瘤一样，如果不去掉，它就会妨碍我们的生命健康和事业发展。**改正坏习惯，也是你有勇气完善自己的证明。**

|旅行对人生的意义|

在旅行越来越商业化的今天,"下车拍照,上车睡觉"成了旅行的主要模式。那么,"读万卷书,行万里路"的意义该如何理解呢?旅行的意义又是什么呢?

旅行对人生的意义十分重大。当然,纯粹"下车拍照,上车睡觉"的旅行,我是完全不赞成的。这等同于一种无意识行为。可惜中国大部分旅行者都是这样的——旅行只是为了出去看一个从来没看过的地方,这个地方对他们来说的意义就是看过了,照过相,然后可以向其他人炫耀一番。

在今天的世界,"读万卷书,行万里路"变得愈加重要。巨大的信息量使我们必须不断接受各种新思想,因此就必须读万卷书。行万里路也是这样,由于世界变化得太快,现在整个世界都是我们的舞台,了解世界就成了成功的一个前提条件。不管有没有钱,旅行这件事情对我们来说都非常重要。如果没有足够的钱,我们可以穷游。我们有多种交通方式可选,可以搭车、走路、骑自行车,坐便宜的交通工具旅行;我们可以住青年旅社,住老百姓家里,甚至可以住在帐篷里面。

我身边就有一些朋友,他们其实没什么经济来源,但是差不多走遍了全世界。他们就是用各种方式穷游,把世界走遍、看遍。当然,如果经济条件相对比较好，有钱旅行，就可以选择更高档的交通工具、坐商务舱、住五星级宾馆，也不影响旅行所带来的意义。有钱的旅行并不是只为了享受，吃得好、睡得好，而是为了有更多的精力来了解旅行地方的风土人情、社会习俗。旅行的意义跟穷游还是富游没什么关系，重要的还是要走出去，要有准备地走出去，旅行的意义才能体现出来。

我认为一次好的、有意义的旅行需要具备如下几个条件：

一是必须有目的。 去一个地方旅行之前，你需要想好你为什么要去，是为了看到还是学到什么。这和你凑热闹地坐游轮或者去普吉岛度假是完全不一样的。我不反对度假，度假就是度假，不是旅行。假如我要去柬埔寨旅行，我就要考虑我去柬埔寨看吴哥窟到底是为了什么。比如，我希望去了解古代东南亚一带的文化传统、历史和起源、内在的价值等。那么，我就设定了一个旅行目标，很自然我就能够学到东西。

二是要做计划。 要搞清楚在这个地方你要看哪几个重点，哪些不是重点，重点要花多长时间，乘什么交通工具过去，住在什么地方，和什么人交流。我到了一个地方以后，通常有一个习惯，就是去采访当地人。如果是英语国家，我就可以直接与人对话；如果不是英语国家，我就需要有人当翻译，这些东西都要预先计划好。因为你没有计划，到了那儿就会困难重重，你想学到东西就完全不可能，所以计划要做得非常周密。假如我去某一个地方旅行十天，我就会针对这十天到底干什么，跟专业人士和对当地熟悉的人进行反复研究、探讨，制订出一个使自己能在这十天之内有收获的计划。

三是要做功课。 你既然要到一个地方去，就要提前收集这个地方的大量资料，学习就变得必不可少。比如，我去柬埔寨之前，整整一个星期都在研究各种有关吴哥窟和柬埔寨的视频、历史文字。做完功课后，再去旅行就可以对照着学习，收获会特别大。否则你什么都不懂，既没有历史感，又没有地理上的空间感，也没有对人文的了解，你去的话就是纯粹看热闹。我是一个特别喜欢旅行的人，喜欢在旅行中学习。今年我已经去了三个地方——柬埔寨、印度南部、巴西，都是为了学习，而且我每次去旅行都会有很大的收获，因为我会预先做好功课。

四是学会在当地找朋友。找朋友有两种方式，一种是找对这个地区特别熟悉的朋友，尤其是对这个地区有所研究的。当然，这样的朋友不太容易找到。因为你有时间，朋友不一定有时间。除非你用更多的钱请专家陪你去，否则一般不容易实现。所以，另一种方式，也是最重要的方式，就是以最快的速度交到当地的朋友，让当地的朋友给你做向导或者给你当老师。

我每到一个地方后，对导游都会有比较严格的要求，很多普通导游想给我介绍，结果我发现他们对当地的了解还不如我，因为我做过功课。我要找有专家水平的导游对我进行指导。从我开始旅行到现在，我在各地也碰到了一些真正的好导游，最后我们都成了好朋友。这些导游有学识，有眼界，有对当地的深刻了解。还有一些当地的朋友，原来素不相识，因为旅行途中一起探索、一起吃喝聊天，最后也成了朋友。你能从他们身上学到大量自己不知道的东西。

五是一定要思考，可以用文字的形式记录下来。我到任何一个地方旅行都会用照片和文字进行比较详细的记录，再进行整理，最后写出有自己的感悟的文章来。把自己生命中的一小段经历用文字和图片的形式凝固下来，使自己回味时有所依据。在录入文字的过程中，又有一个对所看事情的反思、升华的过程。

如果能做到以上五点，我认为这次旅行就一定很有意义，也会很充实，不会辜负你花费的时间和行走千里的劳累。我强烈反对到一个地方照个相、睡个觉，最后作为一种炫耀而结束旅行。现代人的旅行一定是有意义、有收获、能放松的旅行，能够让自己的眼界和胸怀越来越宽广，思想越来越完整，对世界的了解越来越深刻。

键盘不可废，走进现实社会更可贵

现在网络发达，很多人都躲在电脑后面对别人的生活进行评价，这样的人被称作"键盘党"。我们应该怎样看待"键盘党"？

我们先不谈论"键盘党"正不正常，一个社会允许"键盘党"存在，就是件好事。这表明中国的言论环境相对来说更加自由，个人能够无障碍地表达自己的观点。尽管通过网络表达观点有时候属于某种背后行为，但毕竟也能够表达观点了。

我认为，这对中国来说是一个巨大的进步。凡是经历过旧时代的人都知道，那是一个不能乱说话，也没有任何渠道可以表达自己的观点的时代。现在很多问题大家都能够畅所欲言。毫无疑问，这是时代的巨大进步。

"键盘党"存在的另一个好处是，人与人之间的观点会发生明显的碰撞和冲突，也就是说，一群人之间可以表达完全不同甚至相反的观点。这实际上激发了人们独立思考的能力。因为在众多不同的观点中，个人需要去判断到底哪种观点更加接近真理，哪种观点更加符合实际情况。

此外，"键盘党"的存在也会带来言论不负责任的行为。所以，网上的谣言、不负责任的言论还是比较多的。但是，恰恰因为有这样一个过程，中国人会变得越来越有辨别能力。辨别哪些是真实的新闻，哪些是不真实的，大浪淘沙之后，能够使人变得更加明辨是非。因此，允许"键盘党"存在，允许大家通过各种各样的自媒体表达自己不同的观点、思想，哪怕是很怪异的思想，我认为也是社会的一种进步。

中国存在大量的"键盘党"，比一些西方国家多出好几倍，这体现了中国人在行为方面的一些不良特征。

第一个特征就是中国人通常不敢面对面地起冲突。面对面的时候，中国人一般都会变得比较胆怯，不敢直截了当，比较懦弱。 我们时常会发现这样的现象，人们面对面的时候，通常都是互相说好话，但是私下就互相说坏话。这也形成中国文化中的一个痛点，让人感觉中国人不光明磊落。

第二个特征，体现了中国传统社会的人们不敢发表意见，有着对发表意见会导致比较严重的后果的某种恐惧感。 人们一旦直截了当地发表自己的看法，就容易遭到打击报复，所以就慢慢形成在背后说话的习惯，甚至形成写匿名信，不署名发表自己观点的习惯。这是中国社会未来进步以后需要慢慢消除的一个现象。

第三个特征，这有时候也体现了人的一种阴暗心理。 由于在网络上完全可以匿名操作，所以很多人就把自己内心的魔鬼释放出来了，不惜一切代价去侮辱、诽谤自己心中不满意的人，完全凭空捏造的、无事生非的事情变得非常多。所以，"键盘党"也暴露了中国人人性中的某些非常大的弱点。

当然，我认为这种弱点的暴露本身不是坏事。因为随着其暴露，大家会明白这样的行为越来越受到鄙视和谴责，到最后是会慢慢地变好的，大家会变得更加收敛和负责任。

对于"键盘党",我认为他们应该有个人的人品底线。所谓人品底线,我认为最需要注意的是下面这种情况。

当我们面对社会事件、公共事件的时候,我们可以随意点评,但我们的点评最好是负责任的。从另一个方面来说,这类点评即使不负责任,人们也能够看出来,并且也不会给个人带来太大的伤害。但是,**不要躲在网络背后宣泄个人恩怨,尤其是不能通过匿名操作这种不负责任的方式来侮辱、谩骂某个你心中不喜欢的人**。如果这么做,就涉及人品问题,也就是你人品差,你才会躲在背后将脏水泼在你当面不敢把他怎样的人身上。开口就谩骂、闭口就诅咒的"键盘党",我觉得是会受到大家鄙视的。

此外,**如果只愿意躲在网络背后发表自己的观点,宣泄自己的情绪,我认为已经是有了比较严重的心理问题**。作为一个人,要拥有正常、健全的人格,就一定要学会面对面地和人交流。这种交流包括友好的交流、相处、聚会,也包括面对面地提出自己的意见、看法,甚至是发生面对面的思想上的冲突,并在冲突中面对面地寻求解决办法。**人不能永远躲在网络后面像幽灵一样活着,这样活下去会使自己的心理变得越来越阴暗,越来越与现实脱节**。网络世界中所表达的一切东西,与现实世界还是有很大差距的。举个简单的例子,网络上的恋爱和现实中面对面的恋爱完全是两种不同的味道。我认为人应该学会面对面地恋爱,而不仅仅在网络上互相调情。

人与社会也是这样,当我们面对社会、进入社会的时候,我们对社会的理解与我们只在网络上通过键盘和屏幕来看待社会,是两种完全不同的概念。**尽管键盘不可废,我每天也待在网络后面很长时间,但我觉得走进现实社会是更可贵的**。

人生价值

活出真正有意义的一生

Chapter 07

人与人之间的差别，拉开了人与人之间的差距

人与人之间的差距是怎么拉开的？每个人都有一个脑子、两只手、两条腿，但随着时间的推移，即使是同一个社会层次、在同一所学校读书的人，距离也会拉得越来越大，有的人走向平庸，有的人则不断走向成功。这里面最主要的原因是什么？

有的人一辈子浑浑噩噩地生活，没有取得成就，没有为家庭带来收益，没有为国家做出贡献；有的人不只取得了成就，还为家庭和国家做出了巨大贡献；有的人甚至改变了历史的走向，为人类的发展做出了重大贡献。这种差距是如何拉开的呢？

有的人支持下面这两种说法：

第一种，因为人的智商不同。有的人天生非常聪明，有的人则比较愚钝。因此，聪明的人能成功，愚钝的人就只能一无所成。人与人的智商不同，确实会造成人的发展路径不一样，但通过对成功人士的分析，我们发现智商只要在正常范围内，对一个人学习或者事业的影响是有限的。

毫无疑问，一个智商很高的人会更加容易取得学习的成功。但分析表明，大部分成功人士的智商都在正常范围内（100左右），我们常说的高智商人士通常是指智商在125以上的人。很多智商正常的人取得了非常高的成就，甚至是伟大的成就，因此可以得出一个结论——智商的高低不能决定一个人是否能成功。这也意味着我们作为普通人，也有取得成功的潜质。

第二种，因为家庭背景不同。家庭条件好的人比较容易取得成功，因为他们拥有足够好的经济条件和资源，能去最好的学校读书，在未来创业时也能得到父母的金钱和资源支持。虽然这是人与人之间拉大差距的一个重要因素，但对成功人士的调查表明，百分之六七十以上的成功人士都来自普通家庭，有很多甚至来自社会底层（比如农民、普通工人家庭），由此可以得出结论，家庭背景也不是决定一个人成功与否的必然条件。结论是：一个人的智商和家庭背景对他的成功有一定影响，但并不是人与人之间拉开差距的主要原因。人与人之间拉开差距，更多的是以下几个方面的原因：

首先，是否有理想、梦想或者志向。这是人与人之间拉开差距的重要因素之一。因为理想有巨大的牵引作用或者推动力，会引领一个人不断向前。和那些没有志向的人相比，有理想、梦想和志向的人前进的速度往往会快很多，他们具有一种勇往直前的信念，这一信念会带领他们逐渐远超其他人。**所谓梦想和理想，不一定是某一件具体事情，而是能引发我们愿意为之奋斗的一种理念**。曼德拉年轻的时候希望自己能够消除种族隔离，这变成他的一个重要理想，推动他不断前进，最后曼德拉实现梦想，成为南非首位黑人总统并获得了诺贝尔和平奖。对我们普通人来说，内心渴望更好的生活，愿意去寻找更大的世界，愿意通过自己的努力取得更大的成就，成为某个领域的出色人物，这些都是推动我们前行的动力。

其次，个性和性格的不同。我们很难期望一个悲观主义者做出轰轰烈烈的事情，我们也很难期望一个被动、消极的人去做出开创性、突破性的事业。**虽然性格和个性是我们从小在父母和环境的影响下形成的，在我们小时候不太容易发挥主导作用，但我们长大成熟后，就需要明白拥有什么样的个性和性格才更加容易取得成功，并努力向这样的性格靠拢。**马云之所以能够取得成功，是因为他不怕失败、勇往直前、对生命充满热情、勇于探索的个性和性格。

有什么样性格的人容易成功呢？**一是有"逆商"的人。**"逆商"即面对失败、艰难困苦、灾难和打击，能够重新振作，因此变得更加有决心，愿意去应对困难的一种个性特质。当一个人面对失败不害怕，愿意绝地反击时，他就拥有了东山再起的能力和机会。**二是有自律能力的人。**自律即能够给自己制定目标、设定方向，坚定不移地排除各种干扰、诱惑和欲望，继续前行的一种能力。**三是有融合能力的人。**融合能力即能够在人群中混得很好，甚至成为核心领导人物，融合别人并且借助别人的力量共同来完成一件事情的能力。如果一个人体现出了这三种能力，这个人就离成功比较近了。

再次，专注力的大小。专注力即能够在一定时间内专心致志地做一件事情，把这件事情做到极致的能力。从小的方面来讲，就是能在专业方面做到极致，成为所学专业的佼佼者；从大的方面来讲，就是不把事情做大绝不罢休；从情感上来讲，就是能对喜欢的人和事物产生深刻的感情，更加容易接近人性的成熟和广阔。同时，因为专注而带来的深入和探索，也能让我们比较容易对某些事物形成深度的理解。爱迪生的专注给世界带来了电灯，爱因斯坦的专注使他创立了相对论，乔布斯的专注创造了苹果智能世界。

最后，学习能力和冒险能力。学习能力主要分为内在和外在两种，内在的学习能力即自我反省能力，外在的学习能力就是阅读能力。我们通过读书去了解各种新的思想、创意和经历，同时，不断进行自我反省，使自己的领悟能力、分析能力和判断能力不断提升。**冒险能力，我把它界定为走出去的能力。**

一个人如果自我满足，通常就会止步不前，或者拥有一份舒适后就再也不去思考其他东西。一个有冒险能力的人愿意放弃自己的所得和优越的环境，去迎接新的挑战，开拓新的市场，走向新的陌生领域来证明自己能够取得更大的成功。

所以，这两种能力实际上都需要一个人从外界获得自己原来不具备的能力，并且借此使自己能够多角度地看问题，确定自己的人生方向。这样，生命就会更加波澜壮阔，拥有更加美好的人生机遇。

尽管人生来都一样，但长大后产生很大的差距，最主要的原因不是智商和家庭背景不同，而是人本身的一些特征不一样。一个拥有梦想、积极的个性、专注能力、学习能力的人，会更容易在人生奋斗中取得成功。我也希望大部分人能够变成这样的人。被动消极地活和主动积极地活都是活，但后者一定会收获更多。既然来到了这个世界上，我们当然要为更美好的生活去努力。

想成为亿万富翁，先获得学习能力

国内身价20亿元级别的富豪有2000多位，半数无高学历。我们应该如何看待这种现象？

"一个人做生意能否成功与学历高低没有必然联系"，这个观点已经过时了。未来，没有学历或者说没有文化，却想要做成生意的人依然会有，但是人数会大幅减少。

为什么过去许多没有学历的人能够获得商业上的成功呢？我认为这是中国社会发展的特有现象。1977年，中国恢复高考，1978年改革开放以后，国家鼓励大家学习、考大学，但当时中国的大学资源非常有限，每100个考生中大概只有三到四个人能考上大专或者大学。相比现在每年会有800万左右的学生考上大学或大专，过去每年最多只有十几万名大学生，因此大量的人实际上没有上大学的资格，也就没有任何可能拿到学位。但是，没有考上大学的人中有很多聪明人，他们只是没有机会上大学而已。

每个人都需要想办法生存和生活。20世纪八九十年代，中国迎来经济上的改革开放，相对单一的公有制开始转变，部分国有企业慢慢地衰退，国家允许私有制的出现，允许民间企业从个体户做起。那些没有机会上大学的聪明人，他们的脑子并不笨，处理事情的能力也不差，所以他们很容易就能抓住商业机会，于是在八九十年代，房地产领域、制造业领域和其他服务业领域就涌现出一批大企业家和商人。

所以，从这个意义上来说，**过去没有学历的人并不是因为笨而考不上大学，而是因为没有上大学的机会**。他们同样拥有足够的能力来思考自己的命运，安排自己的人生，抓住好的机遇。

当然，富翁中还有一部分人是抓住中国结构性调整所出现的机会而成功的，比如有些煤老板。这些煤老板，有的真的只是小学毕业，有的甚至小学都没毕业，但是他们依然成了亿万富翁。原因非常简单，当时，中国进行了资源调节，允许个人去开采煤矿，很多人就投入煤矿产业，成了亿万富翁。

不论有没有学历，一个老板只有拥有维持自己财富的能力，并不断地创新，不断地发展自己的企业，他的财富才是可持续的。否则，就会像买彩票一样，抓住了一个临时的机会变成富翁，但这样的"成功"方式往往不可持续。所以，我们看到不少煤老板破产，也看到不少人虽然抓住了偶然的机会成为富人，但是变富以后就开始赌博，开始做各种不靠谱的事情，最后等到新的机遇来临时，就再也抓不住了。

在过去的时代，也许有很多人没有较高的学历，却能做成企业。但是在未来，没有学历想做成事情的可能性会越来越小，有如下几方面原因：

第一，中国大学和大专院校的扩招已经能够使百分之七八十的高中毕业生受到很好的高等教育，如果一个人在录取比例这么高的情况下，依然得不到上大学的机会，就说明这个人的学习能力是比较差的，也说明了这个人对知识的核心创新、对机会的理解力及抢占机会的能力是比较弱的。在这种情况下，他未来想要创业成功，难度就会异常大。因为在未来，中国的创业已经不是单纯地去抓机会，而是需要利用知识、技术、才能、眼界才能抓到机会。

第二，在未来，如果你没有学历，就意味着你基本上无法理解这个世界上千变万化、转瞬即逝的高科技动态，以及高科技和现实之间的结合。当然，你依然可以创业，比如你可以去开个小饭店、小农场或者小卖部，这种创业貌似不需要太深厚、广博的文化知识。但是在这种情况下，你所做的事业原则上也已经做不大了。原因非常简单，目前能做大的都是与互联网、密集的高科技知识相关的产业，而只有那些对商业模式有着非常敏锐和独到理解的人，才能把这样的生意从小做到大。

还有一点，目前的商业模式与传统的商业模式相比，已经有了翻天覆地的变化，**未来抓住新的创业机会需要创业者有非常完整而强大的知识结构，而不单单只有大学学历**。所以，往后没有学历的人做出中国20世纪八九十年代那样的大企业这种事，已经基本不可能了。反观最近几年中国出现的亿万富翁，其实基本90%是大学毕业生，并且要么是毕业于非常好的大学，要么就是高科技专业毕业的人才。

所以，学历非常重要，但对知识的学习能力和掌握能力更加重要，它们与未来的创业息息相关。因此，**你在思考如何变成亿万富翁之前，请先思考如何能够获得终身学习能力**。

|让自己成为一个真正富有的人|

如何才能成为一个真正富有的人？

提起富有，第一个进入我们脑海中的词就是"钱"。通常我们认为有钱就等于富有，这是一个世界性现象，一般只有拥有极端宗教信仰的人才会把信仰当作最大的富有。我们是普通人，钱和我们的生存息息相关，必然是我们追求的重要资源之一。但一个有钱人就必然富有吗？富有还有别的含义吗？当然有，富有远远不只是有钱、有豪宅、有豪车、有私人飞机这么简单。

在世界范围内，有钱人得抑郁症或者自杀的情况往往比普通老百姓还要多。这是什么原因呢？一方面，富人承担了社会赋予的更多的责任，压力都比较大；另一方面，许多富人只追求金钱，导致生命中只有钱，没有生活，因此很容易钻牛角尖，最后被钱玩死了。

真正富有的人到底是什么样的？ 我认为一个真正富有的人应该是在以下四个方面富有：第一，性格上富有；第二，品格上富有；第三，精神上富有；第四，生活上富有。

性格上富有

人的性格分成两种：一种是积极、主动的性格，另一种是消极、被动的性格。一个人拥有积极、主动的性格，就是性格上富有。**一个拥有积极乐观的生活态度的人，在生活中遇到任何困难和挫折，都会比较乐观地去看待，并且积极想解决办法。他一般不太容易被现实伤害，弄得灰心丧气。这样的人内心有一种非常坚毅的精神，假以时日，就会比较容易取得成功。**因为他的个性中有成功需要的元素，有对自己的自信和必然做成事情的积极想法。我们把这种性格叫作"富有性格"，就是所谓的富人态度。穷人态度就是一遇到困难就消极地进行自我否定，认为自己没有办法解决问题，最后缴械投降。性格决定命运，大概就是讲的这种情况。

品格上富有

拥有正能量的品格特征的人一般光明磊落，豪爽大方，诚信负责，善良仁慈。他走到人群中会被大家积极认可，交往的朋友也都比较真心、热情。当别人需要帮助时，他也非常愿意出手相助，因此他在人群中会更受欢迎，不会让人产生防范之心，别人和他在一起很有安全感，因此，他的机遇就会大大增加。品格上贫穷的人通常心理比较阴暗，总是斤斤计较，做事情欺软怕硬，看到有利可图，就会为了个人利益不惜一切代价。这样的人虽然暂时可以获得一些好处，但从长远来说，一般都会被其他人防范和讨厌。别人拥有好的机会时，也不愿意与他合作，因为大家都知道与他合作肯定会吃亏，得不到好结果。所以，品格上富有的人未来成功的概率就比较大。

精神上富有

中国古代知识分子常常说"两袖清风"，这其实是知识分子的一种自傲。

知识分子在中国古代属于士族阶层，一般赚不了太多的钱，但他们在精神上是高贵富有的。历史上，不管是李白、杜甫还是苏东坡、欧阳修，他们都不是家财万贯的人，但是他们被万人敬仰。**有些人尽管物质条件一般，但精神上处于极其富有的状态，心灵非常充实。**他们喜欢探索，有好奇心，喜欢阅读大量书籍，追求新奇知识，并因为获得新知识而欢欣雀跃。他们有了钱通常会呼朋唤友，在自由交流中开怀畅饮，获得人生最大的乐趣；而一个人的时候，他们也能够享受孤独，并进行思考和自我反省，获得灵魂的净化，让自己达到精神上更高层次的富有。

他们从来不以自己拥有多少财富来衡量自己的价值，而是以拥有多少知识、多少真心朋友、多少才能来衡量自己的价值。他们通常是在思想、创作和创新方面有强大能力的人，对自己的能力充满信心，所以对有没有钱不太在意，因为当他们需要钱的时候，他们随时可以用能力去换取财富。他们对物质生活的要求并不高，很容易在物质方面得到某种满足，只要有穿有住，有清风明月，就已经是一种享受。所以，精神上的富有明显要比物质上的富有更加重要，也更难得到。

生活上富有

一提到生活富有，大家都会想到钱，但生活上的富有其实不只是有钱。生活上的富有还包括对时间有非常丰富和充实的利用方式。比如，一个喜欢下围棋的人就比一个无所事事的人的生活更加丰富。我们可以看到，西方有很多家庭很普通，一年赚的钱不是很多，家里的房子也比较破旧，甚至贷款买的也是旧汽车，但是每到假期，全家人就会开着汽车，带着帐篷，到山清水秀的地方去旅行、烧烤，或者背上背包周游世界。很多西方人喜欢登山、滑雪，在他们看来，这些爱好都不太花钱，却能给他们的生命带来丰富性，也扩大了他们对世界的认知，这些爱好就是生活上的富有。

物质上的富有对人们来说自然很重要，因为有钱总比没钱好，有更多的钱总比只有很少的钱好。但是，我一直认为有钱这件事情之所以重要，是因为有钱可以让我们更进一步地获得性格、品格和精神上的富有。如果一个人只是为了更加有钱而活着，生命也就没有太多的价值和意义。这也就是很多有钱人最后陷入绝望，甚至患上抑郁症的一个重要原因。

在我看来，金钱上的富有其实是性格、品格、精神和生活富有的必然结果。如果这些不富有，光有钱是没有用的。我们拥有金钱的多少并不影响我们的富有，我们可以根据收益的多少来规划自己的生活。毕竟世界上能够赚大钱的人很少，大部分人的一生都是普通的一生。我们的一生是丰富还是苍白，完全取决于自己的选择。就像我说的，同样是花100元钱，有的人可能吃一顿饭就全部花光了，但有的人可能会看一场电影，吃一顿饭，买一朵玫瑰花或者一本书。同样是花100元钱，后者让生命变得更加富有和丰富。

有钱不重要，重要的是过好自己的生活

有钱到底有多重要？因为赚钱而没有自己的生活，值得吗？

毋庸置疑，每个人都知道钱非常重要。对一个人来说，如果连温饱问题都解决不了，那么精神上的追求是无从谈起的，我们很少有人能够饿着肚子追求精神世界的乌托邦。

中国古话总是讲"书生两袖清风"，很多人都认为他们两袖空空，饿得半死。其实书生是不会饿死的，因为在中国古代，只要是书生，通常就会考中秀才，成为秀才之后，国家就会拨款养着了。如果到了举人或者进士、状元这些级别，那就不光能解决衣食住行的问题，还能有无限的仕途。

所谓"两袖清风"，并不是说人们只享受精神食粮，终日衣不蔽体、食不果腹，而是说他们并不是那么富有。一个人的钱不一定非要多到自己数不清的地步，只要能满足自己基本的衣食住行，并且还能留有一点余钱可以做自己想做的事情就足矣。**只有在拥有面包和牛奶的前提下，才有可能去往心中的乌托邦，赚钱是你追求梦想的一个保障。**

那么，因为赚钱而没有了自己的生活，值得吗？

如果一味地赚钱而没有自己的生活，是不值得的。如果一个人眼中只有钱，钱越多越好，每天在家里忙着数钱，耗神伤身，以至于牺牲了自己的生活、自己跟家里人在一起的时间，没有了看望父母的时间，没有了教育孩子的时间，没有了谈恋爱的时间，甚至牺牲了自己的身体，那么我觉得，这样的赚钱状态是可悲的。

但是，**当你没钱的时候，在你面前出现了一个赚钱的机会，我觉得这个机会你是一定要把握的，你应该一头扎进去，并且应该努力地去赚钱**。比如有这样一个创业机会，或者有这样一个工作机会，能够让你在短时间内（如半年到一年）赚到一笔钱，而这笔钱能让你在以后几年不用工作，有时间安排自己的生活，追求自己的兴趣爱好，甚至还有余钱到全世界去旅行，那么这一段时间牺牲自己的生活去赚钱，我觉得还是很合算的。

再辩证地看一下问题，如果你一辈子生活里只有赚钱这一件事，并不惜牺牲自己的生活，那么我认为这是傻瓜才会做的事情。我曾经有一段时间为了赚钱，牺牲了自己全部的生活。**现在我已经很明白，赚钱绝对不是生活中最重要的事情，把生活本身过好，享受生活，才是一生中最重要的事情。**

但是，我说这句话的前提条件是我已经有钱，能够去追求自己想要的生活。如果你发现你这一辈子必须全力以赴才能够赚到支撑自己活下去的钱，并且还牺牲了自己的生活，那你就需要反省一下自己赚钱的方法是否正确，是否应该去提升自己的能力了。

通常来说，一个人赚钱的多少和他的能力的高低是成正比的。在保持同等生活水平的情况下，你一个月赚5000元还是10 000元，可以打理、安排的生活是完全不一样的。

如果你的物质欲望一直不断地疯狂扩张，那么你自己就会被自己的物质欲望所吞噬。比如，本来你拥有一辆不错的车，但是你因为虚荣，想再买一辆价格超出你承受范围的豪车，最后你不得不去贷款。又比如，本来你住的房子已经很好了，但是你突然想要换一座你承担不起的豪宅……**如果让物欲控制了你的生活，你就会变成只会赚钱的机器，你的幸福感就会逐渐减少**。我认为我一生中最幸福的一段时光，就是在北大住十平方米宿舍的那段日子。

　　如果一个人的物质欲望并不是特别强烈，而赚钱的能力却不断地提升，那么他的生活空间就会不断地被打开。我们努力赚钱其实是为了生活，为了赚钱而失去生活，就丧失了赚钱的意义，但缺少钱的生活也很难保证品质。所以，我认为在赚钱和生活之间能够保持一种平衡，并且能够在这种平衡中获取对自己的人生最有价值、最有意义的东西的人才是智者，这也是我们中国大智慧之一的中庸之道。

|无论任何年龄，都能为自己而活|

一个人成家立业之后，究竟应该为自己而活着，还是为家庭而活着？

成家和立业是两个完全不同的概念。成家了，不一定就立业了。成家，从字面上理解是成立一个家庭。你本来是单身，后来结了婚，组成一个家庭，随后有了孩子，这样就算是成家了。但很多人在结了婚和生了孩子后没有立业，因为他们并没有自己真正想去追求的事业和目标。生活上随波逐流，事业上也没有明确的打算，一生浑浑噩噩、一无所成的人，其实不在少数。还有一些人，立了业，却没有成家，也就是大家所说的"钻石王老五"。现在很多人选择不成家，主要是因为害怕家庭给他们带来太多的负担，限制他们的自由。很多女生现在也选择不成家，总希望要嫁就嫁一个一步到位的男人，结果拖到三四十岁还没有结婚。

所以，成家和立业是两个不同的概念，把它们放在一起，有时只是为了寄托美好的希望。我们盼望在成家的同时，也可以拥有自己的事业，希望二者相辅相成，获得幸福圆满的生活。那么，一个人成家以后，究竟要为自己活着，还是为家庭活着？

首先，我主张要为自己而活。一个人如果不为自己而活——就算为家庭而活，为家庭成员而活——如果没有经济基础和社会地位，那么这种"活着"，再怎么努力也是非常辛苦的。所以，我认为人们首先要为自己而活。

为自己而活有几个要素需要考虑：第一，自己是否在进步；第二，自己的社会地位是否在逐渐提高；第三，自己的薪酬是否在不断增长；第四，是否有了立身之本。为自己而活实际上是成家的一个根本条件。如果"嫁给你的女人"或者"娶了你的男人"看不到未来的希望，那么你为谁而活都是没有希望的。**为自己而活，其实就是在为别人而活**。在成就自己的同时，成就家庭、事业，为社会做出贡献，最后达到圆满美好的结果。

所以，**我主张先为自己而活，让自己活明白，同时为家庭和社会做出贡献，通过成就自我来成就他人**。

其次，为家庭而活也很重要。当你看到自己喜欢的人在受苦，看到自己的孩子出生后衣食没有保障，居住的地方也不安全，家人社会地位不高，这些因素会激发你自我奋斗和自我推动的精神。抱怨、痛苦、悲哀等都是没用的，你需要奋发而起，为家庭担起应负的责任。为了你最爱的人和孩子努力发展，将是一个无比巨大的动力。这个动力的背后是更多的努力，是对幸福生活不屈不挠的追求。**所以，为家庭而活，尤其是为自己的亲人而活是非常幸福的事情**。

一个人成家后，没有对家庭的未来提出设想，没有对事业提出期许，而是被社会的经济动向、政治动向牵着鼻子走，随波逐流，是最麻烦的事情。我觉得人最重要的就是要能够为自己做主。也许我们一辈子有很多不能做主的事情，但至少一部分的生活是可以自己做主的。

不论是在社会动荡时还是在社会安定时，我们都应该确定自己奋斗的目标，开辟自己的一片天地。不论是在和平年代还是在乱世之际，我们都应该为

自己谋取一席生存之地，并为自己和家庭带来一种可发展的稳定生活。

在古代战争中，凡是有手艺的、达到工匠水平的人都不会被杀掉。因为他们有一技之长，对统治者有用。**掌握一技之长，为社会做出贡献，不管处于什么时代，都会有用武之地，可以施展才华，这一点至关重要。**

人的一辈子是不断平衡和再次分配的过程。所谓平衡，就是在自己的事业和家庭之间保持平衡，在家庭和社会之间保持平衡，在个人努力和为社会做贡献之间保持平衡。这样的平衡可以使一个人既能够活在自己的世界里，又能够活在大千世界中。

每个人也都在分配个人资源，我们要为自己而活，同时也要为自己的家庭而活。当你有了家庭后，你再也不是一个为自己而活的个体。这样的分配会分散我们的精力，但不是无效的。在痛苦和快乐中度过自己的人生，让自己的资源、精力、时间得到最有效的利用，会使我们的人生变得更加精彩。

总之，人生从来都不是一帆风顺的。我们常常要选择放弃某些东西，也常常要选择某些可能带来幸福的东西，在幸福中也要做出某些痛苦的选择。人生不是一句话能够讲完的，也不是几句话就能道破的。不论我们为自己而活还是为家庭而活，都是一种崇高的目标。**人生的最高境界就是既能够成家也能够立业，并且在成家和立业之后还能够超然物外，享受物质世界和精神世界的双重快乐。**

人生就是用行动放飞内心

"世界那么大,我想去看看"这句话适合拖家带口的中年人吗?

这个世界上有两种人,一种是比较容易满足于现状的人,另一种是愿意去展望未来与探索未知世界的人。前者居多,因为大部分人都会在取得一定的成就后安于现状,享受相对安逸的生活。有一份工资,满足每个月的吃穿,有房有车,能在大城市生活,和别人攀比后能略微取胜。在这种情况下,人的整个心态就是着眼于眼前,是一种自我满足的状态。这样的人很难有"世界那么大,我想去看看"这句话背后所包含的冒险和突破精神。

当然,这个世界上也不乏第二种人,他们非常愿意去展望未来,有勇气去突破自己的现状。马克·扎克伯格在哈佛大学读书的时候是个优等生,毕业之后完全可以找到一份好工作,但他放弃学位,创立了Facebook(脸书,现更名为Meta)。类似情况的人还有比尔·盖茨、乔布斯等。

所以,当一个人开始展望未来时,他的现状就不再能让他满足了。世界上还有很多这样的人。无论是毛泽东还是周恩来、邓小平,或者是刘邦、朱元璋等,都是因为对现状不满,产生了通过自己的努力让现实世界变得更好的希望,最后获得了创造新世界的能力。当你想要达到"世界那么大,我想去看看"的状态时,你需要认清自己是否拥有放弃现状,走向未知世界的勇气,你需要判断自己是一个比较安于现状的人,还是一个愿意展望未来并且勇于冒险的人。

"我想去看看"也并非易事。身无分文、一路要饭去走遍全世界,是比较困难的。即使能要饭,也还需要不断地适应不同的语言、文化、习俗、地域,这个难度对常人来讲也不小。所以,"我想去看看"其实是有条件的。

首先,要有经济条件。如果你现在是一个有经济条件的人,那么无论你是否通晓世界其他地方的语言,只要有钱,你就能够在全世界各个地方考察、旅游、研究文化。

其次,要有语言条件。我自己之所以敢走向全世界的各个地方,是因为我知道凡是与旅游、文化、教育、饮食有关的地方,一定是用英语的。因此,尽管我除了中文以外只会讲英语,但我完全能够走遍大半个世界。当然,有时候也会遇到障碍,比如在巴西的时候,讲英语,当地人大部分都不懂,但还是能够碰上讲英语的人。

最后,要有对当地文化的理解。如果完全不了解当地,"我想去看看"只是白走一趟。而若有所理解,一路走过去就是考察当地的文化历史,不断融入其中。在融入过程中会产生新的启发和思考,收获就会大很多。

同时,如果想要保持"世界那么大,我想去看看"的激情,必须有一种心态,即"没有什么能够阻挡我对世界的向往"。对一般人来说,在走向世界的过程中必然会遇到各种障碍,比如金钱、文化、地域上的障碍,还有饮食的不习惯、自然条件的艰苦等。如果遇到了障碍就退缩,那你一定会回到原来那种让自己感觉比较舒适的状态。

当一个人待在自己比较喜欢的舒适区时，就可能再也突破不了自己，无法走向未来。如果你敢于走出自己的舒适区，有一种前途"越是艰险越向前"的勇气，"我想去看看"这件事情就会变得相对比较容易。

今天，中国已经跟全世界相通，货币相互流通，经济往来越来越密切，所以走向世界是一种必然。走向世界，我们一方面可以传播中国的文化、知识和习俗，另一方面也可以吸纳世界的文化、知识和习俗。在生活中必然会有冲突，也必然会有融合。比如中国人喜欢大声说话，这往往会得罪西方的一些人。与此同时，西方的很多人也发现中国人大声说话其实不是一种冒犯，而是我们的生活习惯。未来中国人也会知道说话不用那么大声，西方人也会理解中国人说话大声，达到一种互相理解、谅解的状态。

拖家带口的中年人当然可以去旅游。旅游并不一定非要是奢侈的，非要事业有成之后才能去。如果有钱，我们可以进行高档旅游；如果没钱，我们可以穷游，住青年旅社，订便宜的机票。不存在因为拖家带口就不能够去看看世界这种事。如果因为自己是中年人，不适合拖家带口，必须等孩子上了大学，自己从中年人变成老年人之后，才能自在地去旅游，那么，你怎么知道变成老年人的时候，你会去旅游？千万不要等待。即便是在最艰苦的条件下，我们仍然可以去看世界。人最怕的就是给自己设定一个限制，认为自己是中年人，承担了很多责任和义务而不能去旅游。

人生的很多美好就是在"自己所处的状态不能做一些事情"的心态中消失殆尽的。所以，我认为拖家带口去旅行不是一种累赘，反而是一种幸福。当你跟孩子一起经历了旅行的艰苦，经历了没有钱甚至没有饭吃的困境后，你们一家人共同成长的基础反而被加强，并且未来能培养出更加勇往直前的孩子。

一个人的一生就是解除外界限制，放飞内心世界的过程。有时候，我们不能行动确实是因为外界的限制，比如没钱、工作繁忙、家庭拖累、国家政策的限制等。在这种情况下，我们也许不能全面地去做自己想要做的事情，此时我们需要耐心等待和努力突破。但很多时候，我们是因为内心世界的局限，认为自己不能去做，结果老了才发现一切都已经晚了。

我们完全可以放飞我们的内心，让内心和外界联系在一起，变得更加宽广。同时，也让我们内心的精神世界和面对外界的征服能力共同发展，使人生达到一种更美好、更广阔的境界。

|坚持走在自己的人生道路上|

很多人看到以前不如自己的人现在过得比自己好,心里会不舒服。这是不是一种病?

人在一生中会发生很多变化,因此人与人之间会出现发展的差异。你会发现这样一个现象:你认识的人(尤其是自己从小学、中学到大学的同学,还有周围的朋友)中,有些人在少年或者青年时期看起来很没出息,但突然有一天,这个人变得越来越优秀,越来越有前途。

有些人以前看上去没什么前途,最后却能在社会上混得非常好。我们也会发现,可能自己在小学、中学和大学时成绩都很棒,但大学毕业后,永远只能在一个普通的工作岗位上拿着一份普通的工资,努力挣扎在生活和工作中,好像除了在上学的时候看到过一点希望外,自己离远大的前途越来越远。反观那些成绩不好的人,不管是做生意还是在社会上混,都过得非常好。这样的情况常常会发生,三十年河东,三十年河西,这是人生的必然现象。

遇到这样的事情,我们心里感到不舒服是一种特别正常的心理活动。如果你碰到这种事，心里没有一点感觉，那反而奇怪了，表明你生命的本性消失了，也失去了内心的真情实感。如果这种事激起了你的妒忌心理和失落感，正说明了两点：

第一，你是一个很正常的人。面对这种情况，只有不正常的人才会感到舒服。当然，在生活中遇到好朋友取得好成绩，我们还是会祝贺的。尽管祝贺的时候，心里会有一点"他怎么会比我好那么多"的感觉，但是我相信，你的祝贺也是真心的。就像当初我到美国告诉王强、徐小平我在中国赚了一些钱，他们真心地祝贺我，并且最后也回国和我一起工作，这就是好朋友。

第二，你内心还有追求。如果你觉得别人的成功根本是一件无所谓的事，自己就这样浑浑噩噩也没事，那么我觉得，你这人就没救了。当你发现别人比你做得更好时，你还能觉得心里有点难受，有点失落，就说明你心有不甘，希望自己至少跟他一样好，或者比他做得更好。

当别人比我们好的时候，我们应该怎么办呢？

首先，要学会大度。所谓大度，就是你不因为对方比你好就拼命妒忌他，内心不能释怀。你不能因为两人关系比较近，在同一个单位工作，就因此在背后说别人的坏话，给人使绊子，想办法破坏别人的好。如果你这么做了，只能说明你内心比较卑鄙、阴暗、猥琐。这种人除了害人害己之外，一般来说是做不出大事的。

其次，要去分析对方为什么会变得比你好，目前的状况是否可以通过努力去改变。如果对方变得比你好纯粹是因为领导器重他所以被提拔了，或是因为颜值高而被领导看中，或者是家庭背景好，那么对你来说，这不值得去模仿，也模仿不了。如果对方天生颜值高、运气好，对方的父母比较有背景，如果对方是因为这些因素混得好，那你不必放在心上。

分析对方身上的成功因素的时候，我们一定要注意到他本人是否进行了努力。如果对方比你更好的原因是他更努力，比如比你更认真读书，更认真工作，更勤勤恳恳、奋发图强，那么你就需要向他学习。你可以分析一下，你不如他好，是不是因为你不如他努力？就像我后来做成新东方，再跟我的大学同学聚会时，他们承认我在我们班是几十年如一日努力的一个人，勤勤恳恳，孜孜不倦，从来没有懈怠。所以，在这种情况下，他们会认为我现在的成功是一种努力的结果，这种认可是比较公正的。

最后，一定要豁达。 我认为不管别人比你过得好还是差，跟你本身的生活质量是没有必然联系的。**所谓豁达，不是一种放弃，是无论别人过得如何，你最关注的永远是如何使自己的生命航船始终在或平稳或波涛汹涌的海面上勇往直前。** 只有这件事是你自己能够把握的，你能够通过自己的努力不断给自己设定新的人生目标，不断攀登人生道路上更高的台阶，让自己站得更高，看得更远。与其把时间放在与别人攀比上，不如把精力放在不断完善自己的努力上，这才是人生的正道。

别人比你好，可以作为你的榜样；别人比你差，也不能变成你懒惰的理由。要通过自觉的、自发的、自己认可的努力不断地前行。

有人一辈子能够走出一万里，有人一辈子只能走出一千里。但不论如何，你都要按照自己的步伐走在生命的道路上，也许最后你超过了一万里的目标，也许你只走了五千里，但是只要你尽力而为，你走出来的道路就是你幸福的人生。也只有这样，我们才能到达人生中美好的彼岸，而不是每天沉浸在跟别人的比较、抱怨和痛苦中。

最后送给大家一句话：**坚持走在自己的人生道路上，诗和远方都在前方！**

|没有对父母的依靠，才是真正的岁月静好|

有人说现在很多年轻人其实根本没有什么岁月静好，只是有人替他们负重前行而已，帮他们承担了压力和责任，缺钱了家里就给，生了孩子家里帮着带。对此，我们应该怎么看？

如果年轻人天天讲岁月静好，并且以自己无所事事，每天喝茶闲逛为骄傲，那么我认为，这不是年轻人应有的一种状态。年轻人的状态应该是奋斗、奋进的状态，一种为了未来更好的生活而努力的状态。

当然，年轻人也不是不能说岁月静好，每个星期还是可以有一定的休息时间的，和朋友们一起喝茶、聊天、散步、游玩。但如果把这些变成每天的常态，既没有工作，也没有对前途的安排，那就是一种不正常的状态。甚至有的年轻人一切都依赖父母，自己没有工作也不挣钱，缺钱了就伸手向父母要，未来结婚生了孩子也让父母照顾，孩子的所有生活费、衣服钱、奶粉钱也都由父母来出。

现在的老年人因为喜欢家里多一些孩子，有个孙子、孙女、外孙或者外孙女可以带，就会觉得膝下热闹，心甘情愿做这样的事情。但是这样做，实际上是老一代人在摧毁两代人。首先，上一代的父母因为过分照顾自己的孩子，让孩子失去了工作和奋发能力，把孩子毁了；孩子生了下一代后帮着带，又让孩子失去了承担责任的能力。同时，隔代人带孩子容易对孩子过分宠爱，又进一步把子女的孩子给毁了。依赖父母的生活状态是一种寄生虫状态。不仅如此，这些人还以这种状态为骄傲，在微博、微信上不断发表自己所谓"岁月静好"的观点，这是一种无耻的行为。岁月静好可以是我们的一种追求，但是绝对不应该通过剥削父母来达到。

由此我们明白了以下三点：

第一，有成就感并且精彩的人生，是需要通过自己的努力来实现的。举个简单的例子，我们从北京乘飞机到西安，这个过程我们其实没有什么感受，这样1000多公里的路程给我们留下的是一片苍白的记忆。但假如我们从北京骑自行车或者一步一个脚印地走到西安，那么沿路碰到的各种各样的故事可能会使我们的生命更加丰富，我们会收获更多的感动，成为我们终身的记忆。

人生正是类似这样一个跋涉的过程，没有任何捷径可以走。父母号称是为了我们的幸福，把钱、生活都给我们准备好了，但实际上这恰恰把我们给害了，就像让我们坐飞机一下子到达人生的目的地，过程一片苍白。如果我们太过轻易地得到生活保障，省去了那份努力，也就失去了成就感和幸福感，并且不会对眼前的东西有任何珍惜，会轻易挥霍掉生命和财富。

其实，我们内心都渴望生命更加丰富、有意义，能够为自己的后代或者周围的朋友树立榜样，也更希望让生命处于一种特别值得骄傲的状态。从这个意义上来说，衣来伸手、饭来张口的"岁月静好"，绝对是一种糖衣炮弹。

第二，人生一辈子，最重要的是得到一种崇高感和满足感。这种崇高感和满足感一定不是别人给予的，也不是轻而易举能够得到的。就像爬一座山一样，假如坐直升机到达山顶，尽管可以站在最高峰，但不会产生自己奋斗过的喜悦，不会产生站在高山之巅的崇高感，也不会产生经过奋斗以后浑身冒汗的舒适感和满足感。

所以，我们一生中为了崇高感和满足感的奋斗，其实是人生走向丰富的重要途径，而其中的两个关键词就是荣誉和骄傲。我们做任何事情，实际上都是为了使自己获得荣誉，也都是为了让自己感到骄傲。在很多情况下，有人甚至可以为此献出生命。在一个和平的世界中，值得我们献出生命的事情不多，但是值得我们付出汗水和努力的事情仍然有很多。比如，通过努力得到高分，得到职位的晋升、创业的成功、社会的认可。我们为荣誉和骄傲去努力，也会让我们的内心得到一份崇高感和满足感。只有这样的生活才是丰满而充实的。

第三，这个世界上，**我们拿出什么样的态度，就会得到什么样的回报**。所谓环环相报，并不是指宗教中所谓的"善有善报，恶有恶报"，而是如果我们年轻时没有努力，那么得到的回报一定是后半辈子的苍白无力。这也就意味着，我们的生命活力没有爆发，会带给自己一个看似不值得留恋的世界和毫无精彩可言的生命。

我们为什么要参加体育锻炼，并且最好要拿到名次？我们不是为了锻炼身体本身，也不是为了能够绕着操场跑几十圈或者打球时能够接到球，最主要的原因是它给我们带来了一种内心的丰富感。我们通过自己的努力和创造，使我们的生活不那么苍白，使生命显得多姿多彩，这才是生命的意义。

所以，没有经过努力而依靠别人得来的所谓岁月静好，是在陷害生命。因此，希望年轻的朋友们能够让自己的岁月静好变得有意义，通过努力达到一种自然的结果。请记住，**任何依赖别人而生存的岁月静好，都是一种耻辱**。

我人生中后悔没做的事情

你有哪些后悔做了或者后悔没做的事情可以与大家分享？

我们在人生的发展和成长中总会不断面临选择。选择就是你面前有两条道路，你选择了其中一条道路，另外一条道路就不会去走，因为你不可能同时走在两条道路上。我一生中大部分情况下都坚持自己的选择并且走下去，整体来说，大方向是对的，所以没有太多后悔的事情。我认为凡是我自己选择做的事情，都能让我的生命前行或者不断进步。我能有今天的成就，与我自己无怨无悔的选择是有关系的，尽管有些选择会带来巨大的困难和挫折，但坚持下去，最后的结果基本上都是好的。

我是一个农村孩子，通过不懈的努力最后考上了北京大学，我非常高兴。大学毕业后，我选择了在北大任教，教了六年。我也非常高兴选择了从北大辞职下海创立新东方，尽管新东方创立之初确实充满艰难困苦，但最后的结果也是好的。我选择了把大学同学、中学同学集中起来，一起将新东方做大；选择了让新东方去美国纽约证券交易所上市。所有这些都经历了很多曲折，但都是让我的生命丰富、事业多彩的一种选择。所以，对我来说，这些选择都是无怨无悔的。

但是，我从年轻到现在后悔没有做的事情还是有一些的，主要有以下几件事情：

一是在大学的时候，没有全力以赴地专注把英语学到炉火纯青的地步。这样的水平我其实是可以达到的，但是在大学，我花了大量的时间在阅读各种所谓的闲书上。而英语方面的听、说、读、写能力只达到了一般的水平，以至于到今天要使用英语的时候（包括英语演讲、英语写作和英语研究），就会发现还有一定的困难。

二是没有把一些经典著作进行熟读和背诵。在做进一步扩展知识的研究的时候，经典著作的熟练引用对做学问是非常重要的。对我来说，我不可能在读大学之前有机会去对自己提出这个要求，因为18岁以前，我一直在农村边干农活边学习。而且在当时那个年代，也没有人会来告诉我应该掌握什么样的知识。所以，我特别羡慕中国以前的大学者（尤其是民国时期的），他们从小就能够把四书五经和经典著作背下来。因此，到现在我还有一个愿望，希望从现在开始到未来的某一段时间能把经典著作进行背诵。在我看来，除了四书五经、唐诗宋词、佛经之类的著作，还有西方的《圣经》、古罗马和古希腊神话故事、《伊利亚特》、《奥德赛》等经典作品都是很值得背诵的。我认为将这些著作学习通透后，再沿着这些脉络去追寻任何一个哲学家、思想家、历史学家的脚步，就会变得更加容易。

三是在大学的时候，基本没有参加任何学生活动。比如，学生会的活动、学生俱乐部的活动、某个校团组织的活动。因为在大学的时候，我的个性相对封闭，性格比较内向，不太愿意抛头露面，做什么事情都怕丢面子。这种个性实际上给我带来了发展上的滞后。如果不从北大辞职创立新东方，我的个性到今天为止可能还是内向、畏缩不前的。后来创立了新东方，我被迫走上了不断与外界打交道的道路。我在北大的时候，除了班上的同学外，几乎没有一个朋友，这是非常遗憾的事情，同时也给我带来了思想扩展上的麻烦。这就是我不参加学生活动导致的结果。你与不同领域的人交往，就能够从不同的视角来看待问题。但在大学只知道学习，只与同一专业的人交往，往往就会只从一个视角来看问题。

四是没有努力将一项体育运动发展成自己的专长，尤其是带有团队性质的体育运动。我大学毕业以后，参加的体育运动大部分都是一个人就可以完成的，比如游泳、骑马、滑雪，都不能算团队合作的运动。但是，我认为将一个体育项目变成自己的专长并且能不断参与团队活动是非常重要的，比如打篮球、踢足球等。这样既培养了团队精神，也锻炼了体魄，还能够交往到一批生龙活虎的朋友。现在对我来说，去参加任何一种球类运动都已经太晚了。

五是由于在大学的时候比较封闭自卑，我没有努力去跟女生交往。当时我对女生抱有比较害怕的态度，大学四年与自己班里的女生都没有讲过几句话。这带来了一个比较严重的后遗症，就是我对女生的了解非常有限，以至于到现在，我与女生交往的时候，完全不知道女生在想什么，这就常常导致不能沟通或者沟通不畅的情况，我因此常常遇到挫折。

以上五件事情没有做，对我的视野、人生完整性和发展都有一定的影响。当然，现在我还可以努力去弥补一部分，比如可以再花点时间把英语学得更好，背诵经典著作，参加各种各样的社交活动，培养一项体育专长，深入了解男人与女人的心态、人性、世界观，使我在与人交往时能够更加顺利。总而言之，还是可以做部分弥补的。但这些事情，我在年轻的时候去做一定会更好。所以，我一生中有无怨无悔的事情，也有后悔没做的事情。**我深切地明白，一个人与其为做过的事情而后悔，还不如继续往前看，把未来的事情做得更加完美。**

|35岁前一定要实现自我增值|

大学毕业后，我们在23岁到35岁之间该如何实现自我价值的增值，而不是陷入结婚生子、买房还贷的深渊中？

人生有两个阶段特别重要，第一个阶段是16岁到22岁，也就是从高中到大学这个阶段。高中学习成绩的好坏决定了我们能上什么样的大学，未来选择什么样的人生道路，所以这个阶段非常重要。第二个阶段是23岁到35岁，在这个阶段，有几件事情是特别重要的：

首先，要确定自己的才能和人生发展的方向。这个才能与我们上大学时候的才能不一样。可能大学时期我们成绩很好，但是大学时期的才能和在社会工作中所要发挥的才能是不一样的，后者的含义更加广泛，包括我们的专业专长、人格个性特征、社交能力等。

个性内向和外向其实都属于才能的一部分，我们必须根据才能的综合性来决定人生的发展方向。大学的时候可以做一些规划，进入工作岗位之后就需要我们找到方向，这就像鱼进入了水里，才知道自己在哪片水域游更加合适。

其次，要找到自己的职业定位。到底我们在自己生命的阶梯中（尤其是职业阶梯中）能做到多高的职位，能做多大的事？你可以决定从一个普通员工做起，成为中高层的主管。比如，新东方的很多重要管理干部在35岁左右年薪能达到几百万元。另外，在这一阶段，你要考虑自己是否有创业的机会。有很多人大学一毕业就开始创业，到了35岁，理论上应该已经做成自己的公司。如果你选择先工作一段时间，那么在还没有到35岁这段时间内，你也应该考虑自己到底应不应该去创业，应不应该做一点自己真正可以决定的事情。

　　再次，认真去寻找自己生命中的另一半。可以一辈子和你共同生活、同甘共苦的人就是你的爱人。在高中和大学时期，我们也会恋爱，但那时候的恋爱都是以恋爱本身为目的，互相喜欢就在一起的。未来会是什么结局，两个人是不是要在一起过一辈子，这些事情我们很少考虑。但工作之后，找到生命中的另一半就成为一件非常严肃的事情，你要从家庭、事业、个性特征上来考虑，这个人是不是能够跟你融洽地相处，并且能够互相搀扶，共同前进，这绝对比大学时期玫瑰色的恋爱更重要。

　　才能和人生发展方向、职业定位以及生命中的另一半，这三件事情是我们在23岁到35岁之间要反复思考的、对自己生命最重要的事情。在23岁到35之间，还有一件事情需要思考，就是我们应该如何进行自我增值。从高中到大学，我们通过学习知识来进行自我增值，但更重要的自我增值机会实际上是在大学毕业以后的10年。这10年中，我们要让自己完成自我增值，在35岁之前积累能够让自己后半辈子悠然自得、潇洒生活的资本。我认为，进行自我增值主要有三个方面的事情要做：

　　第一，学习是一个持续积累的过程，我们不能放弃学习。大学毕业后，很多人已经不用再进行考试，也不用被强迫学习不喜欢的课程，因此很多人就停止了学习。工作以后，我们很容易陷入八小时的日常流水工作中，八小时外无所事事，又或者因为工作劳累而变得消沉，放弃自我积累和自我成长的过程。但是，这个过程非常重要。继续学习、自我成长在这个阶段主要包括两个方面：一是要继续去阅读和自己专业相关的书籍以及能扩大知识面的书籍；二是要不断地在工作中摸索和学习累积经验，并且把经验上升到理论的高度，使自己能够在职业方面更加高瞻远瞩。

第二，要建立有效的人脉关系。在学生时代，我们的人脉关系是非常单纯的。因为是同学，相互之间没有太多的利益关系，我们主要根据是否与自己的性格合得来去建立朋友圈。但工作后，朋友圈的建立就变得复杂起来，我们的人脉关系变成带有一定的功利性，但又是好朋友这样的关系。从互相之间能否有效地互相帮助和利用出发的关系，尽管有点世俗，但非常重要和有用。

第三，要通过努力，让自己变得越来越值钱。这里的值钱包括职位的晋升、个人价值的实现以及薪酬的增长。比如，你工作了10年，最开始工资是5000元，10年之后工资是10 000元，那么你相当于是和通货膨胀一起在成长，这就没有任何成长的意义；但是10年之后，你能拿百万元甚至千万元年薪，这就说明你的成长非常迅速。有很多人在年轻的时候拼命存钱，买好的汽车，买大的房子，我认为这件事情非常糟糕，因为我们一生中最重要的事情不是存钱。在这个阶段，我们宁可身无分文，也应该努力让自己变得更加值钱，提升才能并且能够依靠才能来生存，这比存钱要重要得多。你可以用钱去买经历和人生，比如去全世界旅游、游学，继续深造或者完成专业能力的进一步提升，这些东西都比存钱更加重要。

第四，要重新认识结婚、生子、买房子这些事情。有的人为了逃避压力，认为不应该去做这些事情。但实际上，我认为结婚生子这件事情和事业发展、自我增值其实是不矛盾的。

一是你找到合适的另一半并且结合，这本身就是一个自我增值的过程。因为有一个稳定的家庭，就会有一个人在不断帮助你，促使你进步和成长。这对我们未来的人格发展以及思考问题的成熟度有巨大帮助。当我们把结婚生子看作成长的一部分时，这件事情就变得不那么可怕，但前提条件是我们能处理好事业和家庭的关系。如果处理得好，一个美满的家庭能促进我们事业的发展；相反，如果你成了家，但家里乱七八糟，自己又陷入被动的矛盾争吵或者日渐平庸，那就等于自己挖了坑跳进去。实际上，你并不清楚自己到底想要什么，冲动地结婚和生子，并且事业也没有方向，那是很糟糕的状态。

二是发展过程中，不应该人为地给自己增加额外的负担。额外的负担不是指结婚生子，结婚生孩子是大部分人必经的道路，而且也会给我们带来幸福和欢乐，尽管有负担，但我们可以高兴地去承受。我说的额外负担是指盲目地买房子、汽车，这样完全没有必要。以买汽车为例，我们在城市中生活需要一辆汽车，买一辆几万块钱、能够代步和挡风雨的汽车就足够了，没有必要盲目追求好牌子。在这个阶段，你买任何炫耀性的东西，对人生来说都是一场灾难。身上的衣服必须穿几千块钱的，手表必须是几万块钱的名牌，汽车要开出去拉风的，这就完全是一种攀比的心态。这种心态会对我们23岁到35岁的人生造成巨大的负担，所以千万不要这样做。在35岁以前，没有汽车、租房子住、不穿名牌衣服，我认为是很正常且应该引以为傲的事情。

三是生孩子，早生晚生都各具优点。常常有人问应该什么时候生孩子，我认为有两个选择。第一个选择是一开始穷的时候就生。为什么呢？穷的时候可以穷养，我们不要把孩子当作贵族来培养，也不要总是想着让他们成龙成凤。年轻的时候精力充沛，孩子跟着你一起吃苦没有问题。普通的物质条件、普通的发展，只要孩子快乐就可以。我发现我的大学同学很多都生孩子早，他们不到50岁，孩子就已经完全自立了，于是50岁之后的生活就很轻快。第二个选择是年轻时先着眼于事业的布局，等到生活水平比较高了再生孩子，这样负担比较小。

最不负责任的情况是一边忙事业，两人的生活也没有稳定下来就生孩子，这样会让生活和事业的负担加重。我认为生孩子本身与事业也是不矛盾的，我当时选择的是晚生，我结婚将近十年才有了孩子，由于生孩子的时候，我经济上已经比较独立了，而且能让我爱人在家里带孩子，所以也就没有影响我事业的进程。

总而言之，**这是一个个人选择的问题，但选择的前提就是知道如何把事业、爱情、家庭很好地融合在一起，同时又能排除生命中不必要的负担，能够轻装前行的时候轻装前行，能够丰满生活的时候丰满生活。**

|气质好的人，命运都不会太坏|

决定一个人气质的因素有哪些？怎样才能培养自己的气质？

众所周知，每一个人都有自己不同的气质。那么，一个人的气质如何得来呢？一个人的气质可以说是由各种综合因素形成的。我们常说，在不同环境中长大的人身上自然会带有其生长环境的烙印。比如，在农村长大的人常常会带有农村的烙印，在小城市长大的人会带有小城市的烙印，而在官宦家庭长大的人则会带有官宦家庭的烙印。我认为有以下五个因素会影响我们气质的形成。

一是成长的环境。如我之前所言，一个在农村长大的人，不管在大城市待多长时间，小时候形成的习惯、外在的气质以及对事物的看法，都或多或少地表现出他有农村背景。很多人跟我交往之后，很快就会说，俞老师，你是在农村长大的吧。即使我已经在北京生活了几十年，而且一直在做生意、做学问，早就不种地了，但因为我从小的成长环境是农村，所以会不自觉地表现出一些农村气质。因此，如果我们想要让自己的孩子形成某种气质，在某种特定的环境中去培养孩子就变得非常重要。一些ABC（American Born Chinese，指海外华人的后代）回国之后，与中国的大学生在一起，大家很快就能分辨出来哪些人是在国外长大的，哪些人是在国内长大的。这是因为在国外长大的孩子，行为、气质、表情、动作都与在国内长大的孩子不同。由此可见，成长环境对人的气质影响非常大。

二是爱好和阅读内容。中国有句话叫作"腹有诗书气自华"，意思就是一个人如果从小在四书五经、唐诗宋词、琴棋书画的熏陶中长大，那么他身上自然会有一种书生气，给人一种文雅的感觉。所以，一个喜欢下围棋的人身上会带有某种安静的气质，因为下围棋需要冷静地思考和布局。一个人的爱好、阅读内容也能够培养一个人的气质。比如，我在农村长大，如果我一辈子待在农村，那么大家一看就会觉得我是个农村老头。现在大家看到我都会说，俞老师，你看上去还是有点学问的。那么，在别人心目中，我有点学问的这种感觉从何而来？一是从我写的东西中得来；二是从我的外表气质上得来，我戴着眼镜，身上有一点点文雅气，好像是个知识分子。毫无疑问，这与我平时愿意花更多的时间进行阅读有很大关系。同时，我身上还有一种豪放的气质，这与我喜欢运动有关。我喜欢骑着马在草原上奔跑，也喜欢在雪地里潇洒地滑雪，这些都会潜移默化地影响我的气质。

三是教育环境。众所周知，北大和清华的学生一般都是高考状元或者当地最优秀的学生，他们本质上没有太大的区别。但是，经过了四年的学习和熏陶，就会比较容易分辨出他们来自哪所大学。清华大学的学生一般有踏实、老实和专注的气质，而北京大学的学生则有一种自由、潇洒和放荡不羁的气质。因为教育环境不同，会给学生们带来不同的烙印，并且这种不同还会影响到他们未来的职业选择。清华的学生会比较多地专注于工程和科学，北大的学生从政、从商的相对来说会比较多。不同的大学和文化背景给人带来不同的眼光、看法、价值观和世界观，反映到人的行为、表情、眼神上，就产生了气质的不同。

　　四是工作环境。气质不会完全固定不变，大学毕业后，我们依然可以不断改变自己的气质，关键在于我们选择什么样的工作环境。我们常常会发现，在政府部门工作的人身上会带有一定的官僚气息，从他们讲话的腔调、语气、表情和做事情的方式就能看出来。因为他们在政府机构，有一套完整的规矩和做人体系，不知不觉就被影响，形成政府官员的做事方式。不需要八小时固定工作的人和需要八小时固定工作的人，身上的气质、感觉、自由度是明显不一样的。所以，在不同的工作环境下，我们也会在不知不觉中形成自己的某种特定气质。

　　五是人的心情、脾气、价值观。所谓相由心生，就是一个人内心想什么，那么外在就会表现出什么。算命的人之所以常常能够猜到人们背后出现了什么状况，不是因为他能看到过去、未来，而是因为人们的面相表现出了人们内心的想法。因此，我们要有一种平和的心情、好的脾气和正确的价值观，来使我们的气质更加雍容，也更加坦然和潇洒。

　　一个人气质的好坏直接影响到他能被别人接受的程度，实际上也直接影响了自己的命运布局。气质有很多种，我们每个人都想追求高雅、儒雅、潇洒、坦率的气质。这些气质可以通过我们对自己的训练去慢慢形成，如改变成长环境，增加书籍阅读量，进一步接受教育的训练，改变工作现状，调整自己的心情，改善自己的脾气。

　　一个气质好的人，通常命运不会太坏。所以，培养自己的气质是我们每一个人应该努力做的事情。

颜值不足时，能力显得更加重要

现在有句话叫作"颜值即正义"，我们应该怎么看待那些靠脸吃饭的人？

靠脸吃饭这种情况自从人类出现以来就有了。众所周知的一个例子是，2000多年前，周幽王就为了褒姒烽火戏诸侯。可见，女人靠脸就可以获得男人的关照，甚至可以得到她想要的一切。

不仅人类是这样，动物也是如此。虽然我们看不出两只动物之间哪只更美，但动物们是知道的。在动物界，哪只雌性动物有"颜值"，就可以赢得雄性动物的关爱。反之，雄性威风强壮，也会赢得雌性的青睐。例如，狮子王就是狮群中最优秀的，所以可以吸引异性，就连母狮子捕到猎物都要主动与它分享。

类比下来，我们会发现人和动物很相似。自古以来都有人因为颜值获得便利和好处，但是随着社会的发展，你会发现只依靠颜值是不够的。人们常说的"吃青春饭"，就是将青春与颜值画上了等号，而且"青春饭"不可能一直吃。

人生是一场马拉松，最重要的发展时间段大概是在20～30岁，但我们不可能一直处于青春状态。通常，一个人到了30岁之后就到了比拼耐力的时候，要靠实力说话了，也就是说，你无法再依赖颜值了。现在年轻姑娘多喜欢大叔，很多是想要凭借自身的颜值获得滋润的生活。一般来说，一个人的颜值对他的成功的影响概率不到30%，人要靠才华才能获得长久的、更好的未来。

　　年轻人青春期的躁动和自恋是可以理解的，但30岁之后依然痴迷自己的颜值，这个人就可以说是不可救药了。**成长其实是一个摒弃外表的自恋，充实自己内在的过程**。我们应该通过不断提升自己的能力，使自己更有知识，更有智慧，更有判断力，更有决断力，更有调动社会资源的能力，也让自己拥有更好的气质。

　　这里说的气质与长相无关，**气质是个综合存在体，比如幽默、风趣、做事情果断、与人打交道时潇洒、有才华等，都是气质的组成部分**。在生活中，我们常常会发现有些人"金玉其外，败絮其中"，而有些人内在的光芒会比他的外在更耀眼，这就是气质的差别。

　　能力的提升是改变人生的重要因素。那么，如何追求能力的成长呢？我认为可以从以下几个方面入手：

　　一是提升知识能力和知识结构。想要有强大的知识能力和知识结构，我们需要不断地阅读、学习和探讨，让自己变得更加有智慧。一个有智慧的人是会被更多人喜欢的。

　　二是提升社交能力。我所说的社交能力不是指广泛的社交，到处吃吃喝喝，唱卡拉OK，而是指能交到非常有用的、真心的、愿意帮助你的朋友，或者说是维持某种社会关系的能力。

　　这样的朋友和社会关系其实不需要太多，重要的是要有至诚至信的交往。通过这样的交往，未来我们在做事业的时候就会有合作伙伴和帮手，有的朋友能够帮助我们调动一些社会资源。

三是锻炼出成熟的个性。所谓成熟的个性，就是做事要有判断力，并且能够心平气和地去思考和处事，想法不走极端。一个人如果脾气暴躁、反复无常，别人就会没有安全感，在这样的情况下，一般人就会对他有所防范，就不愿出手帮助他了。

四是提升自己的眼界，扩大自己的胸怀。所谓眼界和胸怀，是指能不断地跟上这个时代的变迁。随着社会的发展，新的科技在不断推动各领域的变革，如果跟不上社会和科技的发展与变革，你的发展就会很困难。

跟上这个时代意味着要了解世界，世界上正在发生的大事、政治格局、经济状态等都是需要去弄清楚的。同时，还需要打开自己的胸怀，去容纳他人的不同意见和看法，最后得出自己的结论。

我认为，如果能够做到以上四点，一个人在自身的发展过程中就会不断取得成就，最后被社会承认，成就一番事业。如此一来，世界上靠颜值去获得成功的人会逐渐减少，而靠自己的能力取得成就的人会越来越有市场。在中国，但凡做出大事业的人，著名的企业家、思想家、教授，还有政治人物，都不是靠颜值吃饭的。

如果你年轻的时候颜值不那么高，你与人交往可能经常会处于劣势，**但这恰巧给了你一个安静思考的机会，一个能让你变得更好的机会**。这时候，你需要不断努力锻炼自己的才能，为自己的厚积薄发做好准备。

附录　俞敏洪经典励志语录

1. 一个人的一生就是解除外界限制，放飞内心世界的过程。

2. 不曾被社会现实打磨过的浪漫主义和理想主义，只是一种虚幻的浪漫主义和理想主义。

3. "穷人思维"的特征最主要的就是否认自己，不相信自己的能力，不相信这个世界的美好，不愿意冒险去突破现有的局限。

4. 坚持走在自己的人生道路上，诗和远方都在前方！

5. 当一个人拥有了坚定的信念、强大的意志力、乐观的人生态度、宽广的胸怀、充分的自信后，通过持续不断的进取和努力，一定能让自己的生命有不一样的光彩。

6. 上一代人都希望下一代人比自己做得更好，这才是社会不断向前的动力。

7. 一个国家、一个民族都是在新一代的成长中成长起来的。

8. 有名校的背景，即使听起来比较世俗，也能够给你个人带来做事情的自信和勇气。

9. 如果一个人想要获得真正的成功，成为世界上顶天立地的名人，毫无疑问，打磨自己的才华才是最核心的途径。

10. 一个年龄成熟的人，只有不断地走向开放，才能够过上一种自如的、不后悔的生活。

11. 对我来说，目前最大的志向就是帮助和服务年轻人，帮助更多年轻人成长，帮助更多年轻人成功。

12. 一个人的生命不可能百分之百圆满和完善，但我们要尽可能地让自己的生命变得圆满和完善，也让自己感觉到安心和舒心。同时，不要忘了这个世界的美好，你应该付出一份努力，这份努力能够让你感到既有荣誉又有尊严。

13. 真正的成长和成功一定是循序渐进、潜移默化的，厚积薄发，最后获得成长和成功，这些真理在任何社会都是适用的。

14. 不管你考上什么大学，那都是你生命的新起点。今后在任何一个生命的起点，你都可以再次扬帆起航，走向光辉灿烂的未来。

15. 一份工作在刚开始时你可能并不清楚自己是否真正喜欢，这时候你就需要深入下去，去探索、发现你自己真正的想法。

16. 喜欢的事情有三个特征：一是做这些事情本身会给你带来成就感，二是会给你带来精神上的丰富享受，三是会给你带来经济上的收入。

17. 一个人的成长过程就是让自己变得越来越有价值的过程。

18. 所谓"读万卷书，行万里路，交天下友"，这是人生的一大乐事，也是获得成就感和幸福感的必经之路。

19. 什么时候是创业的最佳时机？我认为创业并没有最佳时机，所有的日子都是创业的最佳时机。

20. 逃离北、上、广、深其实是一个伪命题。人生的道路都是自己选择的，而不应被地点限制。

21. 我们要主动去聆听和分析他人反对的理由，看看他们的反对意见是否正确，弄清楚他们反对的理由到底是什么，并理性对待。因为如果他们的反对有道理，那么你喜欢做的事情本身可能是有问题的。

22. 你是否擅长去做某件事情，在你做之前是不知道的。

23. 如果你认为你坚持的事情是真理，是信仰，那么你的坚持和付出就是必要的。如果你并不知道事情的对错，那么就一定尽可能听取他人的意见，并在此基础上去验证自己的坚持是否正确。

24. 我们既要学会在孤独中成长，也要学会在人群中热闹。

25. 当你没有能力的时候，不会有主管、上司喜欢你；当你有能力的时候，即使上司不喜欢你，他也不得不重用你。

26. 大学毕业其实只是我们证明自己的开始。

27. 性格内向的人大可不必因为暂时没有特别好的人际关系而自卑，因为每一种不同的性格都有各自的优势。不管性格内向还是外向，都要充分发挥自己的优势，为自己建立良好的人际关系和事业基础。

28. 任何一份不能让你有所提升的工作都是没有任何意义的。

29. 一个人需要学会在真诚坦率地说话的同时，给足他人面子。这既是一种社交需求，也是自己能力的一种体现。

30. 人生就是在不停调整的过程中前行的。

31. 请记住，想要有良好的口才就要敢于开口说话，最后学会精确明了、幽默风趣地说话，这样一来，口才就慢慢练好了。希望不管是内向还是外向的朋友，都能够锻炼好自己的口才，为人生和工作争取更好的机会。

32. 一般来说，人生的发展会有三个阶段：简单，复杂，最后回归简单。

33. 人生一定是要经历一个复杂过程的，在这个过程中，我们慢慢深谙世故，了解世界上各种各样的事情发生的背后原因。

34. 社会本身存在门当户对的现实，而我们个人可以去寻求能力和情趣上的门当户对。

35. 生活和爱情都是非常复杂的事情，是需要我们用心去经营一辈子的事情。而情感、能力、价值上的门当户对，是保证我们的爱情和婚姻可持续的重要前提。

36. 不论我们处于哪种生命状态，都是我们自己的选择。这些选择必须是发自我们内心的，并且能够让我们的生命更加有意义和快乐。

37. 心无旁骛地把事情做好，就会比较容易取得成功。

38. 让最合适的人待在最合适的岗位上，并且保持一种能上能下、互相配合的心态，才能真正创业成功。

39. 人的一生最重要的是要读"有用的书"并将书中的知识转化成自己的能力，并通过读"无用的书"来提升自己的气质和眼界。

40. 一个人的成功，并不仅仅靠学习成绩，还是由多种因素造就的。其中，个性特征是最重要的因素。

41. 生而为人，最重要的一个标志就是读书。

42. 我希望青年学生利用自己业余的或者零碎的时间尽可能多读书、读好书，让自己的思想变得更加丰富，境界变得更加高远，胸怀变得更加广阔，情怀变得更加动人，气质变得更加出众。阅读与社会实践相结合，一定能让一个人更加完善！

43. 选择性社交，在努力与能让自己成长的人群交往的同时，主动掌握自己的时间，去寻找让自己能够不断成长的机会。

44. 专注力的培养对我们来说极其重要，我希望我们所有人都能够在专注力上多下功夫。

45. 人生就是要学会取舍，学会放弃一些东西，坚持一些东西。

46. 一个人的生命和思想应该像一条河流一样，开始起步时是涓涓细流，逐渐走向开阔，生命变得丰满，最后像奔腾的大江一样宽广，像大海一样浩瀚，这样的人生和思想才是值得拥有的。

47. 我们真正应该探讨的有意义的问题是，在哪里发展，在哪里工作，才能最大限度地发挥自己的才华，实现自己的价值。

48. 一个气质好的人，通常命运不会太坏。所以，培养自己的气质是我们每一个人应该努力做的事情。

49. 你在思考如何变成亿万富翁之前，请先思考如何能够获得终身学习能力。

50. 对年轻人来说，想要克服焦虑，努力进取是至关重要的。

© 中南博集天卷文化传媒有限公司。本书版权受法律保护。未经权利人许可,任何人不得以任何方式使用本书包括正文、插图、封面、版式等任何部分内容,违者将受到法律制裁。

图书在版编目(CIP)数据

让成长带你穿透迷茫 / 俞敏洪著 . -- 修订版 . -- 长沙:湖南文艺出版社, 2023.9
ISBN 978-7-5726-0937-4

Ⅰ . ①让… Ⅱ . ①俞… Ⅲ . ①成功心理—青年读物 Ⅳ . ① B848.4-49

中国版本图书馆 CIP 数据核字(2022)第 213500 号

上架建议:畅销·励志

RANG CHENGZHANG DAI NI CHUANTOU MIMANG
让成长带你穿透迷茫

著　　者:	俞敏洪
出 版 人:	陈新文
责任编辑:	刘雪琳
总 策 划:	金　利
监　　制:	秦　青
版权支持:	王媛媛　辛　艳
特约策划:	何　静　康晓硕　陈　皮
特约编辑:	盛　柔
营销编辑:	柯慧萍
封面设计:	崔浩原
版式设计:	李　洁
内文排版:	麦莫瑞
图片来源:	视觉中国　北京新东方学校
出　　版:	湖南文艺出版社
	(长沙市雨花区东二环一段 508 号　邮编:410014)
网　　址:	www.hnwy.net
印　　刷:	三河市百盛印装有限公司
经　　销:	新华书店
开　　本:	680 mm×955 mm　1/16
字　　数:	250 千字
印　　张:	19.5
版　　次:	2023 年 9 月第 1 版
印　　次:	2023 年 9 月第 1 次印刷
书　　号:	ISBN 978-7-5726-0937-4
定　　价:	68.00 元

若有质量问题,请致电质量监督电话:010-59096394
团购电话:010-59320018